經　濟　學

（上）

陸 民 仁 著

三 民 書 局 印 行

國家圖書館出版品預行編目資料

經濟學／陸民仁著.－－新修訂版七刷.－－臺北
市：三民，2008
　　面；　公分
　ISBN 978－957－14－1917－6　（上冊：平裝）
　ISBN 978－957－14－1918－3　（下冊：平裝）
　1.經濟

550

© 經 濟 學 （上）

著作人	陸民仁
發行人	劉振強
著作財產權人	三民書局股份有限公司 臺北市復興北路386號
發行所	三民書局股份有限公司 地址／臺北市復興北路386號 電話／(02)25006600 郵撥／0009998－5
印刷所	三民書局股份有限公司
門市部	復北店／臺北市復興北路386號 重南店／臺北市重慶南路一段61號

新修訂版一刷　1993年8月
新修訂版七刷　2008年7月
編　　號　S 550040
行政院新聞局登記證局版臺業字第○二○○號

http : // www.sanmin.com.tw　三民網路書店

自　序

　　經濟學為大學部商學院、管理學院，以及法學院各科系之必修課程，而工學院、農學院、大眾傳播學院，甚而醫學院，亦以之作為必修科或選修科者。專科學校中之商專及工專等亦開有經濟學的課程，因此國內對經濟學教科書之需求甚為殷切。過去由於國人所寫之經濟學教科書不多，任課老師往往選擇國外所出版之英文經濟學教科書作為教本。但一則由於國外所出版之教科書，往往以國外學生為對象，內容取材不一定適合國內學生所需。再則國內學生英文之造詣並未能對英文教科書能作充分之理解，因此事倍功半深以為苦。故本人於民國五十六年應三民書局當時劉總經理之邀，撰寫經濟學一書，由該局出版，出版以後因符合當時需要，深受歡迎，頗為暢銷。

　　二十多年來我國之經濟快速發展，經濟學本身亦進步神速，內容不斷推陳出新。並隨國內大專院校之增加，科系之增闢，學生人數之擴充，對經濟學教科書之需求亦不斷增長，此數種因素亦促使國內出版之經濟學教科書之種類及數量亦不斷增多。 為因應新的需求， 著者亦依據教學經驗及新理論的出現， 對本書作了數次的修正與增訂， 以期能跟上時代。 而每次增訂以後， 同樣能得到讀者的歡迎， 不僅大專院校以之作為教本或參考書， 即擬參加政府所舉辦之各類公職人員考試， 或預備軍官考試人員， 亦以之作為主要參考書。而出國留學的學生中， 亦不乏攜之出國， 作為參考書者。 為回應各方的需求， 著者乃決定再加以增訂改寫。 原書原裝訂為一冊， 這次增訂改寫， 決定增加內容， 改裝為兩冊， 上冊主要為個體經濟學， 下冊則主要為總體經濟學。 國內目前所出版之經濟學， 有將總體經濟學編為上冊， 而將個體經濟學編為下冊，唯根據著者三十年之教學經驗， 仍以先授個體經濟學，後授總體經濟學為方便而合理， 故仍採取此種寫法。如果講課的老師仍偏愛先講總體經濟學， 後講個體經濟學， 則可變更次序， 先授下冊， 再授上冊， 亦無不便之處。

　　本書主要為介紹經濟學基本概念及分析方法之作，因此內容純以分析為主， 至於實際經濟問題， 及理論之應用， 因讀者或許尚未學習其他有關配合課程， 故如非必要， 則儘量避免涉及。 同時在分析各種基本概念時，除以文字敍述外，並儘可能採用數字、幾何圖形及數學公式，重覆說明，務期讀者讀後，能獲得一清晰之概念。又本次增訂改寫，原擬在每章以後，附列課外作業及討論題，但經反覆考慮後決定不列，因讀者在讀本書時，恐尚無深入判斷之能力。唯本書各章雖未列課外作業及討論題，仍希望讀者在閱讀本書時，能取性質相同之其他國內國外出版之經濟學，參照閱讀，則收效更大。同時更希望授課之老師，能為學生推薦適合之參考書，供學生閱讀研討。

當然本書雖屬就原著增訂改寫，內容務求其充實，但經濟學仍屬不斷發展及進步之科學，本書之內容定仍有不足之處，亟待隨時補充，希望讀者若有意見或建議，隨時賜告，以便再版修正之參考，則感激不盡！最後對慨然承諾出版本書之三民書局劉振強董事長，亦深表謝意。

陸民仁

八十一年八月

經濟學（上）　目次

自　序

第一章　緒　論

第二章　市場結構與價格機能

第三章　需求、供給與價格

第四章　效用與消費行為

第五章　無異曲線的分析法

第六章　生產理論概述

第七章　成本結構

第八章　市場類型及生產者的收益

第九章　完全競爭市場價格及產量的決定

第十章　獨占者產量及價格的決定

第十一章　寡占市場個別生產者產量及價格的決定

第十二章　獨占競爭市場個別生產者產量
及價格的決定

第十五章　工資理論

第十六章　地租理論

第十七章　利息理論

第十八章　利潤理論

第十九章　方法論上的幾個基本概念

第一章 緒 論

一、經濟問題的發生與經濟學的定義

　　經濟學是研究現代社會中所發生的經濟問題的科學，因此要瞭解經濟學的內容，先要知道什麼是現代社會所遭遇的經濟問題。

　　二十世紀九十年代的世界，是一個非常進步而複雜的世界，我們生活在這樣複雜的世界中，爲了達到生活以及生存的目的，必然會產生多種慾望，爲了滿足這些慾望，乃產生了各種社會活動；例如爲了滿足政治的慾望，而有政治的活動；爲了滿足宗教的慾望，而有宗教的活動；爲了滿足愛美的慾望，而有各種藝術的活動；然而這些都與經濟學無關。經濟學所關心的，是人類生活中的物質慾望。人類爲了維持生命並綿延種族，不得不取用各種物質財貨與勞務；換言之，爲了滿足物質慾望，不得不有各種工具；滿足物質慾望是目的，而工具則是手段。目的與手段之間的關係便形成了各種經濟活動。

　　人類物質慾望的種類很多，而且不易澈底滿足。例如有飲食的慾望、有穿衣的慾望、有住房子的慾望、有看電影的慾望等等。而且對於每一種慾望，都希望滿足得更好。不僅希望吃得飽，更希望吃得好，白飯蔬菜，雖能充飢，究不如山珍海味來得適口。布衣粗服，雖能禦寒，究不如絲葛皮毛來得舒適。茅屋瓦舍，雖能蔽風雨，究不如洋樓別墅來得滿足。假如滿足慾望的手段很多，每個人的慾望，不但都能滿足，而且都能滿足得很好，自然最爲理想。然而問題是能滿足物質慾望的各種手段，却不是取之不盡用之不竭的，並不能讓每一個人能毫無代價而且不用費一點力氣便能取得。相反的，相對於無窮多的慾望而言，滿足的手段，無寧是稀少的 。"大地有泉皆化酒，長林無樹不搖錢。樹上結麵包，河中流牛奶"的境界，只有幻想中才能存在，實際世界中一切滿足物質慾望的手段皆是有限的。這些手段包含兩大類：一類可稱之爲人力資源，爲人類天賦所具有的勞動能力；一類可稱之爲物質資源，爲人身以外的自然界物質或能力，爲天然存在者，或人類以勞動改變自然物而形成者。就人力資源言，其數量受人口數量及每人每日所能勞動的時數等因素所限制，不能無限使用。就物質資源言，則受自然的限制，無法隨人類的需要而增加。因而相對於人類無限多的物質慾望言，這些手段便顯得稀少了。

　　以有限的手段要去滿足無限多的物質慾望，"選擇"問題隨之產生。各種慾望既不能同時滿足，便不得不決定滿足的優先次序，那種慾望應先滿足，那種慾望可延後滿足，那種慾望可暫不滿足。同時手段既是稀少的，在使用時不得不作最有效的使用，以之滿足最迫切的慾望。因此在人類生活中便產生了這項經濟問題，即如何將稀少的手段，分配於各種目的之間，使能得到最大的滿足。<u>而經濟學的內容即研究如何將稀少性的手段，分配於各種目的之間，使能達到最大效果的科學也。</u>

二、現代經濟社會的特質

以上所說經濟學是研究現代社會所發生的經濟問題的科學，然則什麼是現代社會？現代社會具備那些特質？無疑在魯賓遜式的孤獨社會中，在古代原始社會或中古封建社會中，亦發生上述手段與目的間不一致的問題，但經濟學不以這種社會爲對象。就多項因素觀察，現代社會具有下列五項特質：

（一）**承認私有財產制**　法律上的私有財產制承認個人對財產所具的所有權，他人不得侵犯，個人不但能保有其財產，並且在法律所規定的範圍內，亦得自由使用並處分其財產。此處所謂財產，不但包含一般的消費財，卽直接能滿足慾望的財貨，如食物、衣服、家具等，亦包含生產財，如土地、機器、資本設備等。因爲個人能保有並享用私有財產，才能產生誘因，促使個人參加各項經濟活動，提高人羣的經濟福利。十九世紀，以馬克思爲代表的一羣社會主義學者，目擊當時英國及西歐各國貧富階級之懸殊，及勞動階級之困苦，認爲這是有產階級對勞動者從事剝削的結果，而這種剝削制度之能夠成立，完全由於人類承認私有財產制，因此要消滅這種社會的不公平，唯有取消私有財產制。故馬克思等這批社會主義學者便主張將生產工具收歸國有，取消私有財產制，以爲能這樣，社會才能平等。其實馬克思等人的這種看法完全錯了，造成社會貧富不均及人剝削人的現象的是對私有財產運用不當的結果，而不是因爲私有財產制的本身不當。猶之以刀殺人是對刀運用的不當而不是刀本身的不當。如運用得當，對人類不但無害，而且有益，因此對私有財產制如果管理得當，運用得宜，不但不會產生社會弊害，且能造福人羣，鑑於世界上大多數經濟自由國家經濟上的成就可爲證明，因此吾人認爲承認私有財產制是現代經濟社會的一大特色。

　　（二）**尊重就業自由**　在不違背公衆福利的原則下，個人願將其勞力或其所保有的財產運用於任何經濟活動，不受任何限制。因爲"人"本身就是目的，不是工具，對於自己的勞力，應能自由支配，對於自己的利益了解得最清楚，所以他自己願將自己的勞力運用於何種事業，何種地區，換言之，他願意選擇何種職業，在何處就業，應尊重其自我意志，旁人不得代庖。同時由上段所述對於私有財產制的承認包含對財產的處分權在內，故個人願將自己的財產爲從事生產活動，如何使用，亦有完全的決定權，不受他人的干涉。此種特質，即是就業自由的尊重。與此相反的，即不承認個人意志的獨立，視人爲工具，不承認私有財產制，個人無財產可支配，則此時政府即可視人民爲芻狗，任意支配其工作，個人對職業及工作地區便毫無選擇的餘地。哲學家可以命之種田，音樂家可以當店員，今天若干極權國家，對就業的支配便屬如此。現代社會所以尊重就業自由者，蓋各人先天的秉賦，後天的訓練，個人的氣質與興趣，　均不相同，　若任令個人自由選擇，　個人便能擇其個性最適宜、能力最相當的工作去做，因而能發揮最大的效果；不僅個人可獲最大的收穫，社會福利亦將能獲得最大的增進，此所以現代經濟社會尊重就業自由也。

　　（三）**重視分工與交換**　現代是經濟高度進步、生活水準相當提高的時代，爲了維持個人的生活與生存，所需要消費的財貨種類相當多，因此個人不可能過自給自足的生活，即一切生活所需全由自己生產，提供自己消費，而僅能在衆多的經濟活動中，選擇自己能力最擅長的生產活動，作爲自己的專業，而以所獲得的報酬去購買自己所需要的各種財貨，此即一方面有分業與分工，另一方面則有交換行爲。所謂分業即是個人選擇專精的職業，有人願意從事農業，有人願意經營工業與商業，也有人願意從事自由職業，如律師、會計師、教員等。至於個人如何選擇其職業，則依據其先天的智慧，後天的教育與訓練，按照比較利益法則去加以選擇。例如某人可以做農民，亦可經營小商店，同樣的也可以到大學做教授，比較之下，以做教授最適合，則他必選擇做教授作他的專業。至於分工則屬技術層面的生產過程的劃分，任何生產活動均可分為若干步驟，而每一步驟由專人負責完成。因此在現代不論是工廠的勞動者、辦公室裏的職員、大學的教授，他所完成的工作祇是全部工作中的一小部分，生產線上的勞動者也許僅負責裝上一特定零件，辦公室的職員僅負責填寫傳票，某一教授祇專門教物理學、電磁學等皆是。

因為有分業與分工，因此各種產品必須在市場交換，故現代經濟亦可稱為交換經濟。當然此所謂交換並非是財貨與財貨直接交換，而是透過貨幣間接交換，即個人提供勞力參與生產活動，可獲得報酬，這就是他的所得，現代均是以貨幣支付。他再以所獲得的貨幣在市場交換他所需要的財貨。因為以貨幣為交換的媒介，故現代經濟亦可稱為貨幣經濟。由於貨幣的使用，也產生了若干經濟問題，此亦為經濟學所要研究的內容。

（四）**資本的大量使用與生產技術的不斷進步**　現代經濟社會與過去所不同者，不僅在私有財產與就業自由這兩個靜態因素方面，而尤表現在動態因素方面。現代經濟社會是一不斷進步不斷變化的社會，促成這種進步與變化的原動力，主要是資本的大量使用與生產技術的不斷進步；而這兩項又是互為因果的。因為能大量使用資本，所以生產技術才能不斷進步，因為生產技術不斷進步，更需要大量使用資本。生產技術不斷進步的極限便是生產完全自動化，由機器操縱機器，人僅是管理或設計機器而已。所謂資本，即是人類勞動與自然資源結合的成果，不是供直接消費之用，而是用來幫助生產充當生產工具之用者。對於這種大

量使用資本與生產技術不斷進步的社會，學者之間對其有各種不同的名
稱，有稱之爲資本主義的經濟者，有稱之爲混合經濟者，有稱之爲人民
資本主義者，有稱之爲私營企業經濟者，更有稱之爲自由經濟者。稱之
爲資本主義，已不十分妥當，不僅因爲現代經濟制度已完全與十九世紀
的所謂資本主義經濟不一樣，而且也因爲資本主義原含有譴責的意味在
內，故已不足以說明現代經濟制度。稱之爲混合經濟，乃重視政府公經
濟的活動與人民私經濟的活動，同樣重要。稱之爲人民資本主義，乃針
對共產國家妄用人民一詞而起。稱之爲私營企業的經濟者，是強調私營
企業的重要性。而稱之爲自由經濟者，乃針對共產經濟的統制而言。這
些不同的名稱，事實上均說明現代經濟社會的一面，而未能表示其全面
的特質。實際上　國父民生主義的經濟一詞，差可近之。

　　（五）政府經濟職能的增加　現代經濟社會的另一大特色是政府經
濟職能的不斷增加。經濟學之父亞丹斯密及其嫡裔古典學派諸學者在十
八九世紀曾認爲最好的政府是干涉最少的政府；主張政府對個人的經濟
活動，應自由放任，不應多所干涉，政府除幾項必不可少的活動外，其
職務應愈少愈好，讓冥冥中那隻不可見的手去管制社會經濟活動，以達
到個人私利與公衆福利的和諧。但與亞氏等古典派學者料想相反的，現
代政府的經濟職能不但未減少，而且不斷增加，同時這種趨勢以後也不
會停止。仔細分析現代各國政府所從事的經濟活動，不外兩種性質：一
種是提供一良好的經濟環境，俾私的經濟活動能夠順利展開並推動，屬
於這一類的政府職能如建立法律制度，維持治安，保障契約的執行，維
持健全的貨幣信用制度，建立並維持完備的交通通信制度，提供合理劃
一的度量衡制等皆是。凡此種種因素，均爲個人經濟活動能順利進行並
推動的必要條件，除政府外沒有其他機構能夠提供這種良好的經濟環境
與服務。政府經濟職能的另一方面，是政府直接從事若干與民生福利有

關的經濟活動；此種經濟活動或則需時太久，收益太低，私人不願經營而與人民福利却大有關係者，如大規模植林、水土保持工作。或則所需資金太大爲私人所無法辦理者，如多目標的水利工程，核子動力的規劃，港灣、機場、道路的興築，郵電等是。或則具有獨占性，不宜由私人經營者，如武器彈藥之生產是。這種政府經濟職能不斷增加的現象，連一切經濟活動以私營爲主的國家如美國，對這種趨勢亦不能免。這種變化不僅不會妨碍私經濟的發展，相反的，在現代極端複雜的經濟社會中，政府經濟職能的擴張却爲私營企業能順利發展的必要條件。因而構成現代經濟社會的一大特色。

三、現代社會所要解決的基本經濟問題

以上已提出，現代經濟問題的發生是由於人類的物質慾望無限，而滿足慾望的手段，卽經濟資源相對的稀少，因而產生了選擇問題，卽是如何將稀少的資源，分配在各種目的之間，以達到最大的效果。於此，吾人進一步要問，在這種選擇中，現代社會所要解決的基本問題，究竟有那幾項？吾人略加思考，不難發現社會所須解決的經濟問題不外下列諸項：

（一）生產何種財貨？
（二）以何種方法生產？
（三）生產多少數量？
（四）生產出來的財貨如何分配？
（五）如何能維持經濟的安定？
（六）如何促進經濟成長提高生活水準？

先就第一個問題分析，爲滿足物質慾望，必須靠消費各種財貨與勞

務，而各種財貨與勞務則必須靠生產始能供給。然而人類所需的財貨與勞務，種類很多，站在個別生產者的立場，究竟生產何種財貨與勞務，才能爲消費者所需要？站在整個社會的立場，如何能使各個生產者生產不同的財貨與勞務，才不致發生有的財貨生產過多，而另一些財貨則生產不足的現象？如果這一問題解決，即已經決定生產何種產品，次一問題，即要決定採用何種方法生產。在現代社會，爲生產某一特定財貨，生產的方法常不止一種。就生產因素結合的觀點言，有些生產方法多用資本少用勞力，而另一種生產方法則少用資本多用勞力，可能還有第三第四種方法，其所使用資本與勞動的數量與前兩者又不同，然而究竟使用那種生產方法才是最好？生產的財貨已決定，生產的方法亦決定，下一問題，即爲生產多少數量的問題。如生產得不足，因而供不應求，固然消費者的慾望不能全部滿足，生產者的最大利益亦無法得到。反之，若生產得太多，則供過於求，消費者的慾望固能全部滿足，但生產者則因財貨銷不出去，必須賠本。因此旣經決定生產，便須決定一適當的生產量。生產量旣經決定，下一個問題，便是所生產的財貨，究竟應由誰獲得？換言之，應如何分配？每個人應分配多少？因爲生產本身不是目的，消費才是一切經濟活動的目的，要能消費，必須社會所生產的財貨在社會各成員之間先行分配，而如何分配？誰該多得？誰該少得？便又形成一基本的經濟問題。

以上四個問題若已全部解決，尚不能稱爲全部經濟問題的解決，因爲很可能就長遠的觀點，某一時期生產的財貨多，每人所能享受的財貨也多，社會上每個人都能滿足；而在另一時期，則由於某種原因，生產的財貨減少，而每人所能享用的財貨也少，生活上便發生困難。當然誰也不希望經濟上發生這種不穩定的現象，而希望生產分配等經濟活動能平穩而順利的進行下去，這就是經濟安定的問題。不僅如此，人人都希望自己的生活水準能不斷提高，享受能夠不斷改善，如果年年都是過一樣的生活，沒有改進，沒有變化，也是會感覺得很單調的。因此而產生經濟成長問題，如何才能使所得水準以及生活水準能不斷提高。

以上六個問題，可以說是現代經濟社會中最基本的問題，然則現代社會又是如何解決這些問題呢？

四、現代社會如何解決此基本經濟問題

現代社會是一極複雜社會，所需生產財貨的種類既屬無限多，而生產的方法亦復不少，要決定每一種的生產數量並決定應如何分配，這決不是任何個人，任何少數人，或任何多數人所組織的機構所能解決的。人類的智慧再高，能力再強，對這些複雜的事項，要主動加以控制，實屬無能為力。即在理論上的社會主義國家，一切經濟活動由中央設計機構集中安排，亦無法做得美滿完備。蓋人的智慧決不能一無遺漏的顧慮得面面俱到。這些基本問題，既不能由人力予以解決，然則現代社會是如何解決這些問題的？無他，是透過市場組織，由價格機能予以解決的。價格機能是一個不具人格而超出於個人影響以外的力量，而透過這種力量便解決了現代經濟生活上的基本問題。

先就生產何種財貨言。生產者要從事生產活動，必須生產能被消費者接受的財貨或勞務。但如何才知道某種財貨是消費者所願意接受的呢？這要看消費者是否願出高價而能使生產者賺錢而定。假使消費者所願出的價格超過生產者為生產此財貨所支出的成本，則生產者便能賺錢，因而便願意生產此種財貨了。因此如果其他情形不變，凡是能賣得高價的財貨，即是消費者所需要的財貨，也是生產者能夠生產的財貨。價格便幫助了解決此一生產何種財貨的問題。

其次，要決定採取何種生產方法。生產者當然希望採取生產成本最

低的那種方法，但何種生產方法才能使生產成本最低呢？顯然如果在生產過程中多用價格低廉的生產因素而少用價格昂貴的生產因素，便能使生產成本降低。而生產因素之價格所以低廉，則由於社會中此種生產因素數量豐富，不虞缺乏。相反的，其價格之所以昂貴，則由於社會中此種生產因素相當稀少，因此價高。例如我國，在民國四十及五十年代，勞動數量很豐富，資本則相對缺乏，因此工資較廉，利息則較高。相反的在美國，資本則很豐富，而勞力則相對稀少，因此利息較低，而工資率則較高。到民國八十及九十年代，由於我國工業發達，所得提高，勞動力相對稀少，而資本量則大幅增加，因此工資上漲，利率下跌。因此生產同一種財貨，在開發中國家可能宜於多用勞動而少用資本，在美國與目前的我國則宜於多用資本而少用勞動。在不同社會所以採取不同的生產方法，顯然是由於生產因素價格的差異所造成，故價格機能亦解決了生產方法的選擇問題。

　　產品的種類決定了，生產的方法也已決定，次一問題，即是生產量多少的問題。不但個別生產者要決定其產量以達到其賺取利潤的目的，而全體生產者更要決定其總產量以滿足消費者的需要。旣不能生產得太多，超過了消費者的需要，亦不能生產得太少，使市場有供不應求而消費者無法滿足的現象。要解決這一問題，一方面要看成本的結構，另一方面則要看市場價格的高低，而成本結構復決定於生產因素價格的高低，故歸根結底，這一問題的解決，仍須依賴價格機能。

　　生產本身並非是目的，消費才是最後的目的，社會中所生產的各項財貨與勞務，最後必須由各消費者予以消費，才能達到當初生產的目的。但產品在生產以後如何能在各消費者之間分配？每一消費者究應分得多少？何以有的人分得多，而另一些人則分得少？實際上所生產的各項產品與勞務，並未直接分配於消費者，而是各消費者以生產者一分子的身分。在生產過程中獲得一分貨幣所得，再以此貨幣所得，在市場中購買其所需的各種財貨與勞務。因此所得多的人，其所能購買的亦多，所得少的人所能購買的便少。所得的高低便直接決定了個人所能分享各種財貨的數量。但個人所得的高低又是如何決定的？個人所得的高低一方面決定於個人所控制的生產資源的數量，如勞動、土地、資本等，另一方面則決定於各生產因素所提供之勞務的市場價格。若個人所控制的生產資源的數量為已知，則其勞務的市場價格的高低，卽直接決定了其所得的高低，而亦間接決定了其在社會總生產中所能獲得的財貨與勞務的數量。故綜合言之，決定財貨之分配的，亦是市場價格機能。

透過市場價格機能，上述四項基本問題均能順利解決，但是有沒有一項機能能順利解決經濟安定與經濟成長問題？直到目前為止，吾人尚未發現有一項自動調節的因素，能像價格機能一樣自動解決經濟安定與經濟成長問題的。在歷史上吾人常發生有經濟不穩定的現象，卽所謂經濟循環者是也。最大一次經濟循環則是發生於一九二九年以後的世界性的經濟大恐慌。在歷史上吾人也發現若干國家長期遭受經濟發展停滯的痛苦；經濟落後，人民的生活困難，因此經濟若不能安定，不能發展，經濟上的基本問題仍未解決。旣無一項自動調節的機能能解決此二大問題，則必須依賴人類的力量，利用各項經濟政策，來主動達成經濟安定及經濟成長的目的。但要制定正確而合理的政策，必須對經濟活動的本質有所了解始可。不僅對價格機能在指導社會生活從事生產流通分配消費各方面，應有透澈了解，而對影響整個經濟安定、均衡、成長、進步諸因素，更應有深入的觀察。而此諸種因素，則為生產力、總生產量、就業水準、物價水準、所得水準等的結構及其變化。若吾人能把握此數種因素的了解，則吾人卽可制定正確而合理的政策，解決經濟安定與經濟成長的二大基本問題了。

五、當前深受關切的重大經濟問題

除了上述六項基本經濟問題以外，當前世界各國還有幾項受到普遍重視，而與每一個人均有切身關係的問題存在，這些問題包括：

（一） 物價膨脹問題。

（二） 嚴重失業問題。

（三） 對外貿易失衡問題。

（四） 財政赤字問題。

（五） 公害與環保問題。

（六） 社會福利問題。

所謂物價膨脹問題，即物價水準長期間持續上漲。物價水準是依據一定方法，包括多種物價在內，所計算出的一種指標，簡稱物價指數。由於使用的目的不同，其中所包含的財貨類別不同，物價指數亦有多種，如躉售物價指數，零售物價指數，消費者物價指數等皆是。尤其消費者物價指數，長期觀察常有不斷上漲的現象，某些時期上漲的幅度較小，另有一些時期則上漲的幅度較大。在戰爭時期，不少國家更有惡性物價上漲的現象，如中日戰爭期間的我國，二次世界大戰期間的南斯拉夫等皆是。在承平時期，某些國家亦有惡性物價膨脹的現象，如南美洲的巴西、阿根廷等。一九七三年由於中東以埃戰爭，石油輸出國家組織（OPEC）發動了石油禁運與漲價，一時石油價格上漲了五倍以上，於是引起了世界性的物價膨脹現象，各國消費者物價指數每年的上漲率曾達到兩位數字。經過二三年之後始趨於緩和。一九七九年由於伊拉克與伊朗發生戰爭，影響了波斯灣石油的生產與運輸，石油價格又大幅上漲，帶動各國物價水準又呈兩位數字的上漲。因為物價水準的上漲，但個人的所得未能同樣增加，則個人的生活便會遭遇困難。究竟物價水準何以長期間會持續上漲？有沒有方法能消除此一物價膨脹的現象？乃成爲目前各國迫切希望能予解決的問題。

　　所謂失業，對個人講是有工作能力，有工作意願，亦願接受當時的工資水準，但卻找不到就業的機會。未能就業，就沒有收入，除非他有財產或過去有儲蓄，否則生活便發生問題。就社會講，如果一社會失業的人口太多，或失業率高，則社會便會出現不安定，而產生其他的社會問題，因此不但個人不能長期失業，社會的失業率亦不能太高。但在兩次世界性的石油危機期間，不少國家的失業率都達到兩位數字。在一九三〇年代世界大恐慌時期，英美兩國的失業率當一九三三年時竟高達百分之二十五，由於失業率偏高，導致社會的不安。個人何以會失業？社會的失業率何以有時會偏高？亦爲目前每人所深切關心的問題。

　　隨社會的發展及經濟的進步，不同國家間的貿易亦日漸拓展，任何一國不但會由他國輸入各種貨物與勞務，亦會將本國的貨物與勞務輸向他國。國與國之間何以會發生貿易關係？這在本書中將有所說明。但國與國之間的貿易很少會達到輸入價值等於輸出價值的平衡狀態，不是輸出值大於輸入值，便是輸入值大於輸出值，如果每年兩者之差額不大，尚不至發生嚴重的問題。但如果兩者之間的差額甚大，而且是長期的輸入值大於輸出值，即產生了貿易逆差，或長期的輸出值大於輸入值，即產生了貿易順差，對一國經濟可能產生不利的影響。如美國自一九七五年以後，對外貿易即每年出現逆差，且逆差數字逐年增大，成爲美國經濟上的嚴重問題。再如我國在一九七一年以前，對外貿易長期處於逆差情勢，但自該年以後即轉爲長期順差，而順差數字亦曾逐年增大。美國由於長期貿易逆差，導致了國內貿易保護主義的興起，我國則由於長期貿易順差，導致了新臺幣對美元的持續升值。從而國際貿易不平衡的問題，亦成爲各國所關心的焦點，並影響國與國之間的政治及外交關係。

　　政府爲推行公務，常需支出一定的費用，此卽一般所稱的財政支出。爲支應這些財政支出，政府又常透過向人民徵稅等手段，取得財政收入。當政府的職能不多時，財政收入常可足夠支應財政支出之用，因而財政能保持平衡，甚而還可能有少量的剩餘。但當政府的職能不斷擴大時，財政支出便隨之擴大，例如戰時的戰費支出，平時爲了國防的安全，有國防支出，隨科技的進步，此類支出便有不斷增加的趨勢。再如現代各國均重視國民的經濟福利及社會安全，因而像失業救濟、醫療保險、養老濟貧等的社會福利支出也隨之不斷增加。如果財政收入不能同時增加，財政上卽會出現赤字，卽財政收入不足以支應財政支出。財政赤字一旦出現，政府卽會負債。一般的政府多不能利用市場機能，以生產財貨出售以獲取利潤，政府的債務卽成爲人民的債務。政府的債務如果過份沉重，會影響一國經濟的正常發展。例如美國自第二次世界大戰以後，一方面爲了維持世界的和平，反對共產主義的擴張，不得不斷的增加國防支出。另一方面爲了擴大社會福利，不得不增加社會福利支出，於是在財政上乃出現長期的赤字，而且這種赤字亦逐年增加，與貿易逆差成爲美國經濟上的兩大嚴重問題，不但受到美國本身的關心，由於美國是世界經濟大國，也受到其他國家的關切。再如我國自民國八十年起，積極推動國家建設六年計畫，由於建設的項目甚多，規模亦巨，所需要的經費甚爲龐大，不可能由每年經常性的財政收入來支應，因此有人擔心，我國可能出現嚴重的財政赤字。究竟財政赤字何以會發生？對一國經濟可能產生什麼影響？成爲現在人人所關心的問題。

　　經濟愈進步則工業愈發展，工業愈發展，不但對天然資源的消耗量增加，而且亦會產生若干公害，破壞人類的生活環境。例如現代的工業生產須大量使用能源中的石油、各種礦產，而這種石油及礦產多不具再生性，多使用一噸，地球上的儲藏量亦減少一噸，現代人多使用一噸，則後世子孫便不得不少用一噸。而在工業生產的過程中，往往又會排出有害的液體、氣體，有害人類的健康，污染了人類的生存環境。例如工廠中所排出的二氧化碳，使空氣污染，由於全球的數量過巨，現在已經產生溫室效應，不但使地球表面的溫度增高，也破壞了地球的臭氧層，目前南極洲的上空已破了一個大洞，無法再隔離太陽的輻射線，對地球上的生物可能造成很大的傷害。工廠中所排出的廢水，則嚴重的污染水源，使水中的貴金屬含量增加，增加了處理的費用。再如農藥的大量使用，使土壤變質，赤道地區熱帶雨林的大量被砍伐，不僅使水土流失，亦改變了地球的氣候，使水旱災不斷發生。現代生活中的大量消費，又製造了大量的廢棄物及垃圾，垃圾的處理成為社會上受重視的大事。汽車、機車的大量使用，不僅使空氣中充滿了有毒的廢氣，也使都市中充滿了噪音。凡此均形成現代社會嚴重的公害問題。而如何防治這種公害，保護生活環境，便成為現代社會日漸受到重視的課題。公害如何防治？環境如何保護？政府有無適當的政策可以採行？不僅成為當前重要的經濟問題，甚至也成為重要的政治問題。

　　如前所述，現代各國都非常重視社會福利問題，因而政府的社會福利支出不斷增加。但社會福利支出的增加，雖使得社會上某些弱勢團體，生活獲得保障，但如實施不當，也會產生不利的副作用，諸如會增加一般納稅人的負擔，養成某些人對社會的依賴心理，甚至降低了勞動及儲蓄的誘因等。社會福利措施如何始得謂之適當？有無一定的準則可資依據？如何能使其副作用為最小？亦成為目前社會及政府普遍關心的問題。在我國，不僅已實施了公務人員保險、勞工保險、農民保險，今後亦將推動全民保險，這些均為社會福利政策，值得吾人重視。

　　為了瞭解並妥善解決上述六項當前普遍受關注的具體問題，吾人唯

有從研究一般的經濟原理原則著手，瞭解了經濟學原理，才能找到確切
的解決這些問題的辦法。

六、各國為解決經濟問題所建立的經濟制度

無論為解決基本的經濟問題，或追求理想的經濟目標，不同國家均
建立了不同的經濟制度，二十世紀到目前為止，曾被各國採行的經濟制
度，有市場經濟、統制經濟與混合經濟三種，我國所實施的民生主義經
濟制度，則近似於混合經濟的類型。這三種經濟制度主要的性質如下：

(一) 市場經濟

市場經濟亦可稱為私營企業經濟、自由經濟，亦有稱其為資本主義
經濟制度者。此為歐美各經濟已開發國家在完成產業革命後所出現的一
種制度，目前已為大多數國家所採行。此一經濟制度具有下列特色：
(1)承認個人的自利心，認為個人皆了解自己的利益，亦全力追求自己
的利益，這種自利心是一切經濟活動的原動力。(2)尊重私有財產，認
為個人經濟活動的成果，應完全為個人所有，個人可以完全享用，處理
並支配。不但供直接消費用的財貨應為個人私有，即幫助生產使用的生
產工具，如土地、資本等亦應歸私人所有，如此個人才能加以最有效的
利用。(3)強調自由競爭，認為唯有透過自由競爭，個人的聰明才智，
才能充分發揮，政府不應加以不必要的干預。透過自由競爭，個人不但
可以自由消費，也可自由就業，自由創業。(4)重視市場機能。認為個
人由自利心從事自由競爭，以謀取個人的利益，並不會損害他人的利
益，相反的，唯有透過自由競爭，公眾的利益才能得到和諧，因為社會
上有一隻看不見的手在那裏調節，這隻看不見的手即是市場機能，一切
個人的經濟活動透過市場機能，才能各盡所能，各取所值。(5)以私營
企業為主。一切生產、交換、流通等經濟活動，原則上均以私營企業為

主。透過價格機能，所有的經濟活動均能順利運作。(6)原則上政府應減少對經濟活動不必要的干預，僅需透過政府的財政政策及貨幣政策，對市場加以必要的調節。

市場經濟制度有其正面的貢獻，他使個人的才能及創造力能獲得充分的發揮，有助於生產力的提高，及生活水準的改善，也促成了工業的迅速發展，因此採行這一經濟制度的國家，都逐漸成爲已開發國家，如今日的北美、西歐、北歐等各國皆是。但此一制度亦有其缺點，因過分強調自利心及自由競爭，加以市場機能並非十全十美，競爭的結果，往往造成大企業的壟斷與獨占，從而操縱市場，影響一般消費者的經濟權益。同時競爭的結果，弱勢團體由於缺少競爭能力，從而造成社會財富的集中及貧富不均的現象。另外，過分強調市場機能，亦容易導致經濟的不穩定，形成周期性的經濟波動的現象，經濟繁榮與經濟衰退交替出現，造成資源及人力的浪費，因此目前採行市場經濟的國家，多已進行了若干必要的調整。

(二)　統制經濟

統制經濟亦可稱爲計畫經濟、社會主義或共產主義的經濟制度。這一制度具有下列特色：(1)認爲縱容人類的自利心，容易造成經濟剝削的現象，即社會某一階層的人剝削另一階層的人，甚而認爲一部人類發展史，即是一部經濟剝削史，古代奴隸主剝削奴隸，中古時期封建領主剝削農民，現代則爲資產階級剝削無產階級。(2)認爲剝削制度能存在，乃是由於生產工具爲少數人所私有，利用其作爲剝削的工具，因而基本上反對私有財產制，主張除部分消費財外，一切生產工具，包括土地、資本、銀行、鐵路、房屋等，均應收歸公有。(3)不重視市場機能，主張一切經濟活動均由政府控制，政府制定一定的經濟計畫，按計畫從事生產，流通及分配。以行政手段代替市場機能。(4)不容許私營企業存在，人民亦無消費及創業就業的自由，一切均由政府支配，市場交易行為減至微不足道，在極端情況下，人民生活所需全憑票證配給，如大陸中共過去所實施的糧票、布票制度皆是。(5)實施國營或公營制度，在農業生產上亦實施國營農場或集體農場制度，或成立所謂人民公社，農民則從事集體勞動，形同奴工。(6)強調各盡所能，各取所需的經濟目標，表面上顯示公平，實際上形成各種特權階級。

這種統制經濟制度，首先實施於一九一七年共產黨取得政權的蘇聯。第二次大戰後，因蘇聯的武力擴張，又強制實施於東歐各共產或社會主義國家、中國大陸、北韓、越南、美洲的古巴，及非洲的少數國家。但自一九八九年以後，由於共產主義在上述國家的先後解體，這種經濟制度也逐漸被上述國家所拋棄，目前僅中國大陸、古巴、北韓等少數國家仍在堅持不變，但是在世界及歷史潮流的壓力下，這些國家也不得不進行經濟改革。

統制經濟制度因為一切控制於政府之手，個人的才能及創造力完全受到壓制，參與經濟活動的誘因亦完全喪失，因此經濟上所表現的是無效率，生產力停滯，整個社會陷於貧窮落後的狀態，人民生活貧困，與採取市場經濟制度國家之間，差距乃愈來愈大。也正因為這項原因，才導致前述採取這種經濟制度的國家，先後放棄這種制度，轉而採取市場經濟制度。

(三) 混合經濟

由於市場經濟制度及統制經濟制度各有其缺點，經過不斷的試驗與調整，乃出現一種混合經濟制度，這種制度亦可稱為現代資本主義。這一制度包含下列特色：(1)仍然重視市場機能，但由於市場機能並非十全十美，故必要時亦由政府加以管制，例如政府可以管制各種公用事業的費率，可以制定各種法令保障消費者的權益，可以依據反獨占法，取締獨占者及獨占行為。(2)仍以私營企業為主，但與國民經濟有密切關係的企業，則由國家經營，如航空太空科學、鐵路、民用航空等。具有自然獨占性的企業亦由國家經營。如英國於第二次世界大戰後，卽實施國有化運動，將若干基本產業收歸國營，目前雖然已將一部分國營事業又轉移民營，但仍保留國營的產業尚多。法國於社會黨執政後，亦將金融業、汽車製造業等收歸國營。美國公營事業較少，但田納西河流管理局（TVA），卽是三十年代首先由政府經營的事業。(3)仍然主張私有財產，重視就業及創業的自由，但政府為了協助國民就業，往往採取一定的政策，提高國民就業水準。如英國、美國等於二次世界大戰後，均制定就業法案，以為政策依據，用以促進國內的充分就業。(4)不僅重視個人的自利行為，強調利潤動機，同樣重視社會福利，並推行各項社會安全制度或社會保險制度，使個人由出生到死亡，都能獲得安全的保障。社會福利制度多透過政府的力量實施。同時為促進社會財富及所得分配的平均，政府更實施各種財稅政策，以累進所得稅的方式，所得高的人納稅亦多，所得低的人則納稅較少，甚或不必納稅，並可獲得政府的津貼，以保障每個人的基本生活，而其實施的目標，卽希望成為福利國家。

　　目前世界上高度開發的國家，差不多都是採行混合經濟制度，一方面具有市場經濟的特質，另一方面亦能達成社會主義的理想。正由於這種混合經濟制度的發展，才迫使統制經濟制度日漸解體並向混合經濟制度轉變。

　　我國目前所實行的經濟制度，雖是依據國父民生主義來推動經濟建設，可稱之為民生主義的經濟制度，實際上也是混合經濟制度。國父的民生主義目標在促進中國經濟的現代化，建立一富而且均的經濟社會，要將實業革命與社會革命一次完成，因此其目標有二，一是發展經濟以求富，一是促進所得與財富更合理的分配以求均。在發展經濟方面，認爲我國發展實業的途徑有二，一是政府經營，一是獎勵民間經營，而以法律保護之，公營事業與民營事業同時存在，而公營事業則有其一定的範圍，此一主張，卽是混合經濟制度的精神。四十年來我國經濟建設的成果，卽完全向此一方向努力。如今我國不僅已成爲世界新興工業國之一，亞洲四小龍之首，開發中國家的楷模，而且成爲世界貿易大國，新臺幣亦成爲世界強勢貨幣之一，這種成就已受到全世界的重視。其實這種民生主義的混合經濟制度，不僅在我國能實施有成效，對一般開發中國家亦能適用，值得發展中國家效法。

七、經濟學的範圍及本書的結構

知道了現代社會的基本經濟問題及如何解決這些問題以後，吾人不難知道現代經濟學所研究的範圍。現代經濟學通常分爲兩大部分，一部分稱爲個體經濟學（Microeconomics）或價格理論，是就構成經濟體系的經濟個體，如消費者、家計單位、個別生產者或廠商，以及產業等，分析其各自的行爲法則，亦卽研究消費理論、生產理論與分配理論。由前節說明知道指導各種經濟活動的是價格機能，故這部分理論實際是以價格現象爲中心，研究個別財貨或生產因素的勞務，如何透過市場供需關係，決定其價格。亦卽是研究個別價格決定的法則。第二部分則稱爲總體經濟學（Macroeconomics）或所得理論。是就經濟體系全體爲對象，研究其經濟活動的法則。因全部經濟活動的運作，表現於就業水準或所得水準的變動，因此以所得概念爲中心而研究所得的構成變化與成長。總體理論與個體理論爲現代經濟學的兩大部門，相輔相成，兩者之間之關係，猶如樹木與森林之關係一樣。個體經濟學之內容，猶如對森林中個別樹木性質之研究，在分析時不考慮森林本身之性質及變化，或假定其不變。而總體經濟學之研究，則猶如以整個森林為對象，研究其性質、構成及變化，而對個別樹木則不考慮。要對森林有透澈的了解，此兩種研究缺一不可，不明個體，無以知全體，同樣，不明全體亦無以知個體。對經濟問題之了解，個體與總體兩者，不能偏廢。但吾人須注意者，總體並非是個體之和，因此總體理論亦不是個體理論之綜合，此一點閱讀本書以後，自會明瞭。

因此，本書之內容，分為兩冊，上冊為個體理論部分，下冊則為總體理論部分。在講授次序方面，有人以先講總體理論部分為宜，本書則將個體理論放在前面，在次序上似乎較為方便。

八、經濟學的本質及研究經濟學的目的

經濟學研究的範圍旣明，則吾人進一步將問，經濟學研究的目的何在？研究了經濟學之後，是否能使吾人有能力主持一個企業機構，而保證賺錢？是否能使吾人成為熟悉經濟實務的專家而對國家經濟事務能提供具體的意見？這個問題的答案是能或不能，全視吾人對經濟學本質的了解及如何能運用經濟學的原則而定。經濟學的本身是一實證科學（positive science），它僅對經濟現象，客觀的予以觀察、簡化、分析、歸納，以獲得一般性的原理原則。它僅研究經濟現象是如何（what is），而不研究應當如何（what ought to be）？它供給吾人一套分析事物的方法，使吾人能用來分析不同的各種現象。經濟學的原理原則猶如一套工具，吾人研究經濟學，卽研究如何使用這種工具。運用工具的本身，並不能產生結果，要產生具體的結果必須依靠具體的材料。猶之運用刀鋸並不能製成桌椅，要製成桌椅，必須有木料才行。經濟學亦然，讀通了

經濟學，並不能使你成爲對某一問題的專家，要成爲專家，必須把經濟學所告訴你的那一套方法，應用在具體問題上，經過分析研究，獲得結論以後，也許你才能成爲專家。例如經濟學上的供需決定價格的原理，僅告訴你決定價格的因素爲供給與需求，但並不能告訴你糖的國際價格是否會漲？你要研究糖價是否會漲，便必須分別就糖的需求因素、供給因素方面，研究實際的資料，然後你才能說明糖價可能會漲，還是可能會跌。這一點是吾人研究經濟學所必須明瞭者。

九、經濟理論、經濟法則及經濟模型

因爲經濟學是實證科學，因此便有很多經濟理論，或經濟法則的出現，而不同的學者間往往又有不同的理論或不同的法則。根據不同的理論或法則又往往產生不同的結論，常常使初學的人莫適所從。因此，吾人要問，經濟理論究竟有什麼意義與性質？經濟理論或經濟法則是否與自然科學中的理論與法則一樣具有客觀的有效性？

關於這一點吾人所能說明者僅是，經濟理論是分析問題時的一套邏輯結構或體系，它是由若干假定或前提，在一定的已知情況下，經過推理的過程，所獲得的一項有待驗證的命題而已。此命題是否能成立，不但要看推理的過程是否正確，亦要看能否供吾人預測實際的經濟事項而定。通過驗證而能成立的命題，也不是絕對的成立，僅是未出現否定的因素，而目前暫予承認而已。因此不同的學者依據不同的假定與前提，便能獲得不同的結論，亦即不同的理論，此不同理論之間，不必就是互相矛盾，兩者可能均能成立，僅是其重點不同而已。因此經濟理論與若干自然科學的理論略有差異，即並無絕對客觀的有效性。

當然經濟理論或法則也不是憑空杜撰而得的，有用的經濟理論，其前提或假定必須儘量的與經濟事實相一致，分析時必須遵守邏輯法則，這樣所獲得之理論，才是經得起考驗的理論。否則，以與現實無關的假定為前提，縱然其分析推理的過程是正確的，所獲之結論亦能成立，然而這種理論對吾人不能有何幫助，它可能是一個理想的烏托邦或仙國中的經濟理論或法則，但却不是人間世界的。因此與吾人無關。

在經濟學中，有若干與經濟理論的同意語，常常交換使用，如經濟理論、經濟法則，或經濟模型 (economic model) 是。此數者雖是不同的名詞，但意義是一樣的。而經濟模型一語，在現代應用更為普遍。它除有經濟理論的含義外，尚有以符號或公式將理論結構具體化的意義存在。因此，在使用經濟模型一語時，常常指某一組由方程式、恒等式等所構成的聯立方程組而言。這一用法，在本書中將很普遍，讀者應予注意。

十、經濟學研究的困難及研究時應注意的事項

經濟學所研究的問題，雖與吾人日常生活有密切關係，但由於下述諸原因，經濟學並不是一門容易研究的科學。若干學生，抱了很大的興趣與希望來研究經濟學，但經過了相當時間的研究以後，往往仍然感覺得很困惑，不了解經濟學的內容究竟是什麼？因而喪失了繼續研究的興趣。經濟學所以不易學習的原因，細析之不外下列三種：

第一，因為經濟學所研究的內容，大多數都是吾人日常生活中所遭遇到的切身問題，對於這些問題，每個人因為經常接觸的關係，常不知不覺的形成一種印象、看法，甚至一種判斷；然而這些印象或看法，是未經過科學分析的一種成見，甚或是一種偏見。而經濟學中的各種法則或理論，却是經過科學方法分析，綜合以後而獲得之結論。吾人在研究

經濟學時， 常因爲預先有了這種無形的成見或偏見， 且不願放棄， 因此便不能虛心而客觀的接受科學方法的分析，而妨碍了對正確理論的了解， 因此不管如何努力，自然難獲得預期的效果。

第二，經濟學中所使用的術語，常常就是吾人在日常生活中所常用的術語；例如需求、供給、消費、生產、通貨膨脹等皆是。但是在經濟學中這些術語却有特殊的專門的意義，這種意義與日常用語中的這些術語所代表的意義並不相同。吾人往往因爲習慣於這些術語日常的意義而疏忽了這些術語在經濟學中的特殊意義，因而阻碍了對經濟理論作深入而客觀的了解。

第三，經濟學中的若干法則或原則，常非絕對的，而是相對的，或條件的；往往某種法則在這一情況下是正確的，而在另一情況下便不正確。最常見的這種不一致之處，產生於個體理論與總體理論之間。若干理論在個體分析中是正確的，而在總體中便不正確，同樣在總體分析中是正確的，在個體分析中便不正確了。最顯明的例子如，若個人手中所有的貨幣增加，則此個人必更富有，但是就總體情況看，如果一社會所有的貨幣數量皆增加，此社會未必是更富有，可能反而更窮。因爲否則政府只要印鈔票便能解決一切問題了，事實上絕不如此。學習經濟學的人，若不能了解這種理論適用範圍的相對性，便無法讀好經濟學了。這也是研究經濟學所以困難的原因之一。

因爲研究經濟學有這許多困難，故吾人必須注意下列幾點：

（一）應充分了解每一名詞、 定義， 及經濟法則的意義， 避免含混、籠統、模稜兩可的概念。能夠把握每一基本概念的正確內容，才能希望進一步作深入的研究。

（二）撇開一切原有的成見或偏見，打開你的心靈，客觀的接受經濟學所指示的科學分析法。否則不正確的成見與偏見，僅能阻碍你對經濟學的了解，而無法幫助你了解。

（三）經濟現象是極端複雜的，不可能同時全部考慮到，因此在分析時僅能就其重要的幾個因素或一兩個因素，予以分析，其他的因素暫不考慮，或假定其不變，這僅是爲理論分析方便起見，並非眞的不變。因此吾人在了解每一基本概念時必須了解所考慮的是那些因素，未考慮或假定其不變的是那些因素，如此才能了解理論的適用範圍及限制。

（四）不但要熟記每一基本觀念的內容，對總體理論或個體理論的全部系統，亦卽理論結構，應有全盤的了解。譬如遊園，吾人不僅對園中一花一木、一山一水應有印象，而尤其對於全園設計、結構、配置等應有一全盤概念，然後始能知何以此處種一花，彼處栽一石，此處鑿一泉，而彼處植一木也。此決非隨意安排，而必有一套道理在。經濟學亦屬如此，書中之每章每節，並非隨意安排，其先後次序，亦有其道理在。吾人能了解此中之道理，則對經濟學之了解，雖不中亦不遠矣。

十一、摘　　要

經濟學是社會科學之一，其內容是研究如何將稀少性的手段，分配於各種目的之間，使能達到最大效果，產生最大的經濟福利。

現代經濟社會一般的具有下列幾項特質：卽（1）承認私有財產制，（2）尊重就業自由，（3）重視分工與交換，（4）大量使用資本因此生產技術不斷進步，（5）政府的經濟職能不斷增加。

現代經濟社會所要解決的經濟問題，主要的有下列幾種，卽（1）生產何種財貨？（2）以何種方法生產？（3）生產多少數量？（4）生產出來的財貨如何分配？（5）如何能維持經濟的安定？（6）如何促進經濟成長提高生活水準？現代社會爲解決這些經濟問題多透過價格機能，配合以政府的經濟政策。

　　目前世界各國還有幾項深受關切的重大問題,即(1)物價膨脹問題;
(2)失業問題; (3)貿易失衡問題; (4)財政赤字問題; (5)公害與環保問
題; (6)社會福利問題。為解決這些問題, 必須研究經濟學。

　　各國為解決經濟問題建立了不同的經濟制度, 主要的制度有三, 即
(1)市場經濟; (2)統制經濟; (3)混合經濟。

　　經濟學所研究的範圍, 通常分為兩大部分, 一部分稱為個體經濟
學, 以構成經濟體系的經濟個體為對象, 如消費者, 生產者等, 研究其
經濟行為, 以及個別價格之決定法則。另一部分稱為總體經濟學, 以整
個經濟體系為對象, 研究其經濟活動的法則。

　　經濟學的本質是提供一套分析經濟現象的工具, 為能充分理解及應
用這套工具, 吾人在研究經濟學時必須要虛心, 排除成見與偏見, 仔細
懂得每一個名詞、定義及有關法則的意義, 並瞭解整個的理論系統。

重 要 概 念 與 名 詞

<table>
<tr><td>經濟問題</td><td>經濟模型</td></tr>
<tr><td>價格機能</td><td>經濟安定</td></tr>
<tr><td>個體經濟學</td><td>經濟成長</td></tr>
<tr><td>總體經濟學</td><td>經濟個體</td></tr>
</table>

第二章　市場結構與價格機能

一、經濟活動的周流

在上一章中已說明過，現代經濟社會，全靠價格機能，解決其基本的經濟問題。價格機能就像一隻不可見的手，在操縱社會的各項經濟活動，使能順利的向前進行，並使個人的經濟慾望，皆能得到適當的滿足。但是我們進一步要問，這一價格機能，是如何表現出來的？價格如何形成並且變化？變化的價格，又如何影響各人的經濟活動？要明瞭這一問題，先須說明什麼是經濟活動的周流。

前已說過，經濟活動的最終目的是消費，一切經濟活動，包括生產、分配，僅是為達成消費的手段。但為了進行生產，須使用各種生產資源，而各項生產資源，多是屬於消費者所有的，故消費者同時亦是生產因素的所有者。生產者為進行生產，不得不向生產因素的所有者購買各項生產因素的勞務，因此消費者一方面以生產因素所有者的身分，提供各種生產因素的勞務以供生產，另一方面則以消費者的身分購買各項產品以供消費，如此由消費到提供各項勞務以供生產，再由生產的成果

以供消費，如此周而復始便構成一循環的周流。此一循環的周流可由圖
2-1 表示之。

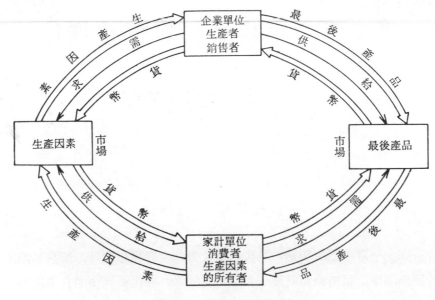

圖 2-1 經濟活動的循環周流

爲了便於說明起見，吾人暫不考慮政府及國外因素所發生的影響。
事實上政府及國外因素的活動，分析到最後，亦不過是由生產、消費所
構成的循環的周流的一部分而已。此圖中吾人將一切從事經濟活動的人
分爲兩大類：一類爲企業單位，生產者或銷售者，代表生產活動的一
面。一類爲家計單位，消費者，亦是生產因素的所有者，代表消費的一
面。企業單位與家計單位在此圖形中透過兩個市場而發生關係。

二、產品市場及產品價格的決定

第一個市場爲最後產品及勞務的市場，由圖形中右一半所表示。在

這一市場，生產者將所生產的最後產品與勞務，提供銷售，形成供給的一面；而消費者則購買此種最後產品與勞務，以供消費，形成需求的一面；透過市場上供需關係，而最後產品與勞務的價格得以決定。由圖形中可看出中間箭頭所指的方向均指向市場，表示供給與需求的形成，而最外面的箭頭所指，則表示最後產品與勞務，由生產部門流向此一市場，再透過交換過程，流向消費者。與此實物流量方向相反，尚有內層所表示的貨幣流量。消費者為購買最後產品，須支出貨幣，此貨幣便透過此一市場流向生產者；此一流量在方向上與實物流量相反，而大小相同。此一流量就消費者言，為消費支出，就生產者言則為貨幣收益。透過此一市場，生產者可以決定生產何種產品，生產多少，同時也決定了各項產品的價格。

但是在整個經濟中僅有此一市場，並不能形成經濟活動的整體，必須另有一生產因素的市場相配合。

三、生產因素市場及生產因素價格的決定

圖 2-1 中左邊所表示的，則為生產因素的市場。在此一市場，生產因素的所有者（亦即是消費者）將生產因素的勞務提供銷售，因而形成生產因素供給的一面。而生產者則購買此種生產因素的勞務，以便進行生產，因而構成生產因素需求的一面。透過這種供給與需求的關係，生產因素的價格便因此決定。圖形中中間的箭頭即所以表示供需關係，而外層的箭頭則表示生產因素流動的方向，由生產因素的所有者，透過此一市場流向生產者；與此一流量方向相反而大小相同的，則為內層的貨幣流量，生產者為購買生產因素而支出貨幣，因而生產因素的所有者，則因出售生產因素的勞務，而獲得貨幣。此一貨幣就生產者言，為生產

成本，就生產因素的所有者言，則爲所得。因此透過這一市場，不但決定了生產因素的價格，也同時決定了生產者以何種方法從事生產，以及產品如何分配等問題。

如果吾人將此二市場合併觀察，則可顯然看出經濟活動循環周流的情況，就如同血液由心臟而動脈而靜脈而肺而心臟周而復始的循環一樣。由最外層觀察，可看出生產因素由生產因素的所有者透過生產因素市場流向生產者，經過生產過程，變成產品及勞務，再透過產品市場又流向消費者以供消費或儲蓄； 消費者再以其生產因素供生產， 如此循環不已，經濟活動也永遠繼續進行。不過此一循環周流與血液循環不同的，即是尚有一方向相反的循環，即貨幣流量的循環。家計單位由於出售生產因素而獲得所得，此爲其消費支出的來源；家計單位便以之在產品市場購買最後產品，因此貨幣又以消費支出形態流向生產者；生產者再以其購買生產因素，於是又以成本支出的形態，流回家計單位。如此周而復始， 循環不已， 整個經濟活動便在這兩大循環中不斷的向前進展。

不過此一循環流量是否能維持一定的大小，或能不斷增大，使社會一般的消費水準獲得改善？此問題則非此兩市場本身的活動所能解決，而要了解其變化，則需靠總體分析了。

四、 自由競爭

當然要使得產品市場及生產因素市場能充分發揮其作用，以指導生產與消費，必須每個人能不受限制的追求其經濟活動的目標，亦即必須假定自由競爭的存在。所謂自由競爭，就是消費者能不受限制決定購買還是不購買。如果決定購買，則能向任何生產者，或任何市場購買，沒有任何人爲的阻碍存在。而生產者能不受限制的參加或退出任何生產事業。如果從事生產，則能購買任何種類的生產因素，採取彼所認為最有利的一種生產方法，並生產一定的數量，以提供市場銷售。因為有自由競爭的存在，市場價格若過高，則必有消費者退出市場不再購買，使需求量減少，另一方面必有新生產者參加生產，而使供給量增加，如此供需關係發生變化，價格必將下跌。反之，如果價格太低，則消費者的需要量增加，而同時必有一部分生產者退出市場，如此需求量增加而供給量減少，價格必將上漲。因為自由競爭的存在，才能使不具人格的價格機能，充分發揮其調配生產因素並指導生產的功能。反之，如果沒有自由競爭，則大部分經濟活動必然會受到少數人操縱，而各項人為的障礙必定產生，經濟的順利發展，必將被妨害。

為自由競爭能夠實現，對於各經濟個體從事經濟活動的動機，必然當作是固定的。經濟學中對於從事經濟活動的各經濟單位，均假定其有一定的經濟動機；對於消費者是假定其動機是為了求得最大的經濟滿足，或在一定消費支出下，求最大之滿足。對於生產者則假定其動機是為了求得最高利潤。消費者與生產者的動機雖不相同，但透過市場機構，雙方皆能滿足其動機。即當交易行為發生時，一方面消費者求最大滿足之動機，獲得滿足，另一方面，生產者獲得最大利潤之動機，亦獲得滿足。

五、消費者主權

在現代經濟生活中，一般都認為消費者是一切經濟活動的決定者，因為一切經濟活動的最後目的是為了消費，生產僅是為獲得消費的手段。生產者為求能獲取利潤，不得不視消費者的需要而生產，亦不得不視消費者的購買力而決定其產量，其他一切交換與流通等過程，亦不過是生產與消費中間之階段而已。這種以消費者的愛好為基礎的經濟體系，一般均稱之為消費者主權，就如在民主政治中，人民是最後的主權者一樣，在經濟社會中，消費者即是最後的主權者。但是在政治上，主權的表現是來之於選票，主權者的意志可以透過選票而表示。選票多者即表示能受到選民之歡迎，選票少者必將為選民所遺棄。然而在經濟上這種消費者的主權是如何表示的呢？顯然這種消費者的主權，是由消費者的貨幣購買力所表示的。這種購買力即相當於選票，假如對某種財貨，消費者所願支付的購買力多，即表示消費者需要這種財貨，生產者如果從事生產，一定會獲利，因而生產者目擊這種情況，必將增加生產。反之，如果某種財貨，消費者願意支付的購買力少，即表示消費者對這種財貨的需求並不迫切，因而生產者所能獲得之利益便少，若干生產者便將退出市場。所以生產者對於產品的選擇是透過購買力的多少而表現的。這種特質，可稱之為消費者主權。

　　當然在現代社會中，由於政府經濟功能的不斷增加，消費者的主權也不是絕對的，多少須受到若干限制。最顯著的限制，是由國家財政活動所表現的。國家向人民課稅，即直接減少個人的購買力，尤其在實施累進所得稅的國家，消費者的主權已大大受到削減。同時財政支出，日漸龐大，此種由財政支出所構成的購買力，也足以影響市場經濟活動，構成不算小的一部分權力。不過雖然如此，政府財政活動不過補個人經濟活動之不足而已，本質上並未改變個人經濟活動的本質，故最後，經濟上的主權者，仍是擁有購買力的消費者。

六、幾個基本概念

　　本書中有幾個常常使用的基本概念，需要在此處加以說明：

（一）**財貨**　凡能滿足人類慾望的物質或勞務，均得稱之爲財貨。如衣服、房屋、證券、理髮師的服務、陽光、空氣等均屬之。

（二）**經濟財**　一種財貨或勞務，吾人須支付代價或勞力，始能取得者，則稱爲經濟財。如吾人大部分能在市場購買的財貨，均爲經濟財，因爲這種財貨，是相對的稀少，故吾人取得時必須支付代價或勞力。

（三）**自由財**　凡一種財貨或勞務，因爲數量允裕，取得時不須支付代價或勞力者，稱爲自由財。如正常情況下的陽光與空氣是。

（四）**消費財或消費者財**　凡能直接供消費者使用以滿足其慾望的財貨，稱爲消費財或消費者財，如消費者所穿的衣服、食用的食物等皆是。

（五）**生產財或生產者財**　非用以供直接消費，而爲生產者用以幫助生產的財貨，稱爲生產財或生產者財。消費者財與生產者財在形式上可能沒有分別，僅能就其使用的目的上予以區分，例如家庭中取暖用之煤炭爲消費者財，而工廠爲發動機器所燒的煤炭則爲生產者財。

（六）**市場**　市場乃一種組織，買賣雙方能互相接觸並憑以決定財貨之價格者。市場的範圍，有大有小，有地方性的，有全國性的，亦有世界性的。視財貨的性質而定。例如新鮮蔬菜的市場是地方性的。而砂糖的市場、小麥的市場，則是世界性的。市場可以是一具體的地點，如臺北市中央菜市場，亦可能僅是一抽象的觀念，如砂糖的國際市場，僅是全世界對糖的供需關係，而砂糖價格由以決定的制度而已。

（七）**商品**　凡有一定品質、特性，而爲生產者所生產能以一定價格在市場銷售的，稱爲商品。

（八）**廠商**　結合各種因素，以生產商品爲目的的經濟組織，在經營上自成一獨立單位者稱爲廠商。廠商的範圍可能很大，如美國通用汽車公司、臺灣糖業公司是，亦可能很小，例如巷口的雜貨店、對門的理髮店是。

（九）**產業** 凡生產同一種商品之全部廠商之總合，稱爲產業。如生產農產品之農業、生產鋼鐵之鋼鐵業、生產各種紗線之紡紗業是。一個產業可能包含若干個廠商，如農業、漁業是，一個產業亦可能僅包含幾個廠商，或僅有一個廠商。後一情況卽爲寡占或獨占之現象，如臺灣水泥業、糖業是。

七、摘　要

現代經濟活動的周流，由兩類經濟單位，卽生產單位的廠商與家計單位的消費者，透過財貨市場及生產因素市場而完成。在財貨市場，透過廠商對財貨的供給及消費者對財貨的需求，決定財貨的價格與交易量，並決定廠商的收益及消費者的支出。在生產因素市場，則透過家計單位對生產因素的供給，及廠商對生產因素的需求，決定生產因素的價格及交易量。並決定廠商的成本及家計單位的所得。此兩個市場的存在，使整個經濟活動的周流，能循環不已，生生不息。

在現代經濟生活中，要使得經濟活動的周流能充分發揮其作用，則一方面要靠自由競爭，一方面則要靠消費者主權。所謂自由競爭，卽一切經濟個體，在不侵犯他人的經濟權益之前提下，可自由從事各項經濟活動，追求其經濟目標，不受任何干預。所謂消費者主權，卽消費者是一切經濟活動的最後決定者，消費者的愛好與選擇，決定經濟活動的方向。

重 要 概 念 與 名 詞

自由競爭	廠商
消費者主權	市場
經濟活動的周流	消費財
家計單位	生產財

第三章　需求、供給與價格

由日常經驗中，吾人知道若一物供不應求，則其價格必將上漲，若供過於求，則其價格必將下跌，顯然，供給與需求將影響並決定一物之價格。因此本章將討論何謂需求？何謂供給？以及供給與需求如何決定一物之價格。

一、個別需求

需求可由個別消費者的立場，或由某種財貨全體消費者的立場而分析，前者稱為個別需求，後者則稱為市場需求。茲先說明個別需求的意義。

個別需求，乃假定其他情況不變，在一定單位時間內，個別消費者對某一特定財貨，在不同價格下，所願意購買的數量。

由上述定義，知個別需求是表示財貨的各種價格與其購買量之間的關係。因影響消費者對某一財貨購買的因素頗多，為了解價格與購買量之間的關係，常假定其他情況不變，則在不同的價格下其購買量亦不同。而所謂一定單位的時間，則或為一日，或為一月，或為一年，視財貨的性質及問題的內容而定。所謂其他情況不變，乃假定第一，消費者個人的偏好不變；第二，消費者個人的貨幣所得不變；第三，其他有關財貨的價格不變；第四，對未來所得及價格的預期不變；第五，此財貨非低級財貨或為賴高價顯示其虛榮性的財貨。當這些情況變動時，對需求的影響如何？將於以後討論。

消費者對某一財貨，在不同的價格下，其購買量亦不同，為表示此種需求關係，吾人常可將各種可能的價格與各個價格下的購買量列成一表，此表稱為需求表 (demand schedule)。例如某人每月對豬肉的需求，若豬肉的價格為每斤五十元，則每月僅購買二斤，若價格為四十元，則每月購買五斤，同樣若價格為三十元，則每月購買九斤，若價格為二十元，則每月購買十五斤，此種價格與購買量之間的關係，吾人可列表如下(表 3-1)，此表卽稱為需求表。

表 3-1 對豬肉的需求表

價　格 p	購買量 q
50	2
40	5
30	9
20	15
10	22

上述之需求，除了可用表的方法表示以外，亦可以圖形的方法表示之。若吾人在一平面座標中，以縱座標表示價格，橫座標表示購買量，則上述需求表中的每一組數，在圖形中均可畫為一點，則共得五點。在表中吾人僅列出五種可能的價格及其購買量，若價格的變化不止這五種

可能，而是能以很小的數量變動，理論上購買量亦將以很小的數量變動，則除上述五點外，吾人可獲得更多的點，將這許多點連結起來，即形成一根曲線，如圖 3-1 所示，此曲線稱爲需求曲線 (demand curve)。

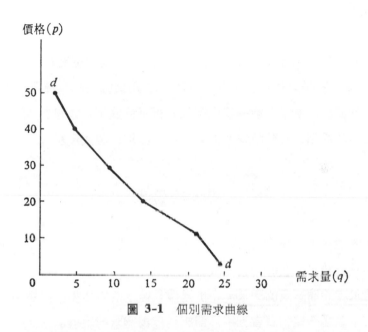

圖 **3-1**　個別需求曲線

在需求曲線中，將價格表示在橫座標之上，還是在縱座標之上？兩種表示法均無不可。在馬夏爾 (A. Marshall) 以前的經濟學者，多用橫座標表示價格，縱座標表示數量，但馬夏爾則用縱座標表示價格，橫座標表示數量。自從馬夏爾這樣表示以後，現在在習慣上都如此做了，因此本書中也按照習慣將價格以縱座標表示之。

學過高等代數或解析幾何的人皆知道，平面上任何一條曲線皆可以用一個函數來表示它，同樣任何一個含兩個變數的函數，在平面上亦可畫出一條曲線。因此上節中的需求曲線，吾人亦可用一函數表示之。設以 q^D 表需求量，p 表價格，則需求量可看作是價格的函數，亦即

$$q^D = f(p) \tag{3-1}$$

此函數稱爲需求函數 (demand function)，而任何函數亦可用反函數表出之，上述之需求函數當然亦可表爲

$$p = g(q^D) \tag{3-2}$$

以上三種表示需求的方法，無論那一種，其意義皆相同，以表表示的方法最具體，但分析較爲不便，以圖形表示最淸楚醒目，分析亦方便，但其缺點是同時只能考慮兩個變數，用函數表示最簡單，同時能考慮幾個變數，所以在進一步作深入分析時最適用。本書對於這三種方法，將同時採用，視分析時的需要，每次採取一種或多種。

二、市場需求

影響並決定市場價格的，是市場需求，非個別需求。所謂市場需求，即是以特定財貨的全體需求者爲對象，表示其各種可能的價格，與全體需求者間購買量的關係。在上述個別需求的定義中，只要將個別消費者五字改爲全體消費者五字，即成爲市場需求的定義。

市場需求與個別需求一樣，可以用三種不同的方法表示之，即需求表、需求曲線與需求函數。因爲每一消費者均有一需求表或需求曲線，每一消費者的需求表或需求曲線原則上與其他的消費者均不一樣，爲求市場需求表，吾人只要在每一價格下，求各消費者購買量的總和，即爲該價格下的市場總購買量，或總需求量。將各種可能價格下的總購買量均求出，與價格列成一表，即市場需求表。同樣將各消費者的需求曲線，在縱座標上代表某一價格的某一點，將個別曲線的橫座標相加，而畫入一新的曲線，則此新的曲線即是市場需求曲線。以下試以包含三個消費者的情況，分別以表及曲線說明之。

表 3-2　對猪肉之市場需求表

價　　格 (p)	甲之需求量 (q_a)	乙之需求量 (q_b)	丙之需求量 (q_c)	市場需求量 (q_d)
50	2	0	3	5
40	5	2	5	12
30	9	4	8	21
20	15	7	12	34
10	22	12	15	49

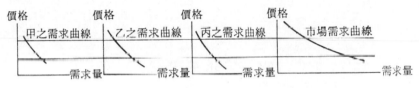

圖 3-2　個別需求曲線與市場需求曲線

同樣，吾人將個別需求函數綜合之，卽可列出市場之需求函數為

$$Q^D = F(p) \qquad\qquad (3\text{-}3)$$

$$或\quad P = G(Q^D) \qquad\qquad (3\text{-}4)$$

三、需求法則

在一般情況下，需求曲線是一由左上方向右下方傾斜的曲線，價格的變化與購買量的變化成相反的方向，因此，吾人可提出一需求法則。

在一般情況下，若一物之價格下跌，則消費者之購買量將增加，反之，若其價格上漲，則消費者的購買量將減少。

這種購買量隨價格作相反方向的變化，吾人由經驗中亦可看出，當猪肉的價格下跌時，如仍購買原來的數量，所花的代價將減少，則消費者可以用省下來的錢多購猪肉，另一方面因猪肉跌價，若其他食物的價格不變，則消費者可多購買猪肉以代替羊肉、牛肉等的消費。故對猪肉的購買量將增加。猪肉漲價時的情形則相反，可以類推。

惟吾人須注意者，在需求表或需求曲線中，僅有一組數或僅有一點是能實際出現的，不同的數或點之間的關係，是一種在同一時間單位內非此即彼的關係，並不是都能同時出現的。其次吾人須注意者，知道了需求表或需求曲線，並不能知道實際的市場價格與購買量，市場實際的價格如何，尚須視市場供給關係如何？而同時考慮需求與供給的關係才能決定。

四、需求的變化

在表示對某一財貨的需求時，吾人是假定其他的條件不變的。其他的條件如上所述，包含消費者個人的偏好；消費者的貨幣所得；其他財貨的價格；對未來價格及所得的預期；此一財貨非低級財貨或誇示性的財貨等。但是當這些因素發生變化，則對需求的影響將如何？例如，若個人的偏好由於受了廣告或朋友的影響，對某一財貨變得更為偏愛；或貨幣所得比前增多；或其他財貨的價格上漲；或預期此一財貨的價格未來將上漲等。顯然縱然此一財貨的價格不變，則購買者對此財貨的需求量可能增加。換言之，在原來各種可能的價格下，此一購買者的購買量均提高。仍以表 3-3 為例，若由於上述諸原因，某甲之需求表變得如此之形態；則吾人稱某甲對猪肉之需求增加。如果由於某甲之偏好降低，或貨幣所得減少，或其他有關之財貨跌價，很可能在原來的各種不同的價格下，某甲的需求量均減少，對此情形，吾人稱為需求之減少。以需求曲線表示之，若將新的價格與需求量的關係，畫成曲線，則表示整條曲線的上移或下移，前者即爲需求的增加，如由 $d\,d'$ 上移至 d_1d_1'，後者即爲需求之減少，如由 $d\,d'$ 左移至 d_2d_2' 是。

表 3-3　需求之增加

價　　格	原需求量	新需求量
50	2	4
40	5	9
30	9	15
20	15	22
10	22	30

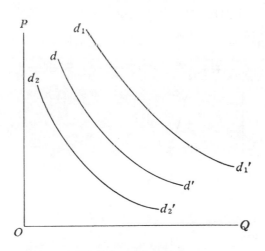

圖 3-3　需求的變化

五、需求與需求量

　　由上述需求變化的意義， 吾人須分辨清楚需求的變化與需求量 (quantity demanded) 的變化，意義不同。需求的變化，已如上述是整條需求曲線的移動， 其變化的原因，則是由於消費者的所得發生變化，消費者的偏好改變， 或其他有關財貨的價格發生變化等。至於需求量的變化則是同一根曲線上， 點的移動， 如圖 3-4 中， dd 為需求曲線，若價格與購買量的組合由 A 點移至 B 點，卽表示價格由 P_1 跌落至 P_2 時，則購買量由 OQ_1 增加至 OQ_2， 這種由 A 點向 B 點的移動， 卽稱為需求量的變化。顯然吾人可看出引起需求量變化的原因，是該物的價格發生變化，而其他條件未變。若干人士， 甚至不少經濟學人因為未能認清此兩者之間的不同，因而在觀念上產生了若干混淆，例如吾人常聽到這種說法，某物之價格上漲，故需求減少。其實正確的說法， 應是需求量減

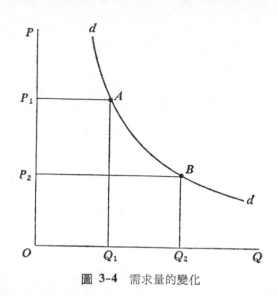

圖 3-4　需求量的變化

少。因此吾人研究經濟學時，應予分辨清楚。

六、需求彈性──其意義及彈性係數之計算

由需求法則，吾人知道若一物之價格上漲，則需求量減少，反之，若價格下跌，則需求量將增加，需求量隨價格的變化而變化。可是不同財貨之間，這種需求量隨價格變化而變化的敏感程度並不一樣。有若干種財貨，不論價格如何變化，需求量變化的幅度不大，亦即價格縱然上漲甚多，需求量不致減少，或減少得有限，價格縱然下跌．需求量亦增加得很少，如火柴、食鹽、食米等財貨均如此。而另外若干財貨情形則相反，價格略有變動，需求量的變動往往很大，如日常生活中所用的便利品，及部份奢侈品均有這種現象。這種需求量變化對價格變化的敏感性，經濟學上稱之為需求彈性。而一物彈性之大小，對消費者經濟福利之關係頗為密切。

為測定需求彈性之高低，常可計算出一數字，以表示之，此數字稱為彈性係數。需求彈性的彈性係數計算之公式如下：

$$彈性係數 = \frac{需求量變化的百分比}{價格變化的百分比} = \frac{\dfrac{需求量的增量}{原需求量}}{\dfrac{價格的增量}{原價格}}$$

若以符號表示之，設以 P 表價格，Q 表需求量，ΔP 表價格的增量，ΔQ 表需求量之增量，而以 E 表彈性係數，則

$$E = \frac{\dfrac{\Delta Q}{Q}}{\dfrac{\Delta P}{P}} = \frac{\Delta Q}{\Delta P} \cdot \frac{P}{Q} \tag{3-5}$$

因為彈性係數的計算係以價格的百分比為單位，其數值即表示價格每變

化百分之一時，需求量變化的百分比。又因爲價格變化與需求量變化的方向相反，當價格下跌時，需求量增加，而價格上漲時，需求量減少，故彈性係數之符號在一般情況下爲負，爲避免負號的應用，吾人僅利用其絕對值。而馬夏爾則採取在彈性係數前加一負號，將原來之負號抵銷。惟不論採什麼方法，吾人所重視者僅爲其數值，而非符號。

試應用此一公式計算對豬肉之需求彈性，取 3-2 表中之數字，重新列表如下：

表 3-4

價　　格 p	價格之增量 (Δp)	市 場 需 求 量 (Q)	需求量之增量 (ΔQ)
50		5	
	-10		7
40		12	
	-10		9
30		21	
	-10		13
20		34	
	-10		15
10		49	

若求價格由50下跌至40時之彈性係數，則將有關數字代入上式，得

$$E_1 = \frac{7}{-10} \cdot \frac{50}{5} = -7$$

同樣依次求價格由 40 下跌至 30，由 30 下跌至 20，及10時之彈性係數：

$$E_2 = \frac{9}{-10} \cdot \frac{40}{12} = -3$$

$$E_3 = \frac{13}{-10} \cdot \frac{30}{21} = -1\frac{6}{7}$$

$$E_4 = \frac{15}{-10} \cdot \frac{20}{34} = \frac{-15}{17}$$

由以上之計算，彈性係數隨價格之下跌而其絕對值亦遞減，由 7 降至 15/17。在一般情況下，彈性係數之數值，可由負無窮大變化到零，並可分爲五種類型：

（一）彈性係數爲無限大，卽 $|E| \to \infty$，此卽價格略有下跌，需求量增至無窮大，價格略有上漲，需求量減少至零，此種需求稱爲絕對彈性的需求，其特殊意義，在以後各章，將予說明。

（二）$|E| > 1$，彈性係數大於一，卽需求量變動的百分比大於價格變化的百分比，對這種需求可稱爲高彈性需求。

（三）$|E| = 1$，彈性係數等於一，卽需求量變動的百分比等於價格變化的百分比。這種彈性係數可稱爲單一彈性 (unitary elasticity)。此種需求，是特殊形態的需求。

（四）$|E| < 1$，彈性係數小於一，卽需求量變動的百分比小於價格變化的百分比，這種需求可稱爲低彈性需求。

（五）$|E| \to 0$，彈性係數等於零，卽不論價格如何變動，需求量始終不變，故可稱爲絕對無彈性需求。

由前述計算之例及以上彈性係數之五種類型，吾人可看出對任何一種財貨，在一般情形下，彈性係數是隨價格的變化而變化的，除特殊情形外，彈性係數並不固定。

以上述之公式計算彈性係數，雖甚便利，然有一很大缺點，卽吾人如計算價格上漲時的彈性係數，其結果常不一樣，設仍以表 3-4 的數字爲例，重新列表如下：

表 3-5　彈性係數之計算

價　　格 (p)	價格之增量 (Δp)	市場需求量 (Q)	需求量增量 (ΔQ)
50		5	
	10		− 7
40		12	
	10		− 9
30		21	
	10		−13
20		34	
	10		−15
10		49	

　　試計算價格由 40 上漲至 50 之彈性係數

$$E_1' = \frac{-7}{10} \cdot \frac{40}{12} = -2\frac{1}{3}$$

顯然不等於價格由 50 下跌至 40 時之彈性係數 −7，其他三個彈性係數，可同樣計算如下：

$$E_2' = \frac{-9}{10} \cdot \frac{30}{21} = -\frac{9}{7}$$

$$E_3' = \frac{-13}{10} \cdot \frac{20}{34} = -\frac{13}{17}$$

$$E_4' = \frac{-15}{10} \cdot \frac{10}{49} = -\frac{15}{49}$$

均與價格下跌時之彈性係數不同。分析其原因，完全由於公式中所取原來之價格及需求量不同， 故其結果亦異。 因為上述公式是弧彈性的公式，在價格上漲與價格下跌時所取以計算的點一在弧之上端，一在弧之下端，其結果當然不一樣。為使得能一致起見，必須取弧的平均彈性，作為弧彈性的近似值， 亦即取弧中點的彈性係數， 作為弧彈性的代表值。如此修正後，則上述公式可修正如下。*P* 及 *Q* 仍然分別代表價格與

需求量，以附字 0 與 1 分別代表變化前及變化後之數量，則

$$E = \frac{Q_1 - Q_0}{\left(\dfrac{Q_1 + Q_0}{2}\right)} \bigg/ \frac{P_1 - P_0}{\left(\dfrac{P_1 + P_0}{2}\right)}$$

$$= \frac{Q_1 - Q_0}{P_1 - P_0} \cdot \frac{P_1 + P_0}{Q_1 + Q_0} \qquad (3\text{-}6)$$

依據此一公式，不論由價格下跌或由價格上漲計算，其結果均屬一樣。仍以表 3-4 之數字爲例，設計算價格由 40 上漲至 50 之彈性係數，則

$$E_1 = \frac{5 - 12}{50 - 40} \cdot \frac{50 + 40}{5 + 12} = \frac{-7}{10} \cdot \frac{90}{17} = -\frac{63}{17} = -3\frac{12}{17}$$

如計算價格由 50 下跌至 40 時之彈性係數，則

$$E_1 = \frac{12 - 5}{40 - 50} \cdot \frac{40 + 50}{12 + 5} = -3\frac{12}{17}$$

其結果相同，比前一公式合用多矣。

七、由幾何的方法求彈性係數

需求彈性的彈性係數，亦可直接由需求曲線估計出，如圖 3-5，DD 爲需求曲線，如果要求 A 點之彈性係數，亦卽價格爲 OH 之彈性係數，可由 A 畫 DD 之切線與兩座標相交於 M、N 兩點，設價格由 OH 跌至 OK，則需求量由 OT 增至 OU，卽由曲線上 B 點所示者。如果價格之變動甚小，則需求量之變動亦小，吾人若以 TW 代表需求量之增加，則因其誤差並不太大，而 W 則爲由切線上 S 點所決定之需求量也。依據上節所述彈性係數計算之公式：

$$E = \frac{\Delta Q}{\Delta P} \cdot \frac{P}{Q}$$

$$\Delta Q = TW = RS \quad \Delta P = HK = AR \quad P = OH \quad Q = OT$$

則　　　　$E = \dfrac{RS}{AR} \cdot \dfrac{OH}{OT}$

因　　　　$\triangle ARS \backsim \triangle ATM \backsim \triangle NOM$　　$\therefore \dfrac{RS}{AR} = \dfrac{TM}{AT} = \dfrac{TM}{OH}$

$$E = \frac{TM}{OH} \cdot \frac{OH}{OT} = \frac{TM}{OT} = \frac{AM}{AN} \tag{3-7}$$

卽 A 點之彈性係數等於自 A 點所畫切線中，A 點到橫座標之線段對 A 點
到縱座標線段之比。若 $AM > AN$，則彈性係數大於一。若 $AM < AN$，則
彈性係數小於一。若 $AM = AN$，則彈性係數等於一。曲線上其他各點之
彈性係數，亦可以同樣方法求得。如 B 點之彈性係數，卽等於 $BF \, / \, BE$。

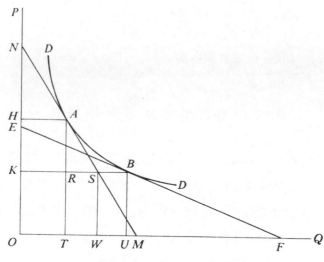

圖 3-5　以幾何法求彈性係數

　　由上述幾何的方法可看出曲線上各點之彈性係數，在一般情形下並
不相等，而是隨價格的變動而變動的。最顯著的情形，可用一直線形態
的需求曲線說明之。如圖 3-6 中，RS 為一需求曲線，M 為其中點，則
R 點之彈性係數必將趨近於無窮大。RM 之間彈性係數必大於一，M 點

之彈性係數等於一，MS 之間彈性係數小於一，而至 S 點則彈性係數趨近於零矣。

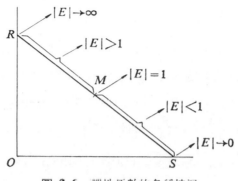

圖 **3-6**　彈性係數的各種情況

　　但亦有一例外情形，卽需求曲線上任何一點之彈性係數均爲固定，此稱爲有固定彈性係數的需求。如圖 3-7, DD 爲一需求曲線，其形態爲正雙曲線的一支。吾人若在其上任何一點畫一切線與兩座標相交，則此切線被切點平分爲相等的兩等分。曲線上任何一點均有此特性，故此曲線上任何一點之彈性係數均等於一。這種有固定彈性的曲線，尙有其他

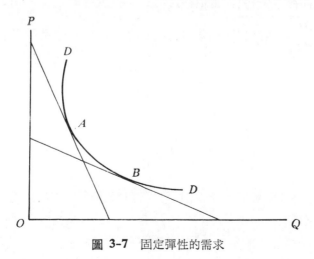

圖 **3-7**　固定彈性的需求

形態，其彈性係數等於其他常數。總之，以下吾人將證明有固定彈性的
需求曲線其一般需求函數必為下列形式，卽

$$Q = \frac{\alpha}{P^{\beta}}$$ (3-8)

P、Q 之意義如前，而 α、β 為常數。此需求函數，不論價格為何，其彈
性係數均為 β。最簡單的情況，卽 $\beta = 1$，此時 $PQ = \alpha$，亦卽消費者對
此財貨之消費支出，不論價格為何，均是固定不變的。

八、點彈性 (point elasticity)

　　以上所說明之彈性係數之概念，實際上，為弧彈性 (arc elasticity)，
是假定價格有相當變化後，在需求曲線上有關的一段弧所表現的平均需
求彈性，而彈性係數的實際意義，應是曲線上一點的性質。卽是在某一
特定價格下，有其彈性係數，此卽所謂點彈性。如吾人要求點彈性，應
如何求法？如已修習過微積分的人，該可了解，點彈性實卽當價格之變
動趨近於零時的極限值，當價格之變動趨近於零時，則 $\Delta Q / \Delta P$ 趨近於
一導數值 $\frac{dQ}{dP}$，而點彈性係數亦可因此而引申出，以符號可表之如下：

$$E = \lim_{\Delta P \to 0} \frac{\Delta Q}{\Delta P} \cdot \frac{P}{Q} = \frac{dQ}{dP} \cdot \frac{P}{Q}$$

或　　　$$E = \frac{\dfrac{dQ}{Q}}{\dfrac{dP}{P}} = \frac{d \log Q}{d \log P}$$ (3-9)

若吾人已知需求函數的形態，卽可代入以求彈性係數之公式，如

$$Q = 20 - 2P \quad 則 \quad \frac{dQ}{dP} = -2$$

$$E = (-2) \cdot \frac{P}{Q} = -2P/20 - 2P$$

$$P = 4 \text{ 時} \qquad E = -8/12 = -\frac{2}{3}$$

$$P = 8 \text{ 時} \qquad E = -16/4 = -4$$

又依據此公式，亦可證明凡形式爲 $Q = \alpha/P^{\beta}$ 之需求曲線，彈性係數必爲固定常數，且等於 β，因 $\dfrac{dQ}{dP} = -\alpha\beta/P^{\beta+1}$，所以 $E = (-\alpha\beta/P^{\beta+1}) \cdot \dfrac{P}{Q} = (-\alpha\beta P^{-\beta-1}) \cdot \dfrac{P}{\alpha P^{-\beta}} = -\beta$，不論價格如何變化，彈性係數始終不變且等於 β。

九、由消費者總支出的變化估計彈性係數

除上述用代數的方法及幾何的方法估計彈性係數外，尙可由消費者爲購買此財貨其總支出的變化而估計彈性係數。若價格下跌時，消費者的總支出增加，則其彈性係數必大於一。若消費者的總支出不變，則其彈性係數等於一。若消費者的總支出減少，其彈性係數小於一。因爲消費者的總支出等於價格與需求量的相乘積，若價格下跌，則需求量增加，價格與需求量對總支出的影響剛好相反。現在消費者的總支出若因價格的下跌而增加，顯見得價格下跌後，需求量所增加的比例大於價格下跌的比例，因而使總支出增加，故其彈性係數必大於一。反之，若價格下跌後，總支出減少，則顯然需求量增加的比例小於價格下跌的比例，故彈性係數小於一。若價格下跌後，總支出不變，則需求量增加的比例等於價格下跌的比例，故兩者的影響互相抵銷，因而彈性係數等於一。

由消費者總支出的變化估計彈性係數的大小，可用下列方式證明。設 P 及 Q 分別表原來的價格及需求量，ΔP 及 ΔQ 表價格及需求量的增量，如此則原來的總支出為 PQ，價格下跌後的總支出即為 $(P-\Delta P)(Q+\Delta Q)$。若消費者的總支出增加，即：

$$(P-\Delta P)(Q+\Delta Q)-PQ>0$$

即 $\qquad P\cdot\Delta Q-Q\cdot\Delta P-\Delta P\cdot\Delta Q>0$

因 ΔP 及 ΔQ 均為很小的數值，其乘積當然更小，吾人若不考慮此項的存在，不至於有很大的誤差，故可寫作

$$P\cdot\Delta Q>Q\cdot\Delta P$$

即 $\qquad \dfrac{\Delta Q}{\Delta P}\cdot\dfrac{P}{Q}>1$

顯然此不等式之左端，即彈性係數之公式，亦即總支出增加時，其彈性係數必大於一也。總支出減少，彈性係數小於一，總支出不變，彈性係數等於一之情形，可同樣證明。

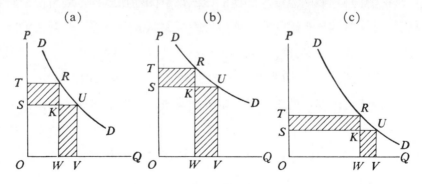

圖 **3-8** 由總支出的變化估計彈性係數

若以幾何的方法表示總支出的變化以估計彈性係數的大小，可如上圖所示。圖 3-8(a) 中，原來之價格為 OT，需求量為 OW，其總支出為 $OTRW$，若價格下跌至 OS，則需求量增加為 OV，總支出則為 $OSUV$，

此二長方形除共同部份 $OSKW$ 之外，其不同部份爲二有陰影之長方形，一爲 $STRK$，一爲 $KUVW$。顯然若 $KUVW$ 之面積等於 $STRK$，則價格下跌後之總支出未變，故彈性係數爲一。但在 (b) 圖中 $KUVW$ 大於 $STRK$，則價格下跌後之總支出大於原來之總支出，故彈性係數大於一。同樣 (c) 圖中 $KUVW$ 小於 $STRK$，故彈性係數小於一。

價格若上漲，其情況亦可推得之，若價格上漲後，總支出減少，則彈性係數大於一；，總支出不變，則彈性係數等於一；總支出增加，則彈性係數小於一。其理由很簡單，價格上漲總支出減少卽價格下跌總支出增加也，故彈性係數當然大於一。其餘情形，讀者可自行說明之。

十、所得效果與替換效果
(income effect and substitution effect)

在需求的意義中，吾人假定消費者的貨幣所得，其他財貨的價格均不變，則財貨的價格下跌時，消費者的需求量將增加。現在吾人將進一步研究，如果消費者的貨幣所得發生變化，或其他財貨的價格發生變動，則消費者對某一特定財貨的需求量將會發生何種變化。

首先研究這一情況，若某一財貨其價格未變，其他財貨的價格亦未變，消費者的偏好不變，而消費者的個人所得發生變化，設個人的所得增加。在一般正常情形下，若消費者個人所得增加，卽表示其購買力增加，在沒有任何人爲的干涉之下，對各種財貨的需求量都是會增加的，因其更有能力購買各種財貨也，對特定財貨之需求量當然亦會增加。反之，若所得減少，對財貨之需求量必將減少。這種因所得變化所引起之對財貨需求量之變化，吾人可稱之爲所得效果。以圖形表示之可如圖 3-9 中，縱座標表所得，橫座標表示對某一特定財貨之購買量，EE 曲

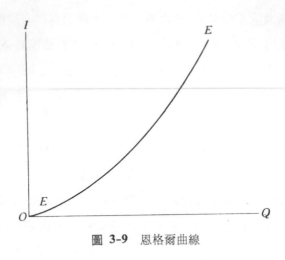

圖 3-9　恩格爾曲線

線表示隨所得之增加，購買量亦增加之曲線，此曲線一般的由左下方向右上方延伸，表示隨所得的增加，對財貨的購買量也是增加的。此曲線通常稱爲恩格爾曲線 (Engel's curve)，因德國經濟學家 Engel 而得名，因彼首先研究此種現象也。

　　但各種財貨由於其性質之不同，消費者因所得變化，其需求量之變化亦不同。如圖 3-10 中，曲線(1)表示需求量隨所得之增加而增加，其增加的數量沒有任何限制。曲線 (2) 則顯然當所得甚少時，隨所得之增加而增加，然而有一極限，當接近到這一極限時，不論所得如何增加，需求量不再增。本圖中其極限即爲OX。曲線(3)則表示當所得甚低時，需求量隨所得之增加而增加，但當所得水準等於 OY 時，需求量最高爲LY，但當所得超過 OY 時，對此財貨之需求不但不增，反而減少。凡有此種現象之財貨，一般稱之爲劣等財貨或低級財貨 (inferior goods)，因此種財貨多爲貧窮的人所使用，一旦所得水準提高，則以他種較高級之財貨代替，而減少此種財貨之購買。此種財貨如西方國家之麵包、馬鈴薯，我國之甘藷等均屬之。

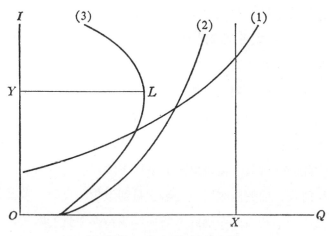

圖 **3-10** 不同的恩格爾曲線

用以表示並測定需求量變化對所得變化之反應程度，吾人亦可用所得彈性及其彈性係數分別表示之。所得彈性係數之計算與前述價格彈性之方法同；吾人只要將前述求彈性係數之公式中，將價格換爲所得，所求出者卽爲所得彈性之彈性係數。如應用點彈性之公式，則

$$E_I = \frac{dQ}{dI} \cdot \frac{I}{Q} \qquad I \text{ 表所得} \qquad (3\text{-}10)$$

所得彈性之符號，一般情況下均爲正，如爲劣等財貨則所得高達某一水準後，其符號卽爲負。所得彈性的數值，可能大於一，亦可能小於一，一般的若數值甚低，卽表示彈性較低，需求量不因所得之增加而比例增加，一般生活必需品多有這種性質，亦卽圖 3-10 中曲線 (2) 之情形。若所得彈性的數值大於一，卽表示所得彈性高，需求量增加之比例大於所得增加之比例，圖 3-10 中曲線 (1) 之情況卽屬如此。而一般生活中對住屋之支出，及對便利品、奢侈品等多有此種性質。

其次吾人研究，若此財貨之價格不變，消費者之偏好及所得亦不變，對此財貨未來價格及所得之預期亦不變，而其他財貨之價格變化，

則對此財貨之需求量將發生何種影響？此所謂其他財貨，當然包括各式
各樣的財貨。此各式各樣的財貨與此一財貨的關係，大體可以分爲三
類：第一類是可以互相替換的財貨 (substitution goods)，亦卽此類財貨
均能滿足相同的慾望，例如水菓中的香蕉與鳳梨、肉類中的豬肉與牛肉
是。雖然此類財貨本質上不同，但對消費者看來，多少具有若干替換性
的，因此香蕉漲價，則對鳳梨的需求量可能增加，豬肉減價，則人們少
吃牛肉。因此若一財貨之替換財貨的價格下跌，則消費者必將多購價格
下跌的替換財貨，而對原來財貨的需求量卽減少。反之，若其替換財貨
的價格上漲，則消費者必多購此財貨而減少替換財貨的購買，此情況可
以圖 3-11(a) 表示之。縱座標表 x 財貨的價格，橫座標表 y 財貨的需求
量，則兩種財貨若具有替換關係，則 D_yD_y 曲線卽表示 x 財貨價格變動
後對 y 財貨的需求曲線。此種因替換財貨價格的變動所引起的對此一財
貨需求量的影響，稱爲替換效果 (substitution effect)。第二類財貨可稱
爲輔助性的財貨 (complementary goods)。此類財貨與吾人所研究的財
貨之間必須共同使用，才能發生更大的效用，如信封與信紙、墨水與
鋼筆、汽車與汽油等皆是。此種輔助性財貨的價格若下跌，則其需要量
增加，連帶對共同使用之財貨之需求量亦必增加。反之，若輔助性財貨
之價格上漲，則其需求量減少，連帶對共同使用之財貨之需求量亦減少。
此所以很可能因汽車之漲價，對汽油之需要量亦爲之減少也。此種情形
如圖 3-11(b) 曲線所示，隨 x 價格之下跌，對 y 財貨之需求量是增加
的。第三類財貨可稱爲無關係之財貨 (independent goods)，其與吾人
所研究之財貨之間，既無替換性，亦無輔助性，例如食鹽與火柴是。故
其價格之任何變化，對此特定財貨之需求量不發生任何影響。此可如圖
3-11(c) 所示，不論 P_x 如何變化，對 y 之需求量卻固定不變。不過嚴
格說來，任何兩種財貨之間，透過消費者的所得固定此一關係，多少是

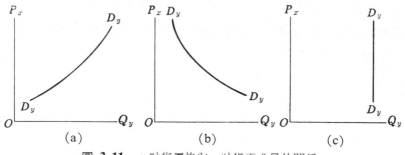

圖 **3-11**　x 財貨價格與 y 財貨需求量的關係

具有一點替換性的，因爲消費者的所得固定，在某種財貨上由於價格變動而支出增加，必然影響對其他財貨的支出減少。故就消費者的所得固定一點言，任何兩種財貨間都是具有替換性的。

　　爲表示並測定其他財貨價格的變動對特定財貨需求量變動的敏感性，吾人亦可以偏彈性說明之。偏彈性 (partial elasticity) 亦可稱爲交互彈性 (cross-elasticity)。偏彈性係數之計算，同於常彈性 (ordinary elasticity)，吾人只須將常彈性係數公式中（相對於偏彈性，前所述之彈性可稱爲常彈性）之價格表爲他種財貨之價格，而需求量則表爲此一財貨之需求量即可。其形式如下：

$$E_{yPx} = \frac{\Delta Q_x}{\Delta P_y} \cdot \frac{P_x}{Q_y} \tag{3-11}$$

或　　　$$E_{yPx} = \frac{Q_{y1} - Q_{y0}}{P_{x1} - P_{x0}} \cdot \frac{P_{x1} + P_{x0}}{Q_{y1} + Q_{y0}} \tag{3-12}$$

或　　　$$E_{yPx} = \frac{\partial Q_y}{\partial P_x} \cdot \frac{P_x}{Q_y} \tag{3-13}$$

E_{yPx} 即表示當 x 價格變動時，y 財貨之偏彈性係數也。

　　偏彈性係數之符號，可爲正，亦可爲負，若其符號爲正，即表示 x 財貨價格變化與 y 財貨需求量變化之方向相同，即 x 財貨價格下跌時，y 財貨之需求量減少。反之，若 x 財貨之價格上漲，則對 y 財貨之需求量增加，顯然此二財貨有替換關係。故偏彈性係數為正時，則此二財貨必為替換財貨。若偏彈性係數之符號為負，則 x 財貨價格變化與 y 財貨需求量變化之方向相反。卽 x 財貨價格下跌，則 y 財貨之需求量增加，顯然此二財貨必為輔助性財貨。故偏彈性係數為負時，卽表示此二財貨為輔助性財貨。 最後若偏彈性係數為零， 或不論其符號為何， 其絕對值甚小，卽表示此二財貨間沒有任何顯著的關係，因此必為獨立性的財貨。

　　由所得效果及替換效果，吾人可進一步研究何以前述需求法則中，說明在一般情況下一物之價格若下跌，則其需求量將增加。此種現象可由所得效果及替換效果說明之。若一物之價格下跌，而其他情況不變，顯然消費者除仍能購買原來之數量外，其購買力必有剩餘，此不啻與所得增加，而財貨之價格不變所造成之結果相同，因所得既有增加，則對此財貨之需求量必增加，此卽所得效果也。其次因為此一財貨之價格下跌，其替換財貨價格卽相對的上漲，故消費者將多購此一財貨而代替其替換財貨使用，故其需求量亦將增加，此卽替換效果。價格下跌後，由於能產生此所得效果及替換效果，故其需求量必增加，反之，若價格上漲，其需求量必減少。因而所謂需求法則亦因此而得成立。

十一、個別供給

　　以上係分析需求及需求法則， 茲再討論供給及供給法則 。 供給 (supply) 亦可由個別生產者或廠商以及全體生產者或產業的立場予以分析 。 若由個別生產者或廠商的立場分析， 則稱為個別供給 (individual supply)， 若由全體生產者或產業的立場分析， 則稱為市場供給。 先論個別供給。

　　個別供給者，乃假定其他情況不變時，在一定時間內，個別生產者或廠商對某一特定財貨，在不同的價格下所願意提供市場銷售的數量。

表 3-6　猪肉的個別供給表

價　　格 *P*	供　給　量 *Q*
50	1,200
40	800
30	500
20	300
10	150

　　由此定義可知，供給與需求一樣，是表示財貨的價格與其銷售量或供給量之間的關係。因生產者供給量的多少，常受時間因素的影響，故爲表示供給，常須確定一定的時間單位，經濟學中常將供給分爲長期供給與短期供給兩種，其意義吾人在以後將予說明。同時影響供給量之因素甚多，爲確定價格與供給量之間的關係，故假定其他情況不變，此其他情況包含：第一、生產技術不變，第二、生產因素的市場價格不變，第三、政府財政尤其租稅政策不變，第四、生產者本身的偏好不變。此種其他情況變化時，對供給之影響如何？亦將於以後討論之。

　　價格與供給量之間的關係，亦可以用表的形態表示之，若生產者某甲飼養猪隻，提供市場銷售，若市場猪肉價格每斤爲 50 元時，則每月某甲願提供銷售 1200 斤，若市場價格爲每斤 40 元，則某甲願提供銷售800 斤，餘類推，此表稱爲供給表。由供給表中卽可知某甲在不同價格下所願意提供的銷售量。

　　與需求相似，供給亦可以圖形表示之。在一平面圖中，若以縱座標

表價格，橫座標表供給量，則供給表中的每一組數，均可畫成一點。若
價格能以更小的單位而變化，則供給量亦將以很小的單位在變動，因而
吾人可以找出若干點，若將此若干點連結起來，卽形成一條曲線，如圖
3-12 所示，此曲線卽稱爲供給曲線。其一般形態大致爲由左下方向右
上方延伸的曲線。

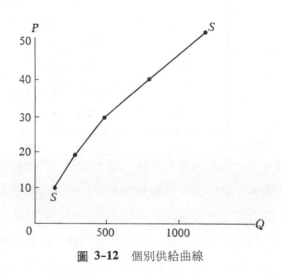

圖 3-12 個別供給曲線

供給亦可以函數表示之，若以 q^s 表供給量，p 表價格，則供給量
可看作是價格的函數，因而寫作

$$q^s = f(p) \qquad\qquad (3\text{-}14)$$

此函數卽稱爲供給函數 (supply function)。若寫成其反函數形態，卽價
格爲供給量之函數，則

$$p = g(q^s) \qquad\qquad (3\text{-}15)$$

十二、市場供給

影響並決定市場價格的爲市場供給，非個別供給。所謂市場供給，即特定財貨的全體生產者，或產業界，在各種不同的價格下，所願意提供銷售的數量。亦卽在各種不同的價格下，將個別供給者的供給量相加，卽得市場供給量。市場供給，亦可以三種不同的方法表示之，卽供給表、供給曲線與供給函數。其供給曲線之形態，如圖 3-13 所示，爲一由左下方向右上方延伸的平滑的曲線。線上任何一點表示一定價格與一定供給量的關係。市場供給若以函數表示之，則爲

$$Q^s = F(P) \tag{3-16}$$

或
$$P = G(Q^s) \tag{3-17}$$

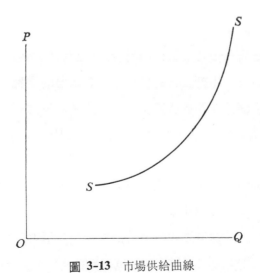

圖 3-13　市場供給曲線

十三、供給法則

在一般情況下，供給曲線是一條由左下方向右上方延伸的曲線，表示價格的變化與供給量變化的方向相同，因此吾人可得一供給法則，即：

在一般情況下，若一物之價格上漲，則供給量將增加，反之，若價格下跌，則供給量將減少。

此種供給量能隨價格上漲而增加的原因，是由於價格上漲後，生產者能獲得更多的利潤，故願增加成本以增加供給量，此一問題，吾人在以後將詳予討論。

十四、供給的變化

在說明供給的意義時，吾人曾假定其他條件不變，此其他條件包含：生產技術不變、生產因素的價格不變、政府的財稅政策不變，以及生產者的偏好不變。在這種假定下，價格與供給量的關係可以一供給曲線表示之。但是假如其他條件發生變化時，對供給之影響將如何？例如，假定生產技術改進，或生產因素的價格降低，則顯然生產者的成本可以降低，於是在原來的各種價格下，生產者的供給量均將增加。此以圖形的意義表示之，即整個供給曲線向右方移動。對於這種移動，吾人稱之為供給的增加。如圖 3-14 中，原來的供給曲線為 S_1S_1，而由於生產技術的改進，及生產因素價格的降低，新的供給移至 S_2S_2，因此當價格為 OP_1 時，原來的供給量為 OQ_1，而供給增加後，價格如仍為 OP_1，則供給量增為 OQ_2。換言之，如仍然使供給量為 OQ_1，價格為 OP_2 即

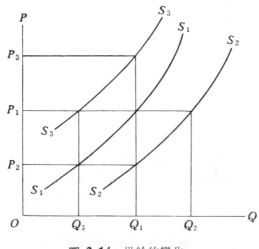

圖 **3-14**　供給的變化

可。　同理，　若政府對生產者徵課一新的租稅，　或生產者生產的興趣降低，則在原來價格下的供給量，均將減少，此卽曲線向左移動，此稱爲供給之減少。如圖 3-14 中，供給曲線由 S_1S_1 移至 S_3S_3 是。如果原來價格爲 OP_1 時，供給量爲 OQ_1，則現在價格如仍爲 OP_1，供給量將減少至 OQ_3 了。如仍希望維持原來的供給量，價格非上漲至 OP_3 不可。無論是供給之增加或減少，均可稱爲供給的變化。

　　供給之增加或減少與供給量之增加或減少，在意義上亦不相同。如前所述，供給之增加或減少，是整條供給曲線之移動，其發生的原因是其他條件改變。而供給量之增加或減少，則是在同一根供給曲線上某一點之移動。如圖 3-15 中，SS 爲供給曲線，A、B 爲兩點，若由 A 點移至 B 點，則供給量將由 OQ_1 增至 OQ_2。其所以如此之原因，乃是由於價格由 OP_1 上漲至 OP_2 故也，而其他條件，並沒有變化。此種由 A 點向 B 點之移動，卽稱爲供給量之增加，反之，由 B 點向 A 點移動，卽供給量之減少。

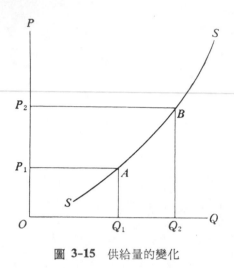

圖 3-15　供給量的變化

十五、供給彈性

　　由供給法則，知一物之價格若上漲，則供給量將增加，反之，若其價格下跌，則其供給量將減少。但不同財貨之間，供給量變化對價格變化的敏感性，亦有差異。有些財貨，價格雖有變動，而供給量不變或其變化甚為有限，例如若干藝術品即是。而另有些財貨，價格變動後，供給量之變動很大，因生產者能透過生產之增加而增加其供給量也。此種供給量變化對價格變化之敏感性，亦可用供給彈性的意義說明之。供給彈性與需求彈性的意義相似，其彈性係數亦可用公式求出；吾人只須將需求彈性的彈性係數公式中需求量改為供給量，則其所求出之數字，即供給彈性的彈性係數。一般的供給彈性的彈性係數的符號為正，因供給量的變化與價格變化的方向相同之故。若彈性係數大於一，即表示供給彈性高，若小於一，即表示供給彈性低，若等於一，即為單一彈性。在極端情況下，若趨近於無限大，即表示是完全彈性的供給。反之，若趨近於零，即表示爲完全無彈性的供給。

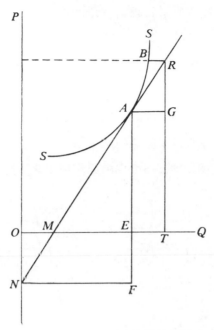

圖 **3-16**　以幾何法求彈性係數

　　供給彈性的彈性係數亦可直接由供給曲線，以幾何的方法測定之。如在圖 3-16 中，設 SS 爲供給曲線，吾人要求 A 點之彈性係數，可由 A 點畫一切線，與兩座標或其延長線相交於 M、N 二點。由 A 點移向 B 點，表示價格上漲後，供給量亦將增加，如價格上漲之幅度很小，吾人即可用切線上一點 R 所表示之供給量，近似的代表 B 點所表示的供給量，其誤差不致太大。由 A、R 及 N 點分別畫平行線 AEF、NF、RGT、AG 等。由彈性係數之定義，知供給彈性

$$E^s = \frac{AG}{RG} \cdot \frac{AE}{OE} = \frac{NF}{AF} \cdot \frac{AE}{OE}$$

$$= \frac{OE}{AF} \cdot \frac{AE}{OE} = \frac{AE}{AF} = \frac{AM}{AN} \qquad (3\text{-}18)$$

由以上之證明，可知A點之彈性係數，等於由A點所畫切線到橫座標間之線段與其到縱座標或其延長線之線段間之比值。由此一證明，更可知道，若由某一點所畫切線，如先與橫座標相交，則其彈性係數小於一；如先與縱座標相交，則其彈性係數大於一；如所畫之切線通過原點，則其彈性係數等於一，如圖 3-17 所示。並且亦可看出若供給曲線本身即為一直線，而且通過原點，則此供給曲線必具有固定彈性，而此固定彈性係數等於一。同時通過原點能引出無限多之直線，因此固定彈性係數為一之供給曲線有無限多條，均為由原點射出之直線。

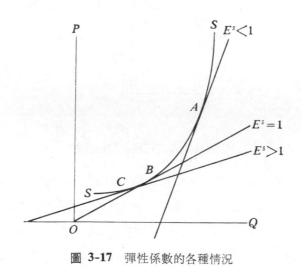

圖 3-17　彈性係數的各種情況

十六、市場價格之決定法則──均衡價格
與均衡交易量

由以上對需求及供給之分析中，吾人均可看出，僅由需求或僅由供給觀察，均不能知道市場價格究竟決定於那一點，因需求與供給僅僅表

表 3-7　臺北市每月平均對豬肉之需求與供給

價　　格　p	需　求　量　q^d	供　給　量　q^s
每斤　40	2,000,000	5,000,000
35	2,300,000	4,500,000
30	2,600,000	3,800,000
25	3,000,000	3,000,000
20	3,500,000	1,800,000
15	4,500,000	500,000

示不同價格與不同數量間之關係而已。然而所謂需求供給決定價格又是怎樣決定的呢？如果吾人已完全知道市場需求，亦同時知道市場供給，而將供給表與需求表放在一處觀察，則市場價格卽可決定。例如臺北市每月對豬肉的需求及對豬肉的供給，假定如表 3-7 所示，由此表中，吾人可看出在不同的價格下，市場需求量及供給量的情形。而由此表吾人亦可確定市場價格必然會決定於每斤 25 元。因爲唯有在這一價格下，需求量與供給量相等，均爲 3,000,000 斤，買賣雙方，皆能滿足。如果市場價格爲每斤30元，則由此表知市場需求量爲 2,600,000 斤，而市場供給量則爲 3,800,000 斤，供過於求，銷售者中必有若干人無法脫售其產品。 爲了能使其產品銷售起見， 銷售者之間必將互相競爭而削價求售，因此市場價格不能穩定於每斤 30 元，必將下跌。在價格下跌的過程中，一方面需求量增加，一方面供給量減少。當價格跌至每斤 25 元時，市場需求量等於供給量，銷售者不再減價，價格可能穩定於此點。反之，若市場價格爲每斤 20 元，則市場需求量爲 3,500,000 斤，而市場供給量僅有 1,800,000 斤，供不應求。購買者間必有不能達成其購買

的慾望者，故購買者爲了避免空手而回，必將增付價格以期獲得購買，
如此則豬肉的價格必將上漲。在上漲的過程中，需求量減少，而供給量
增加，待價格漲至每斤 25 元時，需求量等於供給量，價格又告穩定。
由此一分析，可知所謂供需關係決定價格者，其意卽爲<u>一物之市場價格
決定於其市場需求量與其市場供給量相等的一點是也</u>。

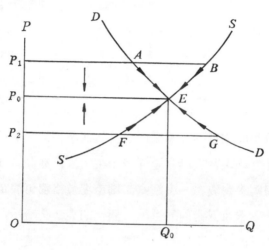

圖 **3-18** 均衡價格的決定

此種價格決定的法則，亦可以幾何的方法說明之。設如圖 3-18 所
示，吾人將市場需求曲線與市場供給曲線畫於同一個圖形內，因市場需
求曲線是由左上方向右下方延伸的曲線，而市場供給曲線則是由左下方
向右上方延伸的曲線，故此二曲線常能相交，其交點 E 所表示的價格爲
P_0，數量爲 Q_0，而此 P_0 卽供需關係所決定之市場價格。因爲唯有在這
一價格下， 市場需求量與供給量相等也。 如果市場價格爲 P_1，此時需
求量爲 P_1A，而供給量爲 P_1B，供過於求，市場價格由於銷售者間之競
爭， 必將下跌而等於 P_0。反之， 若市場價格爲 P_2， 則此時需求量爲
P_2G，而供給量僅爲 P_2F，供不應求，由於購買者之間的競爭，價格必

將上漲，價格上漲後需求量減少，而供給量增加，最後價格漲至 P_0，需求量與供給量相等，價格不再變化。這種由需求曲線與供給曲線的交點所決定之價格，吾人稱爲均衡價格；而在此一價格下之數量 Q_0，吾人稱爲均衡交易量。因爲唯有在這一價格下，價格與交易量方能保持均衡也。

但是市場實際價格是否卽等於市場均衡價格？ 在理論上市場實際價格是不斷向均衡價格接近的，猶如實際的水平面是向理論的水平面接近。但是因爲影響價格的因素很多，由於種種干擾，實際價格是常常變動的，不一定等於均衡價格；猶如實際的水平面，因不斷受外力的干擾，並不保持一理想的水平面。不過雖然實際的價格不一定等於均衡價格，但總是不斷向均衡價格接近的，這是吾人對價格決定法則所應了解者。

十七、需求與供給的變化對價格與交易量的影響

以上係假定需求或供給的本身不變，如何由供需關係決定市場價格。如果需求或供給任何一方或雙方皆發生變化，則對價格與交易量所發生的影響將如何？ 茲分爲三種情況來研究。

首先分析供給不變而需求發生變化對價格及交易量的影響。假定由於消費者的偏好提高，或貨幣所得增加，或其他有關的財貨，例如替換財貨的價格上漲，則市場需求將增加，若供給未變，則由圖 3-19 中，SS 爲原來的供給曲線，D_1D_1 爲原來的需求曲線，均衡價格爲 OP_1，而均衡交易量則爲 OQ_1，現在需求曲線由 D_1D_1 上移至 D_2D_2 的位置，表示需求之增加，則由 D_2D_2 與 SS 所決定之新的均衡價格爲 OP_2，較原來之均衡價格爲高，而新的均衡交易量爲 OQ_2，亦較原來的均衡交易量爲大。反之，若消費者的偏好降低，或貨幣所得減少，或替換財貨的價

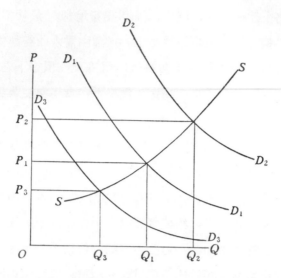

圖 3-19　供給不變需求變化對市場均衡的影響

格下跌，則需求將減少；需求曲線將向左移動至 D_3D_3，而其與供給曲線 SS 所決定的新均衡價格爲 OP_3，較 OP_1 爲低，新均衡交易量爲 OQ_3，亦較 OQ_1 爲小。故由此一分析，吾人可得一結論：<u>若供給不變，而需求增加時，則均衡價格將上漲，均衡交易量將增加，反之，若需求減少，則均衡價格將下跌，而均衡交易量將減少。</u>

其次分析需求不變而供給發生變化對價格及交易量所生的影響。假定由於生產技術進步，或生產因素的價格下跌，或政府支付生產津貼，則供給必將增加，如圖 3-20 所示，原來的供給曲線爲 S_1S_1，與需求曲線所決定之市場均衡價格爲 OP_1，均衡交易量爲 OQ_1；由於供給的增加，供給曲線由 S_1S_1 右移至 S_2S_2 的位置，此時與需求曲線所決定之均衡價格爲 OP_2，較 OP_1 爲低，而均衡交易量 OQ_2，則較原來的均衡交易量 OQ_1 爲大。反之，若生產因素的價格上漲，或政府徵課租稅，則供給必將減少，供給曲線向左移至 S_3S_3 的位置，此時與需求曲線所

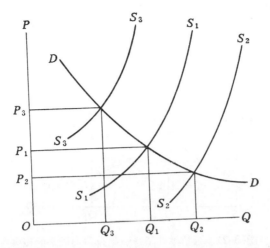

圖 3-20　需求不變供給變化對市場均衡的影響

決定的均衡價格爲 OP_3，較 OP_1 爲高，而均衡交易量 OQ_3，則較 OQ_1
爲小。故吾人可獲得結論：<u>若需求不變，而供給增加時，則均衡價格將
下跌，而均衡交易量則將增加，反之，若供給減少，則均衡價格將上
漲，而均衡交易量則減少。</u>

　　最後吾人分析供給與需求雙方皆發生變化，對價格及交易量所生的
影響。因爲雙方均發生變化時，可能的情況很多；可能兩者皆增加，亦
可能兩者皆減少，亦可能一個增加而另一個則減少；因爲若能了解一種
情況，其他情況均可依此類推，故吾人僅討論需求與供給皆增加的情
況。由圖 3-21，設原來之需求曲線爲 D_1D_1，而原來之供給曲線爲 S_1S_1，
均衡價格爲 OP_1，而均衡交易量則爲 OQ_1；現在由於需求與供給均增
加，需求曲線上移至 D_2D_2 的位置，而供給曲線右移至 S_2S_2 的位置，
由 S_2S_2 與 D_2D_2 之交點，可看出新的均衡交易量 OQ_2 較原來的交易量
OQ_1 增加甚多；此一現象的原因很簡單，因供給不變，而需求增加時，
交易量將增加，而需求不變，供給增加時，交易量亦將增加，今需求與

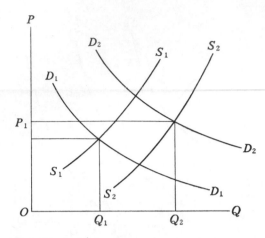

圖 3-21　供給需求同時變化對市場均衡的影響

供給均增加，則交易量必然更爲增加，因此交易量增加的作用更大。至
於均衡價格，則不易決定，可能上漲，亦可能下跌；因供給不變，需求
增加時，價格將上漲；而需求不變，供給增加時，價格將下跌；今兩者
均增加，則價格上漲與價格下跌的影響必互相牽制，最後究竟是上漲抑
是下跌，須視兩種影響抵消後的結果而定；若價格上漲因素的力量大，
則新的均衡價格將略爲上漲；若價格下跌因素的力量大，則新的均衡價
格將略爲下跌。不過有一點須切記者，最後無論價格是上漲抑下跌，必
較任何一方單獨變化時對價格所生之影響來得小。因此吾人可得結論：
若需求供給均增加，則交易量必然大量增加，而均衡價格則不定，須視
兩者個別對價格影響之大小而定。

　　若供給需求同時減少，或一增加一減少之情況如何，讀者不難根據
以上之分析，依此類推，玆不贅述。

十八、供需法則的應用

　　以上係對供需法則作理論的說明，以下吾人試將此一法則作一簡單之應用，來分析實際的經濟情況。

　　在戰爭時期，由於生產結構的改變，若干財貨的供給減少，政府為避免其價格的上漲影響其他物價，往往採取限價政策，釘死其價格使不得上漲。同時為顧及消費者均能獲得此種財貨，保持機會均等起見，往往同時採取配給政策。吾人也許會問，何以限價政策必須與配給政策同時實施？若限價而不實施配給政策將產生何種結果？關於這一點吾人可用圖形說明如下。在圖 3-22 中，原來的需求曲線為 DD，原來的供給曲線為 S_1S_1，由供需關係所決定的均衡價格為 OP_1，均衡交易量為 OQ_1。現在由於戰爭關係，生產結構發生變化，生產者減少，故供給減少，供給曲線向左移至 S_2S_2 之位置，此時如信賴市場價格機能去決定

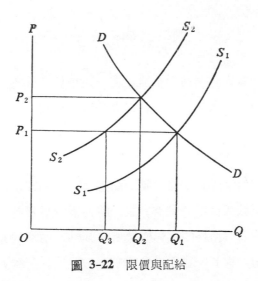

圖 **3-22**　限價與配給

市場均衡，則均衡價格必將上漲至 OP_2，而市場交易量減少至 OQ_2；然而由於政府不願因為此種財貨的價格上漲，因而影響一般物價水準，使戰時財政更為困難，故實施限價政策，規定其價格為 OP_1，不得上漲；價格既經法律規定於 OP_1，在此價格下需求量仍為 OQ_1，然而供給量僅有 OQ_3，供不應求，其不足數為 Q_1Q_3，若政府不予任何管制，市場上將發生搶購而缺貨的現象；或者生產者將財貨藏起而不公開出賣，僅供應其熟悉的顧客；或者生產者將有限的供給量採先來先賣的方式，賣完為止，後來者必將向隅；或者生產者將其流入黑市，以高的黑市價格出售；這些現象在戰時均能發生。為免除這種不公平的現象，並使購買者不論貧富，機會均等起見，政府往往採用配給政策，視可能的供給量，規定每人所能購買的數量，發給配給證，購買時不僅須有貨幣，仍須交出配給證。如此限制其需求量，則有限的供給量與需求量之間，即能保持人為的相等，而保證每人皆能買到基本的一份，而不須求之於黑市，或浪費精力於排隊等候了。

十九、摘　　要

市場需求乃假定其他情況不變，在一定單位時間內，購買者對某一特定財貨，各種可能價格與需求量之間的關係。市場需求可以需求表、需求曲線，及需求函數等不同的方式表示之。一般的，若一物的價格下跌，而其他情況不變，則需求量將增加，此稱為市場需求法則。

為測定需求量變動對價格變動的敏感性，可用需求的價格彈性說明之。所謂彈性係數即價格變動百分之一時，需求量變動的百分比。需求除價格彈性外，尚有價格的偏彈性及所得彈性。價格的偏彈性為 X 財貨的價格發生變動，對 Y 財貨需求量變動的敏感性。所得彈性為購買者的所得發生變動，對需求量變動的敏感性。偏彈性及所得彈性均可計算彈性係數。

市場供給乃假定其他情況不變，在一定單位時間內，銷售者對某一特定財貨，各種可能價格與供給量之間的關係。市場供給亦可以用供給表、供給曲線，及供給函數的方式表示之。一般的，若一物的價格上漲，而其他情況不變，則供給量將增加，此稱爲市場供給法則。

爲測定供給量變動對價格變動的敏感性，亦可用供給彈性說明之。供給彈性的彈性係數卽價格變動百分之一時，供給量變動的百分比。

由市場需求及市場供給，可決定一物之價格，凡能使市場需求量等於市場供給量的價格，稱爲均衡價格，在此一均衡價格之下的交易量，稱爲均衡交易量。

如果市場需求或市場供給任何一方發生變動，或兩者均發生變動時，則必將同時影響市場均衡價格及均衡交易量。其影響之相對程度，則視供給需求變化之幅度，及有關需求彈性及供給彈性而定。

重 要 概 念 與 名 詞

市場需求	價格彈性與所得彈性
需求函數	市場供給
需求曲線	供給函數
需求法則	供給曲線
需求彈性	供給法則
點彈性與弧彈性	供給彈性
均衡價格	均衡交易量
恩格爾曲線	低級財貨

第四章　效用與消費行為

在上一章分析需求時，吾人已知需求曲線是一根由左上方向右下方延仲的曲線，這表示如果其他情況不變，當價格下跌時，需求量將增加，反之，當價格上漲時，則需求量將減少。這種現象，即吾人所稱的需求法則。但是何以需求曲線是這樣一種形態而不是其他的形態呢？這由吾人的經驗及直覺，知道其確屬如此，不過直覺與經驗有的時候並不可靠，因此本章將進一步分析需求曲線如何產生，以及連帶的有關消費者行為的一般法則。

一、效用 (utility) 的意義

要研究消費者的行為，首先要研究消費者對某一特定財貨何以有需要？要答覆這個問題，似乎很簡單，即該財貨能滿足該消費者的慾望，或該財貨具有效用。但什麼是效用？ 所謂財貨的效用就是消費者在購買或使用該財貨時所感覺到的滿足程度。如吾人在購買食物或享用食物時，心理上必感覺到一種滿足的程度，這種滿足的程度就是效用；如果滿足的程度大，就是效用大，滿足的程度小，就是效用小，如果毫不感

到滿足，就是毫無效用。因此效用純然是一種主觀的心理狀態，因此同一財貨不但在不同的人之間，因爲滿足程度的差異，而有不同的效用，卽在同一消費者，由於不同時間及情況的關係，其效用亦有差異。

　　過去及目前曾有若干學者，認爲效用是財貨所具有的滿足慾望的能力。這種觀點，並不太正確。因爲這種觀點，似乎把效用看成是財貨所具有的客觀的屬性，而實際却並不如此，它純然是消費者主觀上的感覺。

　　於此有一點須要說明者，效用並不具有道德或倫理的屬性，因此在效用的觀念中，並無價值判斷。吸煙飲酒的人，認爲煙酒對其具有效用，因爲煙酒能使他感覺滿足。但承認煙酒對此消費者具有效用，並不含有承認吸煙飲酒是正當或高尙行爲之意。同樣對吸毒者言，鴉片具有效用，因爲能使其滿足，但這並沒有承認鴉片是正當財貨之意。由其他的立場，吾人應該禁止吸食鴉片。

二、總效用與邊際效用
(total utility and marginal utility)

　　效用雖是消費者主觀上的一種感覺，但在經濟學上爲了便於分析起見，過去若干學者均假定效用是可以測度的，因此也是可以計算或比較的。依據效用可以測度的假定，吾人將分別兩種不同的效用意義。

　　在一般情形下，當消費者所購買或使用的財貨增加時，其所感覺到的滿足程度，也是增加的。換言之，其從全部財貨中所獲得的效用是增加的。這種隨財貨的增加而增加的效用，吾人可稱之爲總效用，卽消費者從全部財貨中所獲效用之總和。試設例以說明之，設某消費者購買或使用茶葉時，其茶葉數量與由茶葉所獲得之總效用可如下表所示。效用

茶 葉 數 量	1斤	2斤	3斤	4斤	5斤	6斤	7斤
總　　效　　用	50	95	135	171	203	232	258
邊　際　效　用	50	45	40	36	32	29	26

單位由消費者自行擇定。總效用隨茶葉增加的現象，吾人可畫一圖形表示之。圖 4-1 中，橫座標表財貨數量，縱座標表總效用，則總效用的變化可以直方圖的繼續增高表示之。連接各直方圖頂點的中點，可獲得一近於平滑的曲線，此曲線可稱爲總效用曲線。

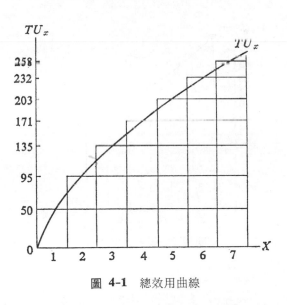

圖 **4-1**　總效用曲線

由財貨的總效用，吾人可進一步計算其邊際效用。所謂邊際效用，即財貨的數量增加一單位時，總效用的增量。如上表中，若已有四斤茶葉時，其總效用爲 171 單位，若茶葉增爲五斤時，則總效用爲 203 單位，故茶葉增加一斤時，總效用增加 32 單位，此 32 單位的效用，即

使用到五斤茶葉時的邊際效用。因爲每斤茶葉品質都是一樣的，因此此
32 單位的邊際效用，卽消費者有五斤茶葉時每斤茶葉的邊際效用。同
理，若消費者購買到六斤茶葉時，總效用的增量爲 29 單位，卽六斤茶
葉時每斤茶葉的邊際效用爲 29 單位也。

　　邊際效用的變化，亦可以圖形表示之。如圖 4-2 中，橫座標表示
茶葉的數量，縱座標表邊際效用，隨茶葉的增加，邊際效用的變化，畫
成如圖形中的直方圖。若將直方圖頂點的中點相連接，卽可得一平滑的
曲線，此曲線可稱之爲邊際效用曲線。

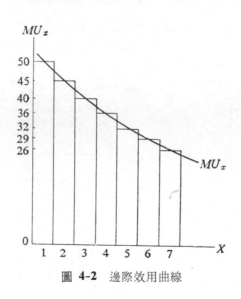

圖 4-2 邊際效用曲線

三、邊際效用遞減法則

　　由邊際效用的意義及變化，吾人可獲得一經濟學上甚爲重要的法
則，卽邊際效用遞減法則 (Law of diminishing marginal utility)。此
法則可簡述如下：

當其他情況不變，在一定時間內消費者對某一特定財貨，其購買或使用的數量繼續增加時，總效用雖然繼續增加，但其邊際效用則有逐漸遞減的傾向。

這種邊際效用隨財貨數量的增加而遞減的現象，吾人由經驗中知道其正確，但吾人仍須分析何以會有這種現象。

促成財貨的邊際效用遞減的，有兩個因素。一個因素來自於人類慾望的本身。人類的慾望雖多，但每一個慾望，雖不能絕對的完全滿足，却可以相對的獲得部分滿足。而由於財貨的使用，其慾望獲得部分滿足後，其慾望的強度即降低，因而財貨的數量再增加，其所感覺到的滿足程度即減少，即其邊際效用降低，因消費者此時可能更迫切的需要滿足其他的慾望了。促成財貨邊際效用遞減的另一個原因，則為每種財貨可能均有若干種不同的用途。當其數量甚少時，消費者以之滿足最重要的慾望，因之所感到的滿足程度高，即邊際效用高。但當財貨的數量增加後，消費者即逐漸以之滿足次要的或不重要的慾望，於是其增加的滿足程度便小，即邊際效用遞減。例如當吾人僅有很少量的水，如在旱災或沙漠中所可能遭遇者，則吾人必以之飲用，以維持生命，其總效用極大而邊際效用亦大。若水量較多，飲用已無問題，則吾人可以多餘之水洗臉，其重要性已較小，吾人由水所獲之總效用雖增，而邊際效用則減少。若水量更多，則吾人不但可用之洗臉，甚而可用以洗澡洗衣矣，水之總效用更大，然而邊際效用則更小。又若水量已不虞匱乏，則吾人不但可以用來洗衣，亦可以之澆花、洗地，則水之總效用愈大，而其邊際效用亦愈小矣。故財貨有不同的用途，其重要性有大小，亦為造成財貨邊際效用遞減的原因。

若干學者為說明邊際效用遞減的現象，常以連續喝水為例，喝第一杯可解渴，喝第二杯仍舒服，喝第三杯已滿足，喝第四杯有脹的感覺，喝第五杯有痛苦，因而說明邊際效用的遞減。但吾人須說明者，此種說明不太正確，水不僅能解渴，尚有其他用途，而消費者有消費的自由，亦絕無人能強迫其連續喝水也，此種說明，吾人應予避免。

四、消費者對財貨的購買

效用既是消費者主觀上所感覺到的滿足程度，則如何能由效用的性質，引申出消費者對財貨的需求？要分析此一問題，吾人須提出兩項假定：一是假定財貨的價格爲已知，且不因此一消費者之購買而影響其價格；其次是假定消費者的貨幣所得固定，因此其貨幣的邊際效用亦爲固定。依據此二假定，吾人可進行分析此消費者對財貨如何購買。

因爲任何購買行爲均是一種交換行爲，消費者以貨幣交換其所需要的財貨，在交換過程中，其所支出的貨幣，必有一定的邊際效用，而其購得的財貨，亦有一定的邊際效用。在交換中，若消費者認爲其所支付的邊際效用低於其購得的財貨所具有的邊際效用，則必將繼續交換。隨交換之繼續進行，其財貨的邊際效用必逐漸下降，直到此一現象的出現，即消費者認爲此時已到交換之邊緣，即其所支付的邊際效用等於購得的邊際效用，如再繼續交換即感不利，消費者即將停止交換。因此消費者在到達此邊緣而停止交換時，其所支付的每一元的邊際效用必須等於其由財貨中所收回的每一元的邊際效用。以公式表示之，可寫爲

$$\frac{財貨的邊際效用}{該財貨的價格} = \frac{貨幣的邊際效用}{貨幣的價格}$$

因貨幣的價格爲一，設以 MU_x 表 X 財貨的邊際效用，P_x 表 X 財貨的價格，MU_m 表貨幣的邊際效用，則上項公式可寫爲

$$\frac{MU_x}{P_x} = \frac{MU_m}{1} = MU_m \quad 或 \quad MU_x = P_x MU_m \qquad (4\text{-}1)$$

左式左端表示所支付的每一元所收囘的邊際效用，右端表示支出一元的
邊際效用，兩者相等，交換卽停止。

五、需求曲線的引申

由上述消費者對 X 財貨購買的決定，吾人可引申出消費者對 X 財貨
的需求曲線。因吾人假設貨幣的邊際效用爲固定，則由上述公式，若 X
財貨的價格發生變動時，消費者對 X 財貨的購買量如何決定？ 在圖 4-3
中，MU_x 爲 X 財貨的邊際效用曲線。 設對於一定的價格 P_{x_1}，則 $P_{x_1} \cdot$
MU_m 必爲一常數，吾人將此常數畫一平行於橫座標之平行線， 如圖中
所示，則其與橫座標之間的距離，卽等於 $P_{x_1} MU_m$。 其與 MU_x 的交點，
卽表示當其購買量爲 OX_1 時，則此財貨的邊際效用等於 $P_{x_1} MU_m$。 故
價格若爲 P_{x_1}，其購買量或需求量必爲 OX_1。同理，若價格跌至 P_{x_2}，
而 $P_{x_2} < P_{x_1}$，則 $P_{x_2} \cdot MU_m$ 爲另一常數， 吾人亦可畫另一平行於橫座

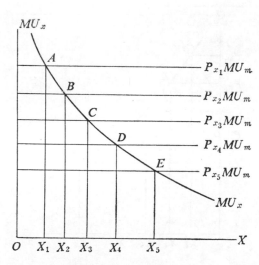

圖 **4-3**　需求曲線的引申

標之直線。如圖中所示，其與 MU_x 曲線交於 B 點，即表示若購買量爲 OX_2 時，則 $MU_x = P_{x_2} \cdot MU_m$。故價格若爲 P_{x_2}，消費者之需求量必爲 OX_2。其餘依此類推，若價格分別爲 $P_{x_3}、P_{x_4}、P_{x_5}$，而 $P_{x_3} > P_{x_4} > P_{x_5}$，由所畫平行線與 MU_x 曲線之交點，可知其需求量將分別爲 $OX_3、OX_4、OX_5$ 等。但圖 4-3 中縱座標表邊際效用，非表示 X 財貨的價格，故由此圖形無法表示對 X 財貨的需求。但吾人可將此圖形中所獲得之結果，移轉到另一圖形中去，如圖 4-4，橫座標仍表示 X 的數量，縱座標即表示 X 的價格，當價格爲 P_{x_1} 時，由圖 4-3 知需求量爲 OX_1，吾人由 P_{x_1} 點，量出 $P_{x_1}A$，使等於圖 4-3 中 OX_1，而得 A 點。同樣當價格降低至 P_{x_2} 時，由圖 4-3 中知消費者的需求量爲 OX_2，吾人由 P_{x_2} 之一點畫 $P_{x_2}B$，使其等於 OX_2，而獲得 B 點。其餘依此類推，當價格爲 $P_{x_3}、P_{x_4}$ 及 P_{x_5} 時，吾人在圖 4-4 中獲得 $C、D、E$ 諸點。當吾人以相同方法獲得甚多點時，將各點連結，即可得一平滑的曲線。此曲線即消費者對 X 的需求曲線。此即由效用觀念所引申出的需求曲線。

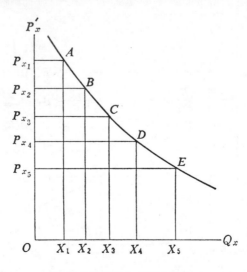

圖 **4-4**　所引申的需求曲線

六、消費者的均衡

在一般情況下，消費者不僅需要一種財貨，而是需要多種財貨，因為消費者的物質慾望很多。但是消費者為了獲得最大的滿足，如何將其消費支出分配於各種財貨之間？為分析此一問題，吾人假定，消費者對各種財貨的偏好不變，消費者的貨幣所得不變，故其貨幣的邊際效用固定，而各種財貨的市場價格亦固定，即不因此一消費者之購買而有所漲跌。因此，根據吾人在本章前面的分析，消費者對某一種財貨的購買，必使達到所支付的每一貨幣單位所購買的財貨的邊際效用等於貨幣的邊際效用，亦即須滿足下列等式

$$\frac{MU_x}{P_x} = MU_m$$

當然若消費者同時要購買 Y、Z 等財貨，則對 Y、Z 財貨之購買，亦必須分別滿足下列二等式，即

$$\frac{MU_y}{P_y} = MU_m \qquad \frac{MU_z}{P_z} = MU_m$$

式中 MU_y 及 MU_z 分別表 Y 財貨及 Z 財貨的邊際效用，而 P_y 及 P_z 則分別表示其價格，MU_m 表示貨幣的邊際效用。依據以上三等式，而消費者如尚須購買其他財貨，則消費者為獲得最大滿足，必須滿足下列之條件，即

$$\frac{MU_x}{P_x} = \frac{MU_y}{P_y} = \frac{MU_z}{P_z} = \cdots\cdots = MU_m \qquad (4\text{-}2)$$

此即支用於各種財貨間平均每一貨幣單位所購得之各種財貨之邊際效用，均須相等，而且同時必須等於貨幣的邊際效用。

試以一數字舉例如下，若某一消費者的貨幣的邊際效用為五個效用

單位,而襯衣的價格爲每件一百元,襪子的價格爲每雙二十元,今此消費者對襯衫與襪子的邊際效用之變化如下:

表 4-1　襯衫的邊際效用　　　　　　　表 4-2　襪子的邊際效用

襯衫的件數	邊 際 效 用
1	600
2	500
3	400
4	300
5	200

襪子的雙數	邊 際 效 用
1	220
2	200
3	180
4	160
5	140
6	120
7	100

設此消費者購買三件襯衫、兩雙襪子,則襯衫之邊際效用爲 400 效用單位,襪子的邊際效用爲 200 效用單位,依據上述公式,設以 X 表襯衫,Y 表襪子,則

$$\frac{MU_x}{P_x} = \frac{400}{100} \qquad \frac{MU_y}{P_y} = \frac{200}{20}$$

顯然 $\frac{400}{100} < \frac{200}{20}$ 兩式不等,而同時此兩式亦不等於貨幣的邊際效用。

此時消費者若少買一件襯衫,則可少支出一百元,而以此一百元去購買五雙襪子,則因爲襯衫少了一件,其邊際效用提高到 500 效用單位,而襯衫的總效用減少了 400 效用單位。因爲襪子增加了五雙,其總效用增加了 700 效用單位,而襪子的邊際效用則降低到 100 單位,此時

$$\frac{MU_x}{P_x} = \frac{500}{100} \qquad \frac{MU_y}{P_y} = \frac{100}{20}$$

而　　　　$\frac{500}{100} = \frac{100}{20} = 5$

因此合乎吾人上述的條件， 故消費者能獲得最大的滿足。 由上述之計算， 可知消費者在襯衫中減少了 400 效用單位， 而在襪子中則增加了 700 效用單位，由於改變其購買的結構，總效用增加了 300 單位。假如消費者再減少襯衫的購買而增加襪子的數量，則總效用不但不再增加，反而會減少了。因此唯有合乎上述條件時，才能使消費者獲得最大之滿足。消費者能達到此條件時，吾人稱為消費者均衡。

七、消費者剩餘 (consumer's surplus)

由上章需求的分析及本章效用的分析，吾人知道由於各種財貨邊際效用遞減的現象，消費者對不同數量的財貨，常願支付不同的價格，如以上節中消費者對襪子的購買為例，設其需求表如下。（見表 4-3）

表 4-3　對襪子的需求表

價　　格	購 買 量
44	1
40	2
36	3
32	4
28	5
24	6
20	7
16	8

此表表示在不同價格下，消費者所願意購買的數量，亦即消費者對

於不同的數量所願出的需求價格。假設此襪子的銷售者是一獨占者，而且能看透消費者對襪子的需求價格，則此獨占者可以為不同的數量訂出不同的價格。卽購買一雙時，價格 44 元，購買兩雙時，第一雙價格 44 元，第二雙價格 40 元，兩雙合計，總價 84 元。如購買三雙，則第一雙 44 元，第二雙 40 元，第三雙 36 元，三雙合計，總價 120 元。如此時消費者購買七雙，則其所支付的總支出為 224 元。但是如果襪子的銷售者不是一完全獨占者，而是有競爭性的市場，則襪子的價格僅有一個，設為每雙 20 元。此時若消費者購買七雙，僅須支付 140 元，比完全獨占在差別取價的方式下支付 224 元者，少支付了 84 元，此 84 元卽消費者剩餘。故消費者剩餘卽消費者所願意支付的需求價格與實際所支付的價格之間的差額。消費者剩餘原為消費者心理上所感覺到的一種利得，但為了能具體說明起見，常以貨幣的形態表示之。

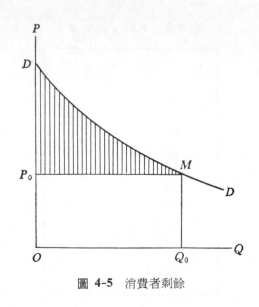

圖 4-5 消費者剩餘

以幾何的意義言，圖 4-5 中 DD 線為需求曲線，假定其與縱座標相交於一點，P_0 為市場價格，OQ_0 為購買量，則消費者實際所支付的總支出為 OP_0MQ_0，而其所願意支付的最大支出為 $ODMQ_0$，故兩者之間的差額，即 DMP_0 的面積，即表示消費者的剩餘。

八、摘　要

財貨的效用是消費者在購買或使用該項財貨時，心理上所感覺到的滿足程度，故效用為一主觀的心理因素。消費者由某一財貨所獲得的全部效用，稱為總效用，總效用常隨財貨數量的增加而增加。當財貨的數量增加一單位時，消費者由該財貨所獲得的總效用的增加量，稱為該財貨的邊際效用。因為任何　財貨常有幾種不同的用途，而個人的慾望，隨滿足而減弱，因此隨財貨的增加，其邊際效用常有遞減的趨勢，此稱為邊際效用遞減法則。

消費者以一定的消費支出，購買各種財貨時，為希望能獲得最大的滿足，必須使每一財貨的邊際效用對其價格之比率，在各種財貨間均能保持相等，或其所用於每一財貨的最後一元所收回的邊際效用，在各財貨間均相等，而且亦等於貨幣本身的邊際效用。此一情況稱為消費者均衡。

如果吾人假定消費者其貨幣的邊際效用固定不變，則由邊際效用遞減法則，吾人可引申出消費者對某一特定財貨的需求曲線。

在購買某一財貨時，消費者所願意支付的最大支出，與實際支出之差額，稱為消費者剩餘。

重要概念與名詞

效用、總效用與邊際效用　　　　　消費者剩餘

邊際效用遞減法則

消費者均衡

第五章　無異曲線的分析法

　　由效用的意義及性質，雖能說明消費者的行為法則，並從而獲得消費者的需求；但效用理論有一很大缺點，即因效用為消費者心理上主觀的感受，而價格則是市場上客觀的現象，將主觀的感受與客觀的現象相聯繫而分析需求，在邏輯上難於成立。因而現代多應用消費者的選擇理論，以分析消費者行為。將消費者的選擇理論在最簡單的假設下以幾何的方式表示之，即為無異曲線 (indifference curve) 的分析法，本章簡單說明無異曲線分析法的內容。

一、幾項基本的假定

　　為能合理分析消費者的行為法則，對消費者的行為，吾人有幾項基本的假定：

　　第一，消費者的行為皆是合理的，其行為的目標在求得最大的滿足。

　　第二，對於任何兩種財貨的組合，消費者有一定的偏好尺度。亦即若吾人分別稱此二種組合為甲組合與乙組合，消費者對甲之偏好或高於乙，或低於乙，或與乙沒有任何差異。唯在同一時間內，此三種可能，僅有一種能成立。

第三，若消費者對甲組合的偏好高於乙，對乙組合的偏好高於丙，則對甲組合的偏好必高於丙。同樣，若甲組合與乙組合無所差異，乙組合與丙組合亦無所差異，則甲組合與丙組合亦無所差異。

第四， 一般的， 若任何一財貨的數量增加， 而其他財貨的數量不變，則消費者的偏好將提高。

這幾項假定爲研究消費者的行爲所必須，因爲如果消費者的行爲與這些假定不合，則消費者的行爲即無理性可言，而無理性的行爲是一種衝動的行爲，這種行爲是無法合理的予以分析的。

二、無異曲線的意義

根據以上的假定，如果吾人對消費者提供一項包含兩種財貨的組合，此二種財貨吾人可分別稱之爲 X 及 Y。若此一組合包含 3 個單位的 X，50 單位的 Y，則對於這一組合，消費者必定感到一定的偏好。假定吾人改變此組合中兩種財貨的數量，而使此消費者的偏好不變，則吾人若增加 X 時，必須減少 Y 的數量。因爲 Y 的數量若不減少，而 X 的數量增加，由上述假定，其偏好必增加。設 X 由 3 個單位增加到 4 個單位，而 Y 減少爲 46 個單位，消費者的偏好並未改變，即消費者對於 3 單位 X 與 50 單位 Y 的組合，與 4 單位 X 與 46 單位 Y 的組合兩者之間並無差異。依同樣方法，若吾人再增加 X 的數量而減少 Y 的數量，自可得到其他的組合而具有同樣偏好。此各種可能的組合，可如下表所示：

X	3	4	5	6	7 ……	25	28	33……
Y	50	46	42.5	39.5	37 ……	8	7	6……

在平面圖形中，如以橫座標表 X 財貨的數量，縱座標表 Y 財貨的數量，
而將上列各組合描繪於圖形上，吾人可獲得若干點。假定此二種財貨
可用非常小的單位分割，理論上吾人可找到無限多的組合而具有同一偏
好，亦卽在圖形中可以找到無限多的點。將這許多點聯結起來，可能形
成一條像圖 5-1 中的曲線 Ⅱ，此曲線卽稱爲消費者的無異曲線。因此，
無異曲線是維持消費者的偏好不變，兩種財貨間各種可能組合的軌跡。

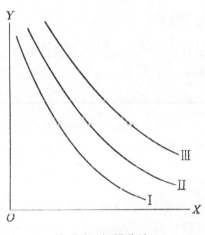

圖 5-1　無異曲線

當然吾人若由比上述組合有較高偏好或較低偏好的另一組合開始，
例如 3 單位 X 與 80 單位 Y，或 3 單位 X 與 30 單位 Y。 3 單位 X 與 80
單位 Y 的組合，其偏好顯然較 3 單位 X 與 50 單位 Y 的組合的偏好爲
高。吾人保持此一偏好不變，而變更此二財貨的數量，可得若干種不同
的組合，將所得各組合繪於圖形上，可得一有較高偏好的無異曲線，如
圖 5-1 中曲線Ⅲ是。同理 3 單位 X 與 30 單位 Y 的組合，其偏好較 3 單
位 X 與 50 單位 Y 的組合的偏好爲低，保持此一偏好不變，而變更此二
財貨的數量，亦可得若干不同的組合。將所得各組合繪於圖形上，則可

得一有較低偏好的無異曲線，如圖 5-1 中曲線 I 是。理論上，具有不同偏好的無異曲線，有無限多條，此全部無異曲線，即構成無異曲線圖 (indifference map)。此圖即表示消費者對 x、y 財貨的偏好尺度(scale of preference)。

三、無異曲線的性質

無異曲線具有幾項性質:

第一，無異曲線的數量很多，但沒有任何兩根是可以相交的。因為如果相交，一定會產生與吾人假設相矛盾的結果。例如在圖 5-2 中有兩根無異曲線 I 及 II，假設 II 之偏好高於 I。如果此二曲線相交於 A，則一定產生矛盾的結果。因為其交點 A 所代表的組合，其偏好有兩個，亦即 A 點的偏好，大於它本身的偏好，因為它在曲線 II 上，其偏好較高，同時又在曲線 I 上，其偏好較低，故 A 點有兩種不同的偏好。當然這是不可能的。同樣，若吾人由曲線 II 上一點 B 開始，保持 y 的數量不變，而增加 x 的數量，則最後必將到達曲線 I 上的一點 C。因為 C 在曲線 I

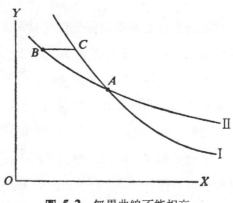

圖 5-2　無異曲線不能相交

上，故其偏好較 B 點爲低，是則，Y 的數量不變，X 的數量增加以後，反而使偏好降低，顯然又與吾人的假定不合。因此沒有任何兩條無異曲線是會相交的。

第二，無異曲線是由左上方向右下方延伸的曲線，並且在一般情況下，是向原點凹進的。無異曲線是由左上方向右下方延伸的理由，已如前述。因爲要保持消費者的偏好不變，增加一種財貨的數量時，則另一種財貨的數量，必須減少，如此所畫出之曲線，便是由左上方向右下方延伸。至於曲線向原點凹進的原因，一般的解釋如下：X 財貨與 Y 財貨之間的關係，不是能互相替換，具有競爭性，便是互爲補足的財貨。若 X 與 Y 爲具有替換性的財貨，而且能完全替換，卽一定的單位的 X 能替換一定單位的 Y，則在消費者心目中，其無異曲線的形態，必爲一根直線，如圖 5-3 所示。因直線的斜率固定，能表示一定量的 X 財貨能替換一定量的 Y 財貨也。反之，若 X 與 Y 爲互爲補足的財貨，而且一定量的 X 必須與一定量的 Y 相互配合，才能使用，則消費者對 X 與 Y 財貨的無異曲線，必爲相交成直角的折線，如圖 5-4 所示。A 與 B 兩點表示此兩種財貨固定的比例，故能發生效用。但如在 A 點所代表的組合中，Y 的

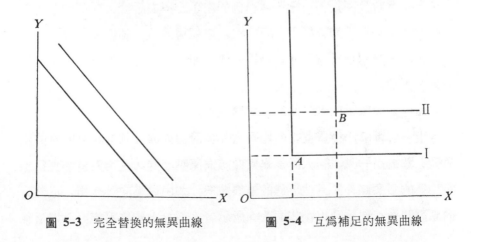

圖 5-3　完全替換的無異曲線　　　　圖 5-4　互爲補足的無異曲線

數量不變，而增加X財貨，則因爲多餘的X毫無用處，故消費者的偏好不變。同樣如X的數量不變，而增加Y財貨的數量，因爲多餘的Y也毫無用處，故消費者的偏好亦不變。因而此無異曲線便在A點形成一直角而成爲折線。B點的情形相同。然而在日常生活中，任何兩種財貨爲完全替換財貨，或爲完全補足財貨的機會並不多。或則具有相當的替換性，或則具有相當的補足性，因此其無異曲線的形態必介於上述兩種曲線之間。若其替換性較高，則近乎直線，卽曲線的曲率較小。若補足性較高，則近於後一曲線形態，在某一點附近，其曲率較大。而介乎此二種形態之間的曲線，卽爲一向原點凹進的曲線。

　　不過上面這種解釋，理論上未必能成立。因爲如果兩種財貨之間具有完全的替換性，消費者願意以一定單位的X交換一定單位的Y，則此兩種財貨根本便是一種財貨而不是兩種財貨。如一般所常用作例證的，同一商標的奶粉，五磅罐與一磅罐的情形是。事實上不論五磅裝也好，一磅裝也好，不過是同一財貨的不同包裝而已，不能看作是兩種不同的財貨。其次，若兩種財貨之間具有完全的補足性，一定量的X必須與一定量的Y共同使用，才能發生效用，則此兩種財貨本質上是一種財貨，市場上決不會分開銷售，如慣常舉例的左手套與右手套，左腳的鞋子與右腳的鞋子是。手套、鞋子必須成對，才能稱爲是一種財貨，也才能銷售。因此上述兩種極端形態的無異曲線，卽一爲直線形態一爲折線形態的無異曲線，根本是不能存在的。如此，則根據此二極端情況推論一般無異曲線是向原點凹進的曲線，當然也不能成立了。

　　上一解釋旣不能成立，然則吾人如何說明無異曲線向原點凹進的現象呢？關於這一點，吾人認爲無異曲線向原點凹進，是消費者能獲得穩定均衡的必要條件，其他形態的無異曲線，如由原點向外凸出，或部分向原點凹進，部分凸出，如圖 5-5 所示者，理論上皆屬可能。不過這種

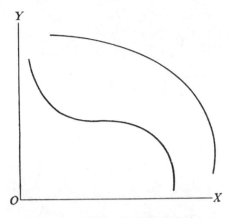

圖 5-5　不太可能的無異曲線

形態的無異曲線，消費者不可能獲得穩定均衡。由於客觀上消費者獲得穩定均衡的事實較爲普遍，因而吾人可以推斷無異曲線一般的必是向原點凹進的形態。至於詳細的說明，以本書的水準，尚無此必要，故從略。

四、邊際替換率及邊際替換遞減法則

如果吾人由某一無異曲線上一點 A ，如圖 5-6 中所示，移動至另一點 B ，其意義卽表示，消費者由 A 點所代表的 X 與 Y 財貨的組合，變爲由 B 點所代表的組合，而其偏好不變。然而此一變動吾人由圖形可以看出，消費者增加了 X 的數量 HB ，亦卽 ΔX ，而爲了抵銷由於 X 的增加所獲得的滿足， Y 必須減少 AH 單位，亦卽減少了 ΔY 。吾人可將爲了補償 X 的增加而減少的 Y 財貨的數量對 X 所增加的數量的比值，稱爲 X 對 Y 的邊際替換率，亦卽

$$MRS_{XY} = \frac{AH}{HB} = \frac{\Delta X}{\Delta Y} \tag{5-1}$$

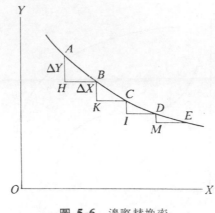

圖 **5-6** 邊際替換率

由圖 5-6 中，吾人若繼續以一定的單位，增加 X 的數量，亦卽 *HB*=*KC* =*ID*=*ME*，吾人可看出爲補償此 X 財貨的連續增加，Y 財貨所須減少 的數量則不斷降低。亦卽

$$AH>BK>CI>DM$$

而由此二數量所表示之邊際替換率亦不斷降低，卽

$$\frac{AH}{HB}>\frac{BK}{KC}>\frac{CI}{IM}>\frac{DM}{ME}$$

此一現象，吾人稱爲邊際替換遞減法則。

至於 X 對 Y 的邊際替換率，何以隨 X 的不斷增加而遞減，其理由吾人不難看出。由於消費者所保有的 X 財貨的數量，不斷增加，則 X 財貨對他的重要性將不斷降低。反之，由於 Y 財貨的數量，不斷減少，故 Y 財貨對他的重要性不斷增加，因此如果再讓他增加一定單位的 X 數量，除非他能減少對於 Y 財貨捨棄的數量，否則他不再願意繼續進行交換。由於這一原因，X 對 Y 的邊際替換率逐漸隨 X 財貨的增加而降低。

利用無異曲線分析消費者行爲，本來不須要應用效用的概念，不過爲證明無異曲線分析法與效用分析法能獲得相同的結論，吾人亦不妨在此引用效用的概念。在圖 5-6 中吾人曾說明，A 與 B 兩點所代表的偏好相同，換言之，由於 X 財貨的數量增加，所增加的效用，必然等於 Y 財貨減少所損失的效用。但 X 財貨增加所增加的效用，等於 X 財貨的增量乘 X 財貨的邊際效用，即

$$MU_X \cdot \Delta X$$

而 Y 財貨減少所損失的效用，則等於 Y 財貨的增量（為負）乘 Y 財貨的邊際效用，即 $MU_Y \cdot \Delta Y$，為保持消費者的偏好不變，此兩者必須相等，即

$$MU_X \cdot \Delta_X = MU_Y \cdot \Delta Y$$

兩端同除以 $MU_Y \cdot \Delta X$，則

$$\frac{MU_X}{MU_Y} = \frac{\Delta Y}{\Delta X} = MRS_{XY} \tag{5-2}$$

亦即若不考慮符號的正負，X 財貨對 Y 財貨的邊際替換率必等於 X 財貨的邊際效用對 Y 財貨邊際效用的比率。

如果吾人略知微分的意義，顯然若 X 財貨的增量趨近於無窮小而以零為極限，則

$$MRS_{XY} = \lim_{x \to 0} \frac{\Delta Y}{\Delta X} = \frac{dY}{dX} \tag{5-3}$$

即 X 財貨對 Y 財貨的邊際替換率，為無異曲線上任何一點的斜率。而邊際替換遞減法則亦即說明隨曲線之向右下方延伸，曲線斜率的絕對值必逐漸遞減。

五、價格線或購買可能線

無異曲線僅表示消費者主觀的偏好尺度，根據無異曲線尚不能獲知消費者如何選擇此兩種財貨的組合。消費者從事選擇時，尚必須知道其

他條件。此其他條件，即消費者的消費支出與此兩種財貨的價格。

　　吾人假定消費者的總支出為固定，設為M，而此兩種財貨的價格亦為固定，設分別為P_X及P_Y，而且不受此消費者購買的影響而會有所變更，同時假定消費者將其消費支出，僅購買此兩種財貨，而不買其他財貨。設此消費者將全部消費支出用於購買X財貨，則可以購得$\dfrac{M}{P_X}$個單位的X，吾人可以圖 5-7 橫座標上一點N表示之，即ON等於$\dfrac{M}{P_X}$單位的X。同樣若此消費者將其全部消費支出用於購買Y財貨，則可以購得$\dfrac{M}{P_Y}$單位的Y，在圖 5-7 中可以縱座標上一點M表示之，即OM等於$\dfrac{M}{P_Y}$單位的Y。但是因為此兩種財貨的市場價格固定，在市場上一定單位的X可交換一定單位的Y。若消費者同時購買X與Y，則其各種可能的組合，可以MN直線表示之。即MN直線上任一點如A，即表示消費者以其消費支出M，可購買OB單位的X及OC單位的Y。其他各點的意義，可依此類推。此MN線即稱為價格線，或購買可能線（price line 或 purchase possibility curve）。不過如果此兩種財貨的價格，因為此一消費者購買量的變化而變動，即對X的購買量愈多，X的價格愈漲，而Y價格則跌，反之，對Y的購買量愈多，Y的價格愈漲，而X的價格則跌，則價格線將變為由原點向外凸出的曲線，而不再是一根直線。不過這種情形，在競爭市場不致出現，故吾人暫不討論。

　　因MN為一直線，線上任何一點之斜率均是相等的，而此直線上每一點的斜率即等於OM/ON，即

$$MN \text{ 的斜率} = OM/ON = M/P_Y/M/P_X = P_X/P_Y \qquad (5\text{-}4)$$

亦即此直線的斜率等於此二種財貨價格之比。

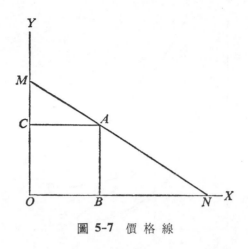

圖 5-7　價 格 線

六、消費者的均衡

　　價格線僅能依據市場價格的結構，表示出消費者客觀的對此兩種財貨購買的可能性。消費者究竟如何分配其消費支出於此二種財貨，尚須視消費者的偏好而定。如果吾人將消費者的無異曲線與價格線同畫於一個圖形內，如圖 5-8 所示，吾人卽可決定消費者以其一定的消費支出，對此兩種財貨的購買量。在此圖形中，價格線與無異曲線的關係有三種可能；它可能和若干無異曲線相交於兩點，亦可能與某一根無異曲線相切於一點， 而有若干無異曲線， 則根本無法與之相交。 不能相交的曲線，如曲線 Ⅲ， 卽表示消費者以其 *MN* 線所表示的消費支出及此兩種財貨的市場價格，消費者無法達到此無異曲線所代表的偏好。相交於兩點或相切於一點的無異曲線，如曲線Ⅰ及曲線Ⅱ，則表示消費者能達到這些曲線所代表的偏好。不過在這些曲線中，有一條所代表的偏好爲最高，此卽與價格線相切的一條，如曲線Ⅱ是。其切點 *E* 卽表示消費者的消費均衡點。因爲 *E* 點在 *MN* 線上，同時亦在無異曲線 Ⅱ 上，卽表示

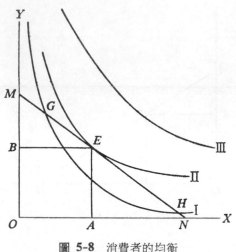

圖 5-8 消費者的均衡

以其全部消費支出能獲得曲線 Ⅱ 所表示的最大滿足。由 E 點可決定消費者對 X 的購買量為 OA，而對 Y 的購買量則為 OB。同時在 E 點，無異曲線之斜率必等於價格線之斜率，亦即

$$MRS_{XY} = \frac{dY}{dX} = \frac{P_X}{P_Y} = 價格線之斜率 \qquad (5-5)$$

無異曲線之斜率表示對此二種財貨，消費者主觀上的交換率，而價格線的斜率，則表示此二種財貨，在市場上的客觀交換率，故消費均衡點 E，即價格線與無異曲線相切的一點，即消費者主觀的評價與客觀評價相等的一點。由邊際替換率的意義，吾人知 $MRS_{XY} = \frac{MU_X}{MU_Y}$，因此連同前式，則

$$\frac{MU_X}{MU_Y} = \frac{P_X}{P_Y} \quad 亦即 \quad \frac{MU_X}{P_X} = \frac{MU_Y}{P_Y} \qquad (5-6)$$

此與上一章中吾人依據效用觀念所分析的消費者均衡的條件相同。故無異曲線的分析法與效用分析法其結論是相同的。

在圖 5-8 中無異曲線 I 亦能與價格線相交於兩點 G 及 H，此兩點是否亦爲消費者的均衡點？ 顯然不是，因爲由這兩點，消費者雖然支出其全部消費支出，却未能達到最高的偏好。同時由 G 吾人可看出，在這一點無異曲線上之斜率大於價格線上之斜率，即表示消費者對此二種財貨主觀上之評價大於市場上客觀的評價，消費者對於一定單位的 X 財貨，願意以比市場價格所決定的較多的 Y 財貨來交換。例如消費者對一單位的 X 財貨，願以 5 單位的 Y 來交換，而在市場上以 3 單位的 Y 即能交換到，故消費者必定願意支付 Y 財貨以交換 X 財貨。因爲每交換一單位 X，其滿足程度必將提高也，故由 G 點向右下移動，消費者必將能達到更高的無異曲線，最後必能到達 E。但到達 E，消費者將停止交換，因此時消費者主觀的評價已與客觀的評價相等，若再繼續交換，其滿足的程度，反而會減少。同樣在 H 點其情況相反。消費者由於 X 財貨已經很多，對一定單位 X 財貨，僅願以比市場價格所決定的較少的 Y 財貨來交換。反過來說，對一定單位的 Y，則願意以比市場價格所決定的較多的 X 財貨來交換，因此如由 H 向左上移動，消費者的偏好可提高，最後必將到達 E 點。如果到 E 點後，再繼續向 G 點移動，消費者的滿足又將降低，故 E 點是消費者的消費均衡點。

七、 所得效果與所得消費曲線

如果此兩種財貨的市場價格不變，消費者的偏好不變，而消費者的所得增加，因而其消費支出增加，則消費者對此二種財貨的需求將有何種變化？ 如圖 5-9 中，原來的價格線爲 MN，現在由於消費支出增加，而此兩種財貨的價格不變，故新價格線 M'N' 向右上方平行移動。原來的價格線與無異曲線 I 相切於 E 點，故對 X 的需求量爲 OA，對 Y 的需求量爲 OB。新的價格線 M'N' 則與無異曲線 II 相切於 E'，由 E' 點則消費者對 X 的需求量爲 OA'，而對 Y 的需求量則爲 OB'。<u>一般的，當消費支出增加時，對財貨的需求量亦將增加。如圖 5-9 中由 E 向 E' 的移動，吾人可稱之爲所得效果。</u>同理，如果消費支出減少，則價格線向左下方平行移動，如設 E' 爲原來的均衡點，則 E 爲新的均衡點，由新均衡點，則對財貨的需求量將減少。

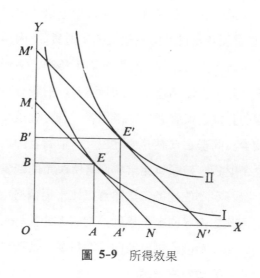

圖 5-9　所得效果

在一般情形下，若消費支出增加，對財貨的需求量將增加；但有些財貨，當所得增加時，消費者之需求量，不但不增加，反而減少。如圖 5-10 中，原來的均衡點爲 E，表示對 X 的需求量爲 OA，對 Y 的需求量則爲 OB，價格線向右上移動後，新的均衡點爲 E'，由 E' 知對 Y 的需求量雖增加爲 OB'，而對 X 的需求量却減少爲 OA'。這種所得增加後，其需求量反而減少的財貨，吾人稱爲劣等財貨 (inferior goods)。因爲僅有當所得水準甚低時，消費者對其產生需求，而當所得水準提高時，消費者均轉而消費品質較高的財貨，對這種劣等財貨的需求量反而減

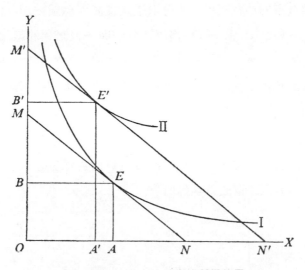

圖 5-10　X 為劣等財貨的所得效果

少。例如在我國農村中的甘藷、雜糧，西方國家的馬鈴薯均是。當所得水準很低時，農民常以甘藷雜糧為主食，不能經常食用食米與麵粉，但所得水準提高後，則可改食食米與麵粉，而對甘藷與雜糧的需求量反而減少了。

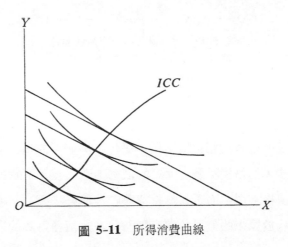

圖 5-11　所得消費曲線

　　如果消費者的消費支出因所得水準之提高而繼續增加，則價格線將不斷向右上方移動，每一條價格線將分別與一條無異曲線相切，吾人若將所有切點連起來，可形成一曲線。此曲線由原點開始，向右上方延伸，表示隨消費支出之增加，對兩種財貨之需求量亦將隨之增加，此曲線稱為所得消費曲線 (income-consumption curve)，如圖 5-11。如果所得消費曲線向橫座標或縱座標回彎過來，如圖 5-12 所示，則為劣等財貨的情形。若曲線向 X 軸回彎，即表示 Y 財貨為劣等財貨，如曲線向 Y 軸回彎，即表示 X 財貨為劣等財貨。

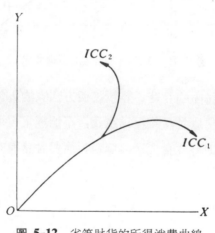

圖 5-12 劣等財貨的所得消費曲線

八、替換效果

　　如果 X 及 Y 財貨的相對價格發生變化，例如 X 的價格下跌，而 Y 的價格不變，或 X 的價格不變，而 Y 的價格上漲，或 X 財貨的價格下跌，而 Y 財貨的價格上漲，而吾人維持消費者的偏好不變，即增減其消費支出仍使其維持於原來的無異曲線，則消費者對兩種財貨的需求將發生何種變化? 如圖 5-13 中，吾人假定 X 的相對價格下跌，而消費者仍保持原來的偏好，價格線由 MN 變爲 $M'N'$ 的位置。在原來的相對價格下，均衡點爲 E，對 X 的需求量爲 OA，對 Y 的需求量則爲 OB，而在新的相對價格下，均衡點則爲 E'，由 E' 對 X 的需求量爲 OA'，較 OA 增加，而對 Y 的需求量則爲 OB'，比原來的 OB 爲減少。由此可看出由於 X 相對價格的低落，均衡點由 E 向 E' 點的移動，消費者以相對價格較低的財貨替換相對價格較高的財貨。這種由於相對價格的變化在同一無異曲線上的移動，而以相對價格低的財貨替換相對價格較高的財貨的現象，吾人稱爲替換效果。

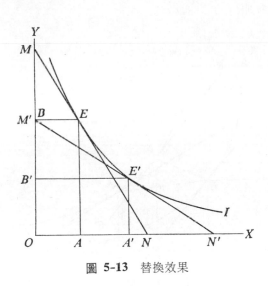

圖 **5-13**　替換效果

九、價格效果與價格消費曲線

如果消費者的偏好不變，消費支出不變，除一種財貨外，其他財貨的價格均不變，則當此一種財貨的價格發生變動時，對消費者將發生何種影響? 在圖 5-14 中，原來的價格線爲 *MN*，均衡點爲 *E*，故消費者對 *X* 的購買量爲 *OA*，而對 *Y* 之購買量，則爲 *OB*；今假設 *Y* 之價格不變，而 *X* 之價格下跌，則消費者以其原來的消費支出，所能購得的 *Y* 財貨的數量不變，但所能購得的 *X* 的數量將增加，設由 *ON* 增至 *ON'*，故新的價格線反時鐘方向移動至 *MN'* 的位置，此新價格線與一較高的無異曲線相切於 *Q* 點，*Q* 點即爲新的均衡點。由 *Q* 點知消費者對 *X* 財貨的購買量必將增加，這種由於 *X* 財貨價格的下跌，而使均衡點由原來的 *E* 點移動至一有較高偏好的另一無異曲線上 *Q* 點的現象，吾人稱爲價格效果 (price effect)。由於價格效果的作用，消費者對此一跌價的財貨的購買量，常會增加。

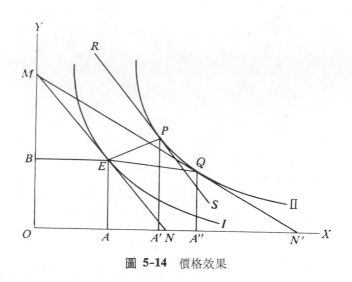

圖 **5-14**　價格效果

對於圖 5-14 中所表現的由 *E* 向 *Q* 點移動的價格效果，吾人常可將其分爲兩個階段，第一階段爲由 *E* 點到 *P* 點，此即若維持原來的 *X* 與 *Y* 財貨的相對價格不變，吾人欲消費者能昇高到第二根無異曲線所代表的偏好，必須增加消費者的貨幣所得。即使得原來的價格線平行向上移動

到 RS 的位置，此時 RS 線與曲線 II 相切於 P 點。即貨幣所得增加後而價格不變，消費者的新均衡點將爲 P，由 P 點可看出消費者對 X、Y 兩種財貨的購買量皆將增加，這種現象，由前節所述，吾人知道爲所得增加所產生的所得效果。消費者既達 P 點以後，吾人可以想像，X 財貨的相對價格下跌，而仍然維持消費者於第二根無異曲線上，則 RS 線將反時鐘方向旋轉，最後轉到 MN' 的位置，而與曲線 II 相切於 Q 點，即消費者新的均衡點。這種由 P 向 Q 的移動，吾人知道是替換效果，由於 X 財貨價格相對跌落而維持消費者偏好不變，消費者以相對價格較低的財貨替換相對價格較高的財貨。在替換過程中，X 的購買量增加，而 Y 的購買量減少。因此由 E 到 Q 點的變化，即可看成是由 E 到 P 的變化及由 P 到 Q 變化之總和，亦即價格效果等於所得效果與替換效果之和。由前節的分析，知一物之價格下跌時，其所得效果爲正，即各種財貨的購買量可能均增加，但替換效果則不同，跌價的那種財貨，其購買量必增加，而價格未變的那種財貨，其相對價格提高，因而消費者對它的購買量必將減少。在本例中由於 X 財貨的價格下跌，無論就所得效果及替換效果言，購買量均爲增加，如圖 5-14 中，均衡點由 E 到 P 時，對 X 的購買量由 OA 增至 OA'，AA' 即爲所得效果的影響。由 P 至 Q，爲替換效果，購買量由 OA' 增至 OA''，$A'A''$ 即爲替換效果的影響。而由 E 移動到 Q 點，對 X 的購買量由 OA 增至 OA''，AA'' 即表示由價格效果所產生的影響，顯然 AA'' 等於 AA' 加 $A'A''$。至於對 Y 財貨的影響，則所得效果爲正，即 X 的價格下跌後，對 Y 的需求量將增加，而替換效果則爲負，因 X 的價格下跌，對 Y 的需求量將減少，至於最後對 Y 的購買量是增加抑是減少，全視此二效果的絕對值的大小而定。若所得效果的絕對值大，則對 Y 財貨的購買量將增加，如果替換效果的絕對值大，則對 Y 財貨的購買量將減少。如果此兩種效果絕對值的大小相等，則對 Y

財貨的購買量不變。

如果 Y 財貨的價格不變,而 X 財貨的價格連續降低,則價格線將以縱座標上一點爲軸反時鐘方向旋轉。如圖 5-15 中,以 M 爲軸而旋轉,隨 X 財貨價格的降低,價格線將分別爲 MN_1、MN_2、MN_3…… 等,而每一價格線皆與一無異曲線相切,其切點在圖 5-15 中,分別爲 E_1、E_2、E_3 …… 等,若將此諸切點連結起來,將形成一條曲線,此曲線稱爲價格消費曲線 (price consumption curve),表示隨 X 價格的跌落,消費者對此兩種財貨購買量的變化。一般情況下,價格消費線爲一 U 字形的曲線,先向右下方延伸至一最低點後再向右上方延伸。

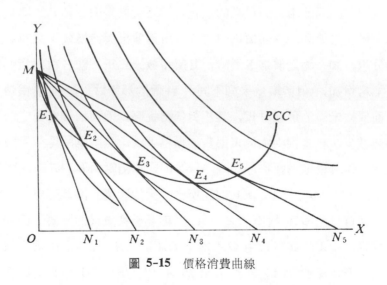

圖 5-15 價格消費曲線

由價格消費曲線亦可測度出消費者對 X 財貨需求彈性的大小。如圖 5-16 爲一價格消費曲線,其上任何一點 E,表示在某一相對價格下,消費者對 X 的購買量爲 OA,而對 Y 的購買量爲 OB。因爲 Y 的價格不變,而消費者將其全部消費支出用來購買 Y 時,可以購得 OM 單位的 Y。因此在 E 點亦可這樣解釋,消費者保留 OB 單位的 Y 財貨,而以 MB 單

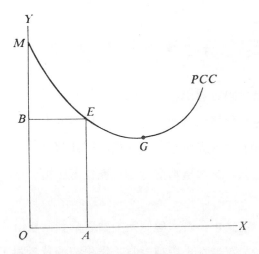

圖 5-16　由價格消費曲線估測需求彈性

位的 Y 交換 OA 單位的 X 財貨，MB 即是以 B 財貨所表示的爲購買 OA 單位 X 財貨的總支出。今設價格消費線爲 PCC 爲一 U 字形曲線，G 爲其最低點，則吾人可看出在 M 點到 G 點這一線段，對 X 的需求彈性是大於一的，因爲由 M 點向 G 點移動時，表示當 X 的價格卜跌時，X 的購買量增加，而同時以 Y 財貨所表示的對 X 的總支出亦增加，故 X 財貨的需求彈性大於一。到 G 點時，其需求彈性卽等於一，而在 G 點以後，則其需求彈性又小於一了。因爲在 G 點以後，隨 X 財貨價格的下跌，X 的購買量雖增加，而以 Y 財貨所表示的對 X 的總支出反而減少了，因此其彈性係數乃小於一。當然如果價格消費曲線是其他的形態，其彈性係數卽是其他的情況。例如若價格消費線是一根平行於橫座標的直線，則在任何價格下，對 X 的需求彈性其係數均等於一。若價格消費線爲一連續向右下方延伸的曲線，則在任何價格下，X 的彈性係數均大於一，餘可類推。

十、需求曲線的引申

　　由價格消費曲線可看出，消費者對 X 財貨在不同的價格下，有不同的需求量。但是在價格消費曲線中，X 的價格並未明白的表示出來，僅是由價格線不同的斜率表示不同的價格，因此價格消費線不就是 X 的需求曲線。不過吾人依據價格消費線的意義及畫法可引申出消費者對 X 財貨的需求曲線。

　　首先，到目前為止，吾人僅假定消費者購買兩種財貨即 X 與 Y，但實際上消費者所購買者不止兩種財貨。為研究消費者對 X 財貨的需求，吾人可將一切財貨分為兩類，即 X 財貨與 X 以外的其他財貨。如此消費者亦只有兩種選擇，即購買 X 財貨，或不購買 X 財貨而購買其他財貨。若不購買 X 財貨，即表示他將保留貨幣購買力的形態，以便購買其他財貨。若消費者的消費支出為固定，此時吾人即可用縱座標表示消費者的消費支出，而不是特定的 Y 財貨。如圖 5-17(a) 中，用 OM 表示消費者全部消費支出，即消費者不購買 X 時所能保留的全部貨幣購買力，而對於一定的 X 的價格，吾人即可畫出一條價格線，例如對於不同的 X 的價格 P_1、P_2、P_3、P_4 等，而 $P_1 > P_2 > P_3 > P_4 \cdots\cdots$吾人即可畫出不同的價格線 MN_1、MN_2、MN_3、$MN_4\cdots\cdots$等。若價格為 P_1，即價格線為 MN_1 時，均衡點為 E_1，即表示消費者對 X 的需求量為 OA_1，若價格為 P_2，即價格線為 MN_2 時，均衡點為 E_2，即表示消費者對 X 的需求量為 OA_2，若價格為 P_3、$P_4\cdots\cdots$均衡點為 E_3、$E_4\cdots\cdots$等，可畫出一價格消費曲線 PCC，因為這不是需求曲線，但吾人可將此曲線所能表示的意義，轉換到另一個圖形中去。如圖 5-17(b)，橫座標的意義及單位與圖 5-17(a)同，縱座標則表示 X 的價格。由(a)知價格線為 MN_1，即價格為 P_1

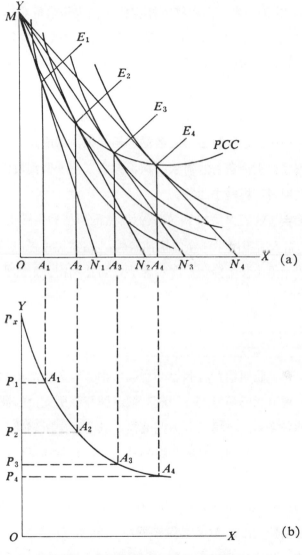

圖 **5-17**　由價格消費曲線引申需求曲線

時，對 X 的需求量爲 OA_1，吾人在 (b) 圖中，卽可在縱座標找出適當的能代表價格 P_1 的一點，而在橫座標則找出代表需求量 OA_1 的一點，如此而決定了 (b) 圖中 A_1 的一點。同理，由 (a) 知價格線爲 MN_2，卽價格爲 P_2 時，對 X 的需求量爲 OA_2，吾人在 (b) 圖中，在縱座標找出適當的表示 P_2 的一點，而在橫座標則找出代表需求量 OA_2 的一點 A_2。依此類推，同樣找出價格爲 P_3、P_4……時，需求量爲 OA_3、OA_4……的點 A_3 及 A_4……。最後將畫出之各點連結起來，卽成爲對 X 的需求曲線了。此曲線爲個別消費者的需求曲線，知道了每一個別消費者的需求曲線，則不難獲得市場需求曲線。

如果消費者的所得增加，或其他財貨的價格發生變化，顯然由圖 5-17 中，吾人可畫出另一條價格消費線，當然也可畫出另一條需求曲線，此卽表示需求發生變化。詳細情形，可比照得之，玆不贅述。

十一、消費者剩餘

在上一章曾說明消費者剩餘的意義，消費者剩餘爲在競爭市場，消費者對某一種財貨所願意支付的最高價款與實際所支付的價款之間的差額，亦卽消費者由於市場只有一個價格，其心理上所感受到的利得而以貨幣形態表示者。然則以無異曲線的分析法，是否亦可以表示出消費者剩餘的意義？

在圖 5-18 中，橫座標表 X 財貨的數量，縱座標表消費支出，OM 爲消費者的消費支出，MN 爲價格線，E 爲消費均衡點，故消費者在 MN 線所表示的 X 的價格下，對 X 財貨的需求量爲 OA，所保留用以購買其他財貨的支出爲 OB，換言之，消費者以消費支出 BM 購買 OA 單位的 X 財貨，BM 爲實際支出。但消費者爲購買 OA 單位的 X，所願意

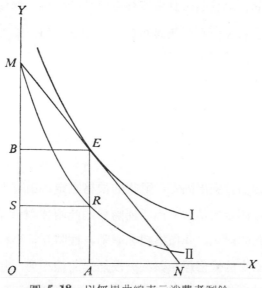

圖 5-18 以無異曲線表示消費者剩餘

支付的最高價格為何? 假設有一與 *M* 點有同一偏好的無異曲線 *M* Ⅱ,
此曲線必在決定消費均衡點的無異曲線之下。若此曲線與 *AE* 線相交於
R, 則 *R* 點所代表的 *X* 財貨與保留一部分消費支出的組合, 與 *M* 點有同
樣的偏好。即消費者若購買 *OA* 單位的 *X* 財貨而保留 *OS* 數量的消費支
出, 與保留全部消費支出有同樣的偏好。換言之, 若消費者以 *MS* 數量
的消費支出購買 *OA* 單位的 *X* 財貨, 與不購買 *X* 財貨而保留全部消費支
出有同樣的偏好。顯然 *MS* 為此消費者對 *OA* 單位所願意支付的最高
價款, 而消費者實際所支付的價款為 *MB*, 此兩者之間的差額即 *BS*,
即為消費者購買 *OA* 數量 *X* 財貨時的消費者剩餘。

十二、摘　　要

無異曲線是對消費者有同一偏好的兩種財貨間各種可能組合所形成

的曲線。一般的，無異曲線具有下列幾種特性：（1）無異曲線的數量有無限多。（2）沒有任何兩根無異曲線可以相交。（3）無異曲線由左上方向右下方延伸，以兩個座標為漸近線，且向原點凹進。

為維持消費者的偏好不變，若 X 財貨的數量增加，則 Y 財貨的數量可予減少，後者的變動量對前者的變動量之比稱為 X 財貨對 Y 財貨的邊際替換率。一般隨 X 財貨數量的不斷增加，此邊際替換率有繼續遞減的趨勢。

如消費者的消費支出固定，財貨的價格固定，則可畫出一價格線，此價格線代表以固定的消費支出所能購買的此兩種財貨各種可能的組合。隨消費支出的變化，此價格線亦變動，惟將互相平行。對於一定的消費支出，此固定的價格線必與某一根無異曲線相切，此切點所代表的兩種財貨的數量，卽代表消費者能獲得最大滿足的購買量，此切點卽消費者的均衡點。

兩種財貨的相對價格發生變動，而消費者的偏好維持不變，其均衡點在同一無異曲線上移動，此種影響稱為替換效果。如其他條件不變，而消費者的消費支出變動，使其均衡點向另一根無異曲線移動，此一影響稱為所得效果。如消費支出及其他財貨的價格不變，而僅有一種財貨的價格發生變動，使其均衡點亦向另一根無異曲線移動，此一影響則稱為價格效果。價格效果通常等於替換效果與所得效果之和。

由所得效果能引申出所得消費曲線，由價格效果則能引申出價格消費曲線。將價格消費曲線所表示的意義，轉換到另一圖形，則可獲得消費者對某一特定財貨的需求曲線。

重 要 概 念 與 名 詞

無異曲線

邊際替換率及邊際

　　替換遞減法則

價格線

所得效果

替換效果

價格效果

價格消費曲線

所得消費曲線

消費者均衡

第六章　生產理論概述

第四第五兩章，吾人已將決定需求的消費者行為法則，分別以效用觀念及無異曲線的分析法，加以進一步的說明。由本章開始，吾人將對決定供給的生產者或銷售者的行為法則，加以進一步的說明。

一、生產者的動機與其所需解決的問題

生產者或銷售者何以要從事生產或銷售活動，自亦有其動機或目的存在。生產者的動機，主要是為了賺取利潤，而且是為了賺取最大的利潤。當然生產者除了賺取利潤之外，還有其他的動機存在，例如為了滿足創造或領導的慾望；為了利他服務人羣的動機等。然而一個生產者如不能獲取利潤，或從不考慮獲取利潤，則其生產事業決不能維持長久，其他的動機亦無法達成。同時利潤以外的各種動機，往往不能予以數量化而作客觀的分析。反之，若生產者在基本上能達到獲取利潤的目的，原則上與其他動機，並無顯然的牴觸，其他動機仍能相當的達到。因此雖然假定生產者生產的目的是為了賺取利潤，未免把問題看得太單純，太缺少人情味，但這却能使經濟理論的分析更方便。因此在經濟理論中

均暫且假定生產者從事生產各種財貨提供市場銷售，其動機是爲了賺取最大利潤。

生產者爲了賺取利潤，在生產過程中，究須解決些什麼問題？一般說來，生產者無論從事何種生產皆須解決這三個基本的問題。

第一，在各種可能的生產方法之中，採取那一種方法，才能使生產成本爲最低？換言之，在已知的條件下，如何僱用各種生產因素，才能達到最低成本的配合？在現代社會吾人知道爲生產某種產品，生產的方法可能有多種，也就是生產因素可能有多種不同的配合法，均能達到同樣的生產的目的。例如爲製造皮鞋，可以多用人工，少用機器，亦可以多用機器，少用人工。但是適合於甲社會的生產方法，在乙社會未必適用。由機械的或工程的技術的觀點言，最有效的生產方法，未必是經濟上最有利的生產方法。因此生產者在從事生產以前，必須先決定爲獲得最高利潤，生產一定量的財貨時，如何才能做到最低成本的配合？

第二，對一定的產量已決定如何才能做到生產因素的最低成本配合，次一要解決的問題，即對於不同的產量，在不同的時間觀點下，生產成本的結構爲如何？因成本是隨產量的變化而變化的，對於不同的產量，生產者必須知道其成本，才能決定利潤之多少。

第三，成本結構已決定，則生產者最後所須解決的問題，即依據一定的市場需求情況，考慮本身的成本結構，究竟生產多少數量，並如何決定價格，才能使利潤爲最高？因爲若市場的需求爲一定，生產得太少，雖能提高價格，但因爲產量太少，未必能獲取利潤。若生產得太多，由於供過於求，必使價格下跌，甚而不能收回成本，因而遭致損失。因此如何決定一最適度的生產量，則是生產者所須解決的最根本的問題。本章分析第一個問題，即如何求生產因素的最低成本組合，第二第三個問題則由下章起，分別逐項討論。

二、生產的意義與生產因素

　　爲分析生產理論，首先吾人要問，何謂生產？所謂生產，依據經濟學的觀點，凡是能增加或創造效用的人類的活動均謂之生產。所謂效用，吾人在第四章中已解釋過，是持有或消費財貨時消費者所感覺到的滿足程度。吾人所持有或消費的各種財貨，往往不是天然生成的，縱然是天然生成的，因爲自然所產生的各種財貨，往往由於實質、形態，或所存在的空間，不適於吾人之使用，因而吾人所感到的滿足程度甚低，必待經過人類的處理以後，吾人使用時才能增加滿足的程度。例如樹木長在山上，吾人無從使用它而增加滿足的程度，必也經過伐木的人把它砍下，運到山下，再由運輸工具運送到鋸木廠，由鋸木廠鋸成各種木料，再由木匠製成各種傢俱，油漆匠予以油漆，再由傢俱商賣給消費者，這樣，才能使消費者感到更大的滿足。這種由伐木工人開始到傢俱店的伙友爲止的一連串的人類的活動都能增加或創造效用，故得稱爲是一種生產活動。

　　由上述生產的意義，更進一步可以看出，生產活動，不僅指有形的財貨而言，亦指無形勞務的提供。若干種人類的勞務，亦會使吾人感到滿足，例如醫生診療的勞務、教師教書的勞務、理髮師理髮的勞務，這些勞務皆能使接受勞務的人感到滿足。因此雖然沒有具體的財貨提出來，仍然是一種生產活動。十八九世紀若干經濟學者因爲過分重視有形財貨的重要，而認爲凡能增加有形財貨的才是生產活動，而提供無形的勞務者不是生產活動。然而他們亦不得不承認，若干勞務對社會是有很大貢獻的，例如上述醫生、教師、理髮師是，其他如公務員、軍人、警察、音樂家對社會亦有貢獻，而不能抹煞，故不得已，若干經濟學家稱這些勞務雖是不生產的 (unproductive)，但却是有用的 (useful)。這種觀點，由吾人現代的眼光，實不足取。

生產的意義旣明，然而現代的生產，不是單憑人類的兩隻手便能從事的。由第一章吾人已知道現代的生產是一種間接的生產，在生產過程中，必須應用各種生產因素。而所謂生產因素，即生產過程中能幫助生產的各種手段，這種生產因素，大體上可分爲三大類，即勞動、土地與資本。

所謂勞動，即是人類爲生產的目的，或爲了賺取所得所提供的勞務。因此勞動是一種勞務，但並非人類所有的勞務皆得稱爲勞動，必須其目的是爲了生產，或是爲了賺取所得所提供的勞務，才是勞動。農人種地，是爲了收穫農產品，工人做工，是爲了賺取工資，皆是勞動。但農人在耕種之餘，工人在放工以後，去打一場籃球，雖也支出勞務，然而這不是勞動，這是運動，因其目的，僅是爲了運動的本身，而不是爲了生產什麼，或是賺取所得。但職業籃球隊的隊員打籃球出售門票，即是一種生產活動，因其目的是爲了賺取所得。其次，勞動不僅指體力的勞動言，亦包含心智的勞動。農民、工人運用體力以從事生產，固然是一種勞動，律師、作家運用心智以從事辯護或創作，亦是一種勞動。不過吾人應注意者，勞動僅指勞動者所提供的勞務，而非指勞動者本人，勞動能在市場出售，有其一定的價格，但勞動者本人却不能出售，因吾人不是一奴隸社會。

經濟學上所指之土地，是指廣義的土地，不僅單指地面言，實卽自然資源的同意語，故土地包含地面、地層、天空、雨量、日照、河川、森林，凡一切自然存在的資源均屬之。土地因屬自然所提供，故有三種基本的屬性，卽不增性，土地的供給是固定的，不因人力而能增減之。次一屬性卽不能移動性，土地的位置不能因人力而移動。最後土地具有生長力及載力，因為具有生長力，故能用以生長各種作物，因有載力，故能充作房屋鐵路等各種地基，因此人類對土地的勞務乃有所需要，土地便構成生產因素之一。

　　勞動與土地亦稱為基本的生產因素，因此兩者均本然存在，不因經濟的因素而能變更其數量。由前所述知土地是自然存在的資源，不是人類活動的結果。同時由現代的人口理論，吾人知道決定人口現象，因而直接決定勞動數量的，除經濟的因素外，尚有社會學的、文化的、人類學的因素存在，因此在經濟分析中常將土地甚至勞動作為外生變數處理，亦即看作基本的生產因素處理。

　　第三種生產因素為資本。所謂資本，是指能供生產使用的各項生產設備，即資本財而言，如機器、廠房、道路、倉庫等，而不是指貨幣。因為貨幣由個別生產者的觀點，有了貨幣資金後即能購買資本財進行生產，因此資本財與貨幣沒有加以分別的必要，但就社會觀點僅有具體的資本財（當然這裏也包括無形的商標權、專利權在內）才能增加生產，而僅有貨幣或貨幣數量大量增加（除非是外滙）並不能增加生產能量。資本與土地及勞動不同，能由人力予以增加，即可透過生產的過程而增加。因此資本亦稱為中間性的生產因素，因為它是由結合勞動與土地所生產的。

三、生產函數

　　生產任何一種產品或勞務，皆須利用各種生產因素，產出的出產量的多少，自然須視所利用的生產因素的數量而定。但生產技術不變，在產品的出產量與所用生產因素的數量間，常有一定的技術關係存在。吾人將這種生產量與生產因素數量之間的關係，以一函數形態表示之，即

爲生產函數。例如，設 x 表 X 財貨出產量，而 a，b，c 等分別表生產因
素 A，B，C 等的數量，生產函數可寫爲下列形態：

$$x = f(a, b, c \cdots \cdots) \tag{6-1}$$

函數中 a，b，c 等爲自變數，x 爲因變數，若 a，b，c 等之數值一定，
則 x 的數值卽可確定。當然一特定的生產函數，僅表示一固定的生產技
術，如果生產技術變化，生產函數的形態也隨之變化。

一般的，生產函數常具有這幾項性質：第一，若各種生產因素的數
量增加，出產量也會隨之增加，故 x 是各生產因素的增函數。第二，各
生產因素之間，可能有相當的替換性，卽一種生產因素在適當範圍內，
可代替其他生產因素使用，例如以勞動代替資本、以資本代替土地是，
因此對於一定的出產量，常能以生產因素各種不同的組合方式而生產之。
第三，各種生產因素之間亦有相當的輔助性，卽某一生產因素，常須與
其他生產因素的一最低數量相合作，才能發揮其效能。否則爲滿足吾人
的經濟慾望，只要有一種生產因素就夠了，事實上這是辦不到的。

四、 報酬遞減法則

現在吾人研究有關生產函數的一項重要法則，卽生產因素的報酬遞
減法則。在生產函數中若生產技術不變，並且除一種生產因素外，其他
的生產因素的數量亦保持不變，而變動此一生產因素的數量，則出產量
的變化將如何？爲便於說明起見，吾人假定在一定面積的土地上，使用
一定的資本量，而所使用的勞動量可予變動，若吾人以不同的勞動量與
此一定面積的土地與一定數量的資本相結合，其產量的變化可如下表第
一欄所示：

表 6-1

勞動量	(1) 總 生 產 量 (*TPP*)	(2) 邊際實物生產量 (*MPP*)	(3) 平均實物生產量 (*APP*)
1	20	20	20
2	50	30	25
3	87	37	29
4	132	45	33
5	182	50	36.2
6	228	46	38
7	268	40	38.3
8	304	36	38
9	336	32	37.3
10	364	28	36.4
11	386	22	35.1
12	404	18	33.8
13	418	14	32.1
14	426	8	30.4
15	430	4	28.7
16	430	0	27

　　由上表可看出，當土地與資本的數量不變時，隨勞動量的增加，總產量亦增加。不過總產量最初增加得很快，等勞動量使用到五個單位以後，總產量增加的速度便減慢。

　　為說明總產量增加速度的變化，吾人可以邊際實物生產量(marginal physical product) 一概念說明之。所謂邊際實物生產量即勞動量每增加一單位時，總產量的增量。例如由上表中，當勞動量為一單位時，總產量為 20 單位，吾人可相信勞動量為零時，總產量必然為零，故勞動量由零增加到一個單位，總產量由零增加到 20 單位，故使用一個勞動單位時，其邊際實物生產量為20。當勞動量增加到兩個單位時，總產量為 50 單位，比勞動量為一單位時的總產量增加了 30 單位，故使用兩個單位的勞動時，其邊際生產量為 30。當勞動使用量繼續增加時，邊際實物生產量的變化，如表 6-1 中第二欄所示。由此一欄可看出邊際實物生產量最初是遞增的。當勞動使用到五個單位時，邊際實物生產量最高，達到 50 單位。但勞動量若繼續增加，邊際實物生產量便又降低，到使用到第十六個單位時，勞動的邊際實物生產量便降低為零，換言之，總產量此時為最大而無法再予增加。

由總產量的變化，吾人亦可求勞動的平均實物生產量(average physical product)，卽平均每一勞動單位所能生產的數量。在表 6-1 中卽以總產量除以勞動量卽得。例如勞動量為一時，總產量為 20，故平均實物生產量亦為 20。勞動量為二時，總產量為 50，故平均實物生產量為 25，餘類推。平均實物生產量的變化，列於表 6-1 的第三欄，由這一欄可看出，平均實物生產量最初也是增加的，當勞動量使用到第七個單位時，平均實物生產量為最高，達到 38.3 單位，此後若勞動的使用再增加，平均實物生產量便又減少了。

關於表 6-1 中總產量的變化，吾人亦可用圖形表示之。圖 6-1 中

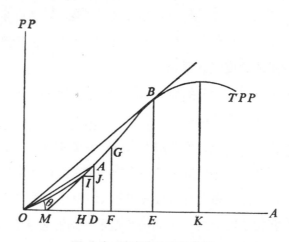

圖 6-1 總實物生產量曲線

橫座標表示生產因素 A 的數量，即勞動量 a，縱座標表實物生產量。表 6-1 中各量的變化爲非連續的，圖形中爲了方便起見，吾人均將其表示爲連續的數量，因而可以用平滑的曲線表示之。由圖 6-1 可看出隨 a 的增加，總產量是增加的，不過最初增加的速度很快，過 F 點以後，逐漸減慢，而到 K 點時，則已到達最高點，無法再行增加，在 K 點以後，總產量反而減少了。

由圖形中亦可表示平均實物生產量與邊際實物生產量的意義。如在圖 6-1 中，吾人若求勞動的使用量爲 OD 時，其平均實物生產量的數量，吾人可由 D 點畫一垂線，與 TPP 線交於 A，平均實物生產量即等於 AD/OD，由幾何的意義，吾人亦知

$$AD/OD = \tan \theta \tag{6-2}$$

即由 O 點到 A 點的直線的斜率。此平均實物生產量吾人可畫於另一圖形中，如圖 6-2，其橫座標與縱座標的意義與圖 6-1 相同，吾人將勞動的使用量爲 OD 時的平均實物生產量表示爲 DR。同樣在圖 6-1 中當勞動的使用量爲 OE 時，其平均實物生產量爲 $BE/OE = \tan \angle BOE$，其數值可畫於圖 6-2 中之 ET。其他各點的平均實物生產量均可依次求得，而在圖 6-2 中即可畫成一 APP 的曲線。

同樣由圖 6-1 中，吾人亦可計算不同勞動量被使用時的邊際實物生產量。例如要計算勞動量爲 OD 時的邊際實物生產量，等於由 OD 時的總產量減去勞動量少用一單位時的總產量。在圖形中若比 OD 少一單位時的勞動量爲 OH，其總產量爲 HI，則勞動量爲 OD 時的邊際實物生產量即等於 AD 減去 IH，亦即 AD 減 JD 後的差額 AJ，除以一單位的勞動量，即 $MPP = AJ/IJ = AJ$。在經濟理論中爲便於處理起見，若勞動的增加可以無限小的單位進行，此 D 點的邊際實物生產量，即可以總產量曲線上一點 A 的斜率表示之。而 A 點的斜率即等於由 A 點所畫切線

與橫座標的傾角的正切。以數學符號表示之，卽

$$MPP_D = \frac{d(TPP)}{da} = \frac{dx}{da} = \tan \angle AMD \qquad (6\text{-}3)$$

將此數值畫於圖 6-2 中卽 DN，同樣吾人可求出 F 點時的邊際實物生產量 FS，E 點時的邊際實物生產量 ET。有關各點求出後，吾人卽可畫出一條 MPP 曲線。

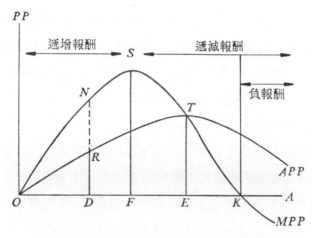

圖 6-2　邊際實物生產量與平均實物生產量曲線

由圖 6-2 可看出，APP 與 MPP 曲線均為先增加，逐漸到達一最高點，而後減少，而成倒 U 字形的圖形。並且 MPP 曲線先到達最高點，然後減少而與 APP 的最高點相交。MPP 曲線與 APP 最高點相交的性質，吾人由圖形的幾何意義可以看出。因為在圖 6-1 中為求 E 點的平均實物生產量，自原點畫到總產量曲線上一點 B 的連線，剛好也是總產曲線 B 點的切線，因此 BE 除以 OE 的商數，卽等於 B 點的斜率。前者為平均實物生產量而後者為邊際實物生產量，兩者在此點相等。其次吾人尚可用下述方法說明，卽凡邊際量大於平均量者，平均量必增加，邊際量小於平均量者，平均量必減少。例如吾人若求一班學生

之平均體重，按體重之次序進入室內，先以體重最輕之學生進入室內，當僅進入一人時，室內學生之平均體重即爲該生之體重。當進入第二人時，第二人之體重即爲邊際體重，因爲第二人之體重高於第一人，即邊際量大於平均量，將其與第一人之體重相加再平均之，而得二人之平均體重，而此二人之平均體重較一人之平均體重爲增加矣。如此繼續進行，當進入第三人時，因第三人之體重較前二人爲尤重，故加入並予平均後，平均體重又增加。由此可見邊際量大於平均量時，平均量必是增加的。反之，若吾人進入室內之次序相反，先由體重最重之學生進入，而繼續以體重較輕之學生逐次進入教室計算，此時則邊際量小於平均量，於是計算結果，平均量必逐漸減少。同理，若進入室內學生之體重，與室內學生之平均體重相等，則平均體重不增亦不減，則此時平均體重必爲到達最低或最高時也。因此由圖 6-2 吾人可看出，在 OE 點以前，$MPP>APP$，可知 APP 是增加的，在 E 點以後 $MPP<APP$，故 APP 是遞減的，而在 E 點，APP 不增亦不減，必是已到達最高點，而 MPP 曲線亦在此點與之相交矣。

　　由以上之分析吾人可說明報酬遞減法則如下：在一定的生產技術之下，若與之配合的其他生產因素的數量不變，而僅變動一種生產因素的數量，則在此生產因素使用到某一數量以後，其邊際實物生產量將逐漸減少。如圖 6-2 所示，勞動的數量使用到 OF 以後，邊際實物生產量即逐漸減少。

　　由報酬遞減法則，吾人須注意下列兩點：第一，吾人假定生產技術不變，若生產技術改變，縱然不致於改變報酬遞減現象的本質，至少可能延緩報酬遞減階段的出現；第二，報酬遞減法則並不否認報酬遞增現象的存在，而承認在最初，即所使用的變動的生產因素的數量甚少時，其邊際實物生產量是遞增的，唯有此生產因素使用到一定數量以後，遞減現象才會出現。例如在圖 6-2 中，由 O 到 F 這一範圍是報酬遞增的，而 F 點以後則是遞減報酬，事實上在 K 點以後，不僅是遞減報酬，而且是負報酬了。同時，在特定情況下，由報酬遞增到報酬遞減的過程中，可能經過一固定報酬的階段，卽邊際實物生產量隨可變動的生產因素的增加，不增亦不減而保持固定。

何以在生產過程中會有報酬遞增或遞減的現象？此一原因，吾人可以這樣解釋：在這一可變動的生產因素使用量甚少時，不變的那些生產因素，因爲沒有適當的可變因素與之配合，故其效能無法發揮；而隨此一變動因素數量之增加，其效能遂能逐漸發揮，表現於生產量的，便是可變動的生產因素的邊際實物生產量的增加。至於可變動的生產因素使用到一定數量以後，那些固定的生產因素數量又嫌不足，因此可變動的生產因素的數量增加時，卽無足夠的其他生產因素與之配合，於是其效能亦降低，表現於生產量的，便是邊際實物生產量的遞減。而且很可能，當其數量超過某一限度後，其增加的數量不但不能幫助生產，反而因爲太多而妨碍生產，此時，其邊際實物生產量便變爲負數了。

五、最小成本組合

生產因素在生產過程中旣有報酬遞減的現象，生產者對各種生產因素的僱用究應合乎何種條件，才能使其成本爲最低？換言之，各種生產因素之間，其僱用數量應如何配合，才是最小成本的組合？要分析此一問題，僅了解技術性的報酬遞減現象，仍不能解決，因爲這是一個經濟性的問題，所以必須進一步知道爲購買各種生產因素，生產者所必須支付的價格。爲說明簡單起見，吾人先假定生產者在生產因素的市場是一完全競爭的購買者，卽此生產者對生產因素的購買量在總購買量中微不足道，因此其購買行為不會影響該生產因素的價格。就此一生產者言，生產因素的價格是由生產因素的市場供需關係所決定的，可認為固定不變。在這一由市場所決定的價格下，他可以購買任何數量。設吾人假定如上例中，生產因素 A 及 B 的價格分別以 P_a 及 P_b 表示之，研究在一定的 P_a 及 P_b 之下，生產者如何決定對此二生產因素的僱用量。

設吾人先假定 A 為自由財，不須支付任何代價，而與其合作的生產因素 B，如土地，則為經濟財，須要支付代價，則此時對 A 之僱用量將僱用到什麼數量？圖 6-3 中之 APP 及 MPP 之意義與圖 6-2 相同，橫座標表 A 之數量，由圖 6-3 吾人可看出若 A 為自由財不須支付代價，則對 A 之僱用量將達到 OL，亦即僱用到使 A 之邊際生產力等於零的時候為止。因為旣然 A 為自由財，不須支付代價，B 為經濟財，須要支付代價，生產者當然希望儘量利用生產因素 A 而能獲得最大生產量為止，此即使 A 的邊際生產量達到零的一點。如生產者對 A 的使用量大於 OL，則此時 A 的邊際生產力為負，總產量反而減少，如果對 A 的僱用量低於 OL，則總產量未達到最大，均不合算，故自宜以僱用到 OL 為最合理。

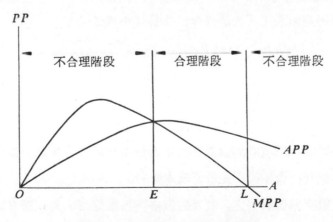

圖 6-3 生產因素的合理使用範圍

其次吾人假定 A 爲經濟財，須要支付代價，而 B 爲自由財，不須支付代價，則此時對 A 的僱用量將爲若干？由圖 6-3 吾人知其必將僱用到 OE 爲止，亦卽 A 之平均生產力爲最高的數量。因爲此時其他生產因素既不須要花代價，生產者化在 A 上的代價不論其爲若干，必然希望能由 A 獲得最大的收穫爲止，亦卽 A 的平均生產力最高爲止。反之，唯有使用到此一數量，成本才能最低，因爲此時平均成本爲固定，而平均產量爲最高也。若生產者對 A 的僱用量大於或小於 OE，平均生產力均不爲最高，故均不合理。

但事實上，A 及 B 均不可能爲自由財，因此皆必須支付代價。若 A 及 B 皆須支付代價，則生產者對 A 將僱用到何種數量？此情況界於上述兩種極端情況之間。顯然對 A 的僱用量，必將大於 OE，而小於 OL，因此吾人可將圖形中 OE 至 OL 的一段，稱爲合理階段，表示生產者對 A 的合理的僱用量必在此階段以內。而將 OE 左方及 OL 之右方稱爲不合理階段，表示生產者不可能將 A 的僱用量決定在這一階段之內。

可是在合理階段之內，生產者對 A 的僱用量究竟將決定於何種數量？此時不僅須視 A 的價格而定，尚須視 B 的價格而定，一般的說，其對 A 及 B 的僱用量須合乎下面的條件，才是最小成本的組合，卽

$$\frac{MPP_A}{P_A} = \frac{MPP_B}{P_B} \tag{6-4}$$

此卽生產因素 A 的邊際實物生產量與其價格之比，等於 B 的邊際實物生產量與其價格之比。此二比值實際也就是在每一生產因素中平均所花的每一貨幣單位，所收回的邊際實物生產量須相等。合乎此一條件，卽是最低成本組合，否則便不是最低成本組合。

試以數字舉例說明之。設 A 的價格爲每單位 30 元，而 B 的價格爲每單位 50 元，若生產者對此二種生產因素的使用量，在生產過程中，

A 的邊際實物生產量為 120 單位，而 B 的邊際實物生產量為 200 單位，此時對此二生產因素即是最佳的配合。因為在每種生產因素上平均每花一元所收回的邊際實物產量均為四單位也。但是如價格未變，而在生產過程中，A 的邊際實物生產量為 150 單位，B 的邊際實物生產量亦為150 單位，顯然生產者對此二生產因素未能作最合理的配合，因為

$$\frac{MPP_A}{P_A} = \frac{150}{30} > \frac{150}{50} = \frac{MPP_B}{P_B}$$

對 A 的使用量顯然太少，故其邊際生產力高，對 B 的使用量則太多，故其邊際生產力低。因為此二比值不等，即在 A 因素中平均每花一元，所收回之邊際實物生產量有五單位，而在 B 因素中平均每花一元，僅能收回邊際實物生產量三個單位也。若生產者少購買 B 因素，而以所節省的成本多買 A 因素，則在 B 因素中每少花一元所犧牲者不過三單位的邊際實物生產量，而將其購買 A 時，則每一元所能購買者為五單位的邊際實物生產量，故此一轉移之間，總成本不增，而每一貨幣單位的移轉總產量將增加兩個單位，故對生產者是有利的。經過這種移轉後，A 的使用量增多，則其邊際實物生產量將減少，而 B 的使用量減少，故其邊際實物生產量將增加，如果最後 A 之邊際實物生產量降低至 120，而 B 之邊際實物生產量增加到 200，此時 MPP_A/P_A 再度等於 MPP_B/P_B，故生產因素使用量的變化告停止，亦即達到最低成本之組合。

六、等產量曲線 (isoquant)

以上的分析係假定在生產函數中，除一種生產因素以外，其餘的生產因素均保持不變，而研究此一種生產因素發生變化時，其與產量之間的關係。由這一分析，吾人獲得報酬遞減法則。以下吾人將進一步研究，

若生產函數中除兩種生產因素外，其他生產因素的數量均保持不變，而產量亦假定不變，則此兩種生產因素的數量之間將具有何種關係？此時此一生產函數可寫為此一形態

$$x = f(a, b) \qquad (6-5)$$

a, b 表生產因素 A, B 的數量，x 表產量，因為其他生產因素的數量均保持不變，故得將之視為常數，不包括在變數之內，生產函數即成為兩個變數的函數。

在本章之初研究生產函數時，吾人即提出在相當範圍內，任何兩種生產因素，均多少具有若干替換的關係。對 A 與 B 兩種生產因素，當亦如此。因此為保持產量 x 不變，吾人對 A 的使用量若減少時，必須增加 B 的使用量，否則產量無法維持不變。反之若吾人增加 A 的使用量，B 的使用量則可能予以減少。為保持產量 x 為固定設為 150 單位，吾人假定 A 及 B 的各種可能的組合如下表所示：

表 6-2

A	20,	25,	30,	35,	40,	45,	50,	—	—
B	65,	45,	30,	20,	15,	12,	10,	—	—

在圖形中，以橫座標表 A 的數量，縱座標表 B 的數量，將表 6-2 的數字，畫成圖形，即得圖 6-4 中的曲線 II，<u>此曲線稱為等產量曲線。亦即為維持產量不變，生產因素 A 與 B 各種可能組合的軌跡。</u>

等產量曲線的形態與無異曲線甚為相似，其性質亦同，唯有一點不同者，無異曲線的兩端，若無限延伸，則逐漸與兩座標接近，以數學的術語說，無異曲線在常態下，是以二座標為漸近線。但等產量曲線則並不如此。因任何二生產因素不可能完全替換，在一定範圍內雖能替換，

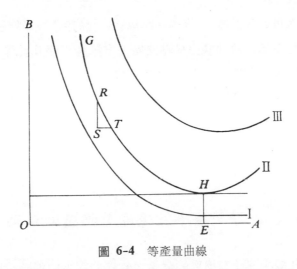

圖 6-4 等產量曲線

但超過此範圍之外,即不能替換。例如在圖 6-4 中曲線Ⅱ,在 *GH* 之間,曲線由左上方向右下方延伸,而在 *G* 點及 *H* 點之外,曲線便向右上方延伸。換言之,若吾人自 *G* 點畫曲線之切線,其切線垂直於橫座標,若自 *H* 點畫曲線之切線,則切線平行於橫座標。此種情形之原因可這樣解釋。在 *GH* 之間為維持產量不變,若 *A* 的使用量增加,則 *B* 的使用量可減少,即可用 *A* 以代替 *B* 的使用。但當 *A* 的使用量增加到 *H* 點所表示的數量,亦即 *OE* 個單位時,此時 *B* 的使用量已減至 *EH*,可能這一數量是生產 150 單位產品必不可少的最低使用量。另一方面, *A* 的使用量已用到飽和點,如果吾人企圖再減少 *B* 的使用量而增加 *A* 的使用量以保持產量不變,甚而僅增加 *A* 的使用量而 *B* 的使用量維持不變亦不能維持產量於不變,因此時多餘的 *A*,不但不能幫助生產,反而妨碍生產。換言之,在 *H* 點 *A* 的邊際實物生產量已等於零,在 *H* 點之右, *A* 的邊際實物生產量將為負數。當然除非此時連 *B* 的使用量也增加,始可望產量保持不變,此即曲線由 *H* 向右上方延伸之原因也。在 *G* 點情形相同,不過此時 *A* 的使用量為必不可少的最低量,而 *B* 的使用量已用到飽和點,其邊際實物生產量已等於零，故過 *G* 點以後，除非 *A* 與 *B* 均能增加，產量已無法維持不變，故曲線由 *G* 點向右上方延伸。因此就等產量曲線 II 言，*GH* 之間爲合理階段，而 *G*、*H* 兩點以外則爲不合理的使用階段。

如果吾人所計劃的產量較大或較低，則吾人可畫出其他的等產量曲線。如圖 6-4 中曲線 I 爲表示產量爲 100 單位的等產量曲線；曲線 III 則爲表示產量爲 200 單位的等產量曲線，理論上，等產量曲線有無限多。

七、邊際替換率及邊際替換遞減法則

等產量曲線中邊際替換率的意義與無異曲線中的邊際替換率的意義甚爲相似。生產因素 *A* 對生產因素 *B* 的邊際替換率即爲保持產量不變，若增加一單位生產因素 *A* 的使用量，生產因素 *B* 所能減少的數量，在圖 6-4 中，亦即生產因素 *A* 的使用量若增加 *ST* 單位時，*B* 的使用量可減少 *RS* 單位，則 $RS/ST = \Delta b/\Delta a$，即稱爲生產因素 *A* 對生產因素 *B* 的邊際替換率，以 MRS_{AB} 表之。若 *A* 與 *B* 均可以分割爲很小的單位，則邊際替換率即爲等產量曲線的斜率，亦即 $MRS_{AB} = \dfrac{db}{da}$。由圖 6-4 中吾人並可看出，當 *A* 的使用量不斷增加而 *B* 的使用量不斷減少時，則每增加一定單位 *A* 的使用量，所能減少 *B* 的使用量有逐漸減少的趨勢。這種現象，即生產因素 *A* 對生產因素 *B* 的邊際替換率隨 *A* 的使用量的增加而遞減，稱爲邊際替換遞減法則。這種現象之所以會發生，乃是由於 *A* 的使用量增加以後，*A* 的邊際生產力逐漸減少，而 *B* 的使用量減少後，*B* 的邊際生產力已告增加，因此要補償少用 *B* 所造成的對產量的損失，對於減少的每一單位 *B* 必須不斷提高 *A* 的數量。換言之，所繼續增加的 *A* 的每一單位，僅能代替不斷減少的 *B* 的功能，因此邊際替換遞減現象乃告出現。

八、等成本線 (iso-cost line)

生產者依據等產量曲線，並不能由其決定如何僱用此兩種生產因素，以從事生產一定的產量。因為等產量曲線僅能表示兩種生產因素間技術性的特性，而不能表示其經濟性質。生產者若須決定為生產一定產量，如何僱用此兩種生產因素，才能使成本為最低，尚須知道此兩種生產因素的價格。吾人假定生產因素的市場為完全競爭的市場，因此其價格由市場供需關係決定，個別生產者無法影響其價格，則對個別生產者言，價格為一固定之常數。在吾人之例中，吾人假定 A 與 B 之價格，分別為 P_A 及 P_D，則對於生產者一定的貨幣支出，可以購買一定量的 A，或一定量的 B，或 A 與 B 的一定的組合。在圖 6-5 中，橫座標仍表 A 的數量，縱座標仍表 B 的數量，若生產者的貨幣支出為 C_1，則以之全部購

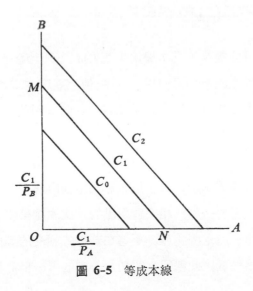

圖 6-5　等成本線

買 A 而不購買 B ，則可以購得 C_1/P_A 單位，即 ON 單位的 A 。同樣若全部以之購買 B ，則可以購得 C_1/P_B 單位，或 OM 單位的 B 。又因此兩種生產因素的市場價格爲固定，則一定量的 B 可交換一定量的 A ，故生產者亦可購得 MN 線上任何一點所表示的此兩種生產因素的組合，而 MN 即爲貨幣成本爲 C_1 時的等成本線，其上任何一點均表示以成本 C_1 所能購得的 A 與 B 的數量。 當然等成本線不止一根， 若貨幣支出少，則對於生產因素的購買量少， 等成本線必向左下移動， 如圖 6-5 中之 C_0 。若貨幣支出多，則等成本線向右上方移動，如圖 6-5 中之 C_2 。因爲等成本線在生產因素爲完全競爭市場時是一條直線， 故其斜率固定，如以圖 6-5 中 C_1 線而言

$$MN \text{ 的斜率} = OM/ON = \frac{C_1}{P_B} \bigg/ \frac{C_1}{P_A} = \frac{P_A}{P_B} \qquad (6\text{-}6)$$

即等產量曲線的斜率等於此二生產因素價格之比。

九、最低成本組合

依據等產量曲線及等成本線，生產者如計劃生產一定的產量，即可決定對此兩種生產因素如何使用， 才能使生產成本爲最低。 在圖 6-6 中，設曲線 II 表示生產者的等產量曲線，在同一圖形中吾人畫出若干條等成本線，其中 $M'N'$ 線並不與等產量曲線相交，而 MN 線與等產量曲線切於一點 P ， $M''N''$ 線則與等產量曲線相交於兩點 G 及 H 。不能與等產量曲線相交的等成本線，表示以該等成本線所代表的成本無法從事此產量的生產。相切於一點或相交於兩點的等成本線則表示以其所代表的成本，能從事此一產量的生產。不過在若干條相交的等成本線中，仍有一條表示成本爲最低，此即與之相切於一點的那一條。而能相交於兩點

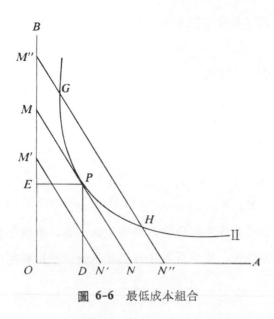

圖 6-6 最低成本組合

的等成本線必定在切於一點的等成本線的右上方,因此其所代表的成本,
當然比切於一點的那條等成本線來得高。生產者從事生產時,如能以低
成本生產則決不會以更高的成本去生產。與等產量曲線相切的那條等成
本線,其切點卽表示為完成此一產量兩種生產因素所必須僱用的數量。
如圖 6-6 中的 *P* 點卽是。因 *P* 點在等產量曲線上,表示其能生產此一產
量,同時因其也在等成本線上,表示他能以此成本線所代表的成本從事
生產。由 *P* 點可知為生產出曲線 Ⅱ 所表示的產量,必須僱用生產因素 *A*
為 *OD* 單位,生產因素 *B* 為 *OE* 單位。同時因 *P* 點在等產量曲線上,其
斜率等於邊際替換率,又在等成本線上,其斜率等於此兩種生產因素價
格之比,因此最小成本組合必須合乎下面的條件,卽

$$MRS_{AB} = \frac{db}{da} = \frac{P_A}{P_B} \tag{6-7}$$

但由於在同一等產量曲線上,由於生產因素 *A* 的增加所造成的實物生產

量的增加，必然等於生產因素 B 的減少所引起的實物生產量的減少，亦卽

$$db \times MPP_B = da \times MPP_A$$

移項後　　　　$$\frac{db}{da} = \frac{MPP_A}{MPP_B}$$

代入前式則　$$\frac{MPP_A}{MPP_B} = \frac{P_A}{P_B}$$

或　　　　　$$\frac{MPP_A}{P_A} = \frac{MPP_B}{P_B}$$ (6-8)

此等式卽表示當最低成本組合時，兩種生產因素，其邊際實物生產量與其價格之比必須相等。此與吾人在分析報酬遞減法則時所獲得之結果一樣。

十、生產計劃線 (scale line)

若由於市場的擴張，生產者的產量不斷增加，則生產者的成本，及對於此兩種生產因素的使用量將如何變化？在圖 6-7 中，有若干條等產量曲線，代表不同的產量，而 I ＜ II ＜ III ＜ IV，亦有若干根不同的等成本線，吾人假定此兩種生產因素的價格不變，則此諸等成本線必互相平行，而 $L_1 < L_2 < L_3 < L_4$。每一根等產量曲線必與某一根等成本線相切，在圖 6-7 中，其切點分別為 $P_1, P_2, P_3, P_4 \cdots \cdots$ 等，吾人將此諸切點，連成一條曲線，此曲線必由原點引出，因若產量為零時，不僅成本支出為零，而對此兩種生產因素的僱用量亦均必為零也。其次此曲線必向右上方延伸，表示隨產量的增加，對成本的支出須增加，而對此兩種生產因素的使用量亦必逐漸增加也，此一曲線可稱為生產計劃線 (scale line or planning curve)。

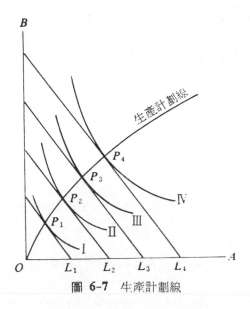

圖 6-7　生產計劃線

十一、替換效果

上節吾人係假定生產因素的價格不變，而產量改變所發生的影響。現在進一步若生產者的產量不變，而某一生產因素的價格發生變化，則生產者對生產因素的僱用量將發生何種影響？如圖 6-8 中，設固定之等產量曲線爲 I，原來之等成本線爲 MN，均衡點爲 P，故生產者爲生產曲線 I 所代表的產量，須僱用 OD 單位的 A 及 OE 單位的 B。今設 B 的價格不變，而 A 的價格降低，則生產者如仍然支出原來的成本，對 B 的購買量雖不變，對 A 的購買量則由 ON 增至 ON'，換言之，等成本線反時鐘方向旋轉，不再與曲線 I 切於一點，而爲相交於兩點，可能與另一更高的等產量曲線 II 相切於一點。換言之，以原來的貨幣支出，生產者此時可生產更多的數量，這一結果，吾人可稱爲產量效果（output effect）。但上面吾人假定，生產者的產量不變，仍將生產曲線 I 所代表

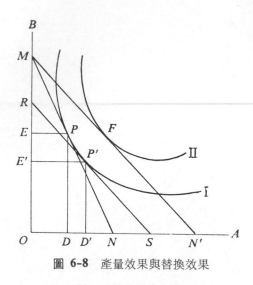

圖 6-8　產量效果與替換效果

的產量。顯然由於 A 的價格下跌，生產者已不須支出原來的成本，而可以降低成本。此時吾人可想像等成本線 *MN'* 向左下方平行移動，移動到 *RS* 的位置，此時再度與曲線 I 相切，其切點 *P'* 可決定生產因素相對價格變化後對此兩種生產因素的僱用量。由 *P'* 點可看出，A 的僱用量由 *OD* 增至 *OD'*，而 B 的僱用量則由 *OE* 減至 *OE'*，換言之，由於 A 的相對價格下跌，故對 A 的僱用量增加，B 的相對價格上漲，故對 B 的僱用量減少。此種以跌價的生產因素代替未跌價的生產因素，可稱爲替換效果 (substitution effect)。

十二、Cobb–Douglas 生產函數

現代在實際應用上最常用的，包含兩種生產因素一種產品的生產函數，爲 Cobb–Douglas 生產函數。此一函數乃由數學家 Cobb 及經濟學家 Douglas 於 1928 年所首先提出，因這種形態的生產函數，在應用上

非常方便，故為一般研究人員所樂於採用，此一函數之最簡單之形式如下：

$$Q = AK^\alpha L^\beta \tag{6-9}$$

式中 Q 表出產量，K 表資本使用量，L 表勞動使用量，A、α 及 β 均表固定常數，其數值可由實際統計資料估計出。此函數雖為指數函數的形態，但在統計的處理時，很容易化成普通的一次函數的形態。因吾人若就此式兩端取對數，則得

$$\log Q = \log A + \alpha \log K + \beta \log L \tag{6-10}$$

由實際的統計資料，吾人若能獲知 Q、K 及 L 的數值，即可估計出 A、α 及 β 的數值。

此一生產函數還可以表示生產因素的產量彈性 (output elasticity) 固定的特質。所謂生產因素的產量彈性，即生產量的變化對生產因素數量變化的敏感性，其彈性係數的公式如下：

$$E_K = \frac{\partial Q}{\partial K} \cdot \frac{K}{Q} \tag{6-11}$$

$$E_L = \frac{\partial Q}{\partial L} \cdot \frac{L}{Q} \tag{6-12}$$

E_K 為資本的產量彈性，E_L 為勞動的產量彈性，由生產函數，可計算其彈性係數如下：

因 　　　$\dfrac{\partial Q}{\partial K} = A\alpha K^{\alpha-1} L^\beta$

　　　$\dfrac{\partial Q}{\partial L} = A\beta K^\alpha L^{\beta-1}$

故 　　　$E_K = A\alpha K^{\alpha-1} L^\beta \cdot \dfrac{K}{AK^\alpha L^\beta} = \alpha \tag{6-13}$

　　　$E_L = A\beta K^\alpha L^{\beta-1} \cdot \dfrac{L}{AK^\alpha L^\beta} = \beta \tag{6-14}$

顯然，資本的產量彈性係數等於 α ，勞動的產量彈性係數等於 β ，因 α 、β 均爲固定常數，故 Cobb-Douglas 生產函數，其生產因素的產量彈性均固定不變。

其次由指數 α 、β 的數值，且可確定生產的規模報酬爲遞增、固定，還是遞減。所謂遞增的規模報酬，即如果所有生產因素按相同比例增加，而產量增加的比例大於生產因素增加的比例。固定的規模報酬即產量增加的比例等於生產因素增加的比例。而遞減的規模報酬，即產量增加的比例小於生產因素增加的比例。由 Cobb-Douglas 生產函數，如 $\alpha+\beta>1$，則爲遞增的規模報酬；如 $\alpha+\beta=1$，則爲固定的規模報酬；爲 $\alpha+\beta<1$，則爲遞減的規模報酬。茲證明如下：

令 $\gamma>1$，γ 表示原來的數量加一定的百分比，在公式中將 K 及 L 同乘以 γ，則

$$A(\gamma K)^{\alpha}(\gamma L)^{\beta}=\gamma^{\alpha+\beta}AK^{\alpha}L^{\beta}=\gamma^{\alpha+\beta}\cdot Q$$

顯然，如　　$\alpha+\beta>1$，　　則　　$\gamma^{\alpha+\beta}\cdot Q>\gamma\cdot Q$

此爲遞增的規模報酬

如　　$\alpha+\beta=1$，　　則　　$\gamma^{\alpha+\beta}\cdot Q=\gamma\cdot Q$

此爲固定的規模報酬

如　　$\alpha+\beta<1$，　　則　　$\gamma^{\alpha+\beta}\cdot Q<\gamma\cdot Q$

此爲遞減的規模報酬

因爲 Cobb-Douglas 生產函數具有此種特性，故一般在應用時，多假定 $\alpha+\beta=1$，即假定其爲固定的規模報酬，此時此一函數即可寫爲下列形態：

$$Q=AK^{\alpha}L^{1-\alpha} \tag{6-15}$$

此一生產函數稱爲一次齊次生產函數 (linear homogeneous production function)。

十三、生產轉換曲線 (product transformation curve)

在等產量曲線的分析中，係假定兩種生產因素，生產一種產品，由此一分析，可求出生產某一特定產量時的最小成本組合。玆再分析另一可能情況，即假定只有一種生產因素，而可以生產兩種產品。例如任何一國家，在短期間其可能使用的經濟資源的數量可視爲固定，但此項資源可用來生產消費財，亦可用來生產資本財，如果生產的消費財多，則所能生產的資本財便少。此一情況的生產函數可寫爲下列形態：

$$a = f(X_1, X_2) \qquad\qquad (6\text{-}16)$$

a 表示生產因素的數量，X_1 及 X_2 分別表示兩種產品的數量。如果 a 固定，則在生產過程中，若 X_1 的數量增加，則 X_2 的數量必將減少，反之若 X_1 的數量減少，則 X_2 的數量可望增加。此一生產函數的關係，

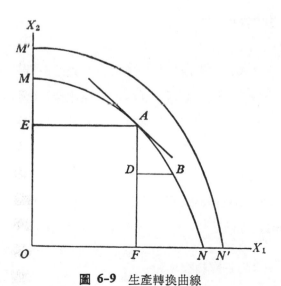

圖 6-9　生產轉換曲線

吾人亦可用圖形表示如下: 在圖 6-9 中，橫座標表 X_1，縱座標表 X_2，曲線 MN 即表示此一函數關係，此一曲線稱爲生產轉換曲線，或稱爲生產可能曲線 (production possibility curve)，ON 表示將全部生產因素不用於生產 X_2，而全部用來生產 X_1 所能生產的數量，OM 則表示全部生產因素不用於生產 X_1，而全部用於生產 X_2 所能生產的數量。曲線上的 A 點，則表示同時生產兩種產品。X_1 的產量爲 OF，而 X_2 的產量爲 OE，曲線上其他的各點，則表示各種可能的產量組合。

此一生產轉換曲線，亦具有若干種特性，如果生產技術不變，而生產因素的數量增加，或生產因素的數量雖未增加，但生產技術進步，則曲線將向外移動，如 $M'N'$，原則上，生產轉換曲線有無限多根數。其次生產轉換曲線雖有無限多根數，但沒有任何兩根生產轉換曲線可以相交，因爲如果相交的話，則可能表示兩種意義，第一，其交點表示在同一技術水準下，不同的生產因素數量，生產同一數量的兩種產品。第二，其交點亦可能表示，在不同技術水準下，同一生產因素的數量，生產同一數量的兩種產品，顯然這兩種情況，都有內在的矛盾，因此生產轉換曲線不可能相交。

由生產轉換曲線，如果增加某一種財貨生產的數量，則另一種財貨的生產量必然會減少。例如在圖 6-9 中，若原來產量的組合點爲 A，即 X_1 的生產量爲 OF 單位，而 X_2 的生產量爲 OE 單位，今增加第一種財貨的生產量，如由 A 點移向 B 點，則其產量增加 DB 單位，同時第二種財貨的產量則將減少 AD 單位，今以後者的減少量除以前者的增加量而求其比值，則此一比值稱爲此兩種財貨的邊際轉換率 (marginal rate of transformation)，亦即

$$MRT（邊際轉換率）= \frac{AD}{DB} \qquad (6\text{--}17)$$

對此邊際轉換率，吾人不考慮其符號，僅注意其絕對值。由圖 6-9，吾人並可看出，若 *DB* 的數值甚小，則 *AD* 的數值亦將甚小，換言之 *B* 點將向 *A* 點移動，當兩者變動的數量趨近於零時，*B* 點即與 *A* 點重合，而邊際轉換率即趨近於 *A* 點所畫切線之斜率，或 *A* 點本身之斜率。因此為分析的方便起見，吾人將曲線上任何一點之斜率，當作該一產量組合點的邊際轉換率。

在圖形中，吾人若由 *M* 點逐漸沿著曲線向下移動，亦即吾人若繼續增加第一種財貨的產量，由曲線的形態可以看出，邊際轉換率有不斷增加的趨勢，此一現象吾人稱為邊際轉換遞增法則，亦即若生產資源或生產因素的數量不變，在所生產的兩種財貨中，若吾人增加其中一種財貨的生產量，則此一財貨對另一財貨的邊際轉換率，有逐漸增加的趨勢。

十四、等收益線 (iso-revenue line)

僅由生產轉換曲線，生產者並不能決定其最有利的生產組合點。要解決此一問題，必須進一步能知道此兩種財貨的市場價格。今設此兩種財貨的市場價格分別為 p_1 及 p_2，並且假定此生產者在財貨市場為　完全競爭的銷售者，其銷售量的大小不會影響市場價格，市場價格由市場供需關係所決定，因此對於此一銷售者言，為一固定常數。根據此固定的市場價格，吾人即可決定對於一定的銷售量，此生產者所能獲得的總收益，以公式表示之，此生產者的總收益函數如下：

$$R = p_1 x_1 + p_2 x_2 \qquad\qquad (6\text{-}18)$$

x_1 及 x_2 分別代表此兩種財貨的銷售量，$p_1 x_1$ 及 $p_2 x_2$ 則分別代表由此兩種財貨所獲得之收益，而 R 則代表總收益。因 p_1 及 p_2 為固定常數，顯然如果 x_1 或 x_2，或兩者皆增加，則此生產者的總收益必然增加。現在

若吾人假定生產者希望獲得某一固定的總收益 R^0, 則總收益函數便為

$$R^0 = p_1 x_1 + p_2 x_2$$

此函數為 x_1 及 x_2 的一次函數, 吾人若以幾何圖形表示之, 便是圖 6-10 中的 ST 直線, 此直線與價格線的形態及性質頗為相似, 此直線吾人稱為等收益線, 因線上各點所代表的兩種財貨的組合量, 銷售後均能獲得相同之總收益也。等收益線的斜率亦等於此兩種財貨價格比率的絕對值, 亦即

$$等收益線的斜率 = \frac{p_1}{p_2} \tag{6-19}$$

等收益線不止一根, 如想獲得較大的收益, 則必須增加銷售量, 等收益線必然會向右上方移動, 相反的對於較低的收益, 等收益線必向左下方移動。由於此兩種財貨的價格固定不變, 因此所有不同的等收益線必互相平行。在圖 6-10 中, 吾人畫出了三條等收益線, 分別代表三種不同的收益 R^0, R^1, R^2 而 $R^0 < R^1 < R^2$。

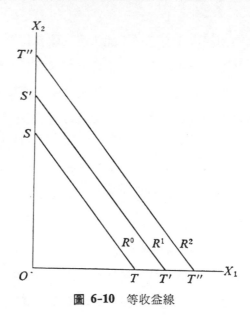

圖 6-10 等收益線

十五、最大總收益生產組合點

生產者在生產資源固定的條件下，爲決定其最大總收益的生產組合點，必須合生產轉換曲線及等收益線而共同考慮之。在圖 6-11 中，設生產者的生產轉換曲線爲 MN，在同一圖形上，吾人同時畫出三條等收益線 R^0, R^1, R^2，而 $R^0 < R^1 < R^2$。其中 R^2 線不與生產轉換曲線相交，表示以生產者所持有的生產資源的數量，無法生產出足夠的財貨數量，而獲得 R^2 的總收益。等收益線 R^0 則位於生產轉換線之左，或至少會與生產轉換線相交於兩點，表示生產者能夠生產出足夠的財貨，而獲得 R^0 的總收益，但顯然此總收益不是最大。生產者爲增加其總收益，等收益線還可以向右移動。而等收益線 R^1 則剛好與生產轉換曲線相切於

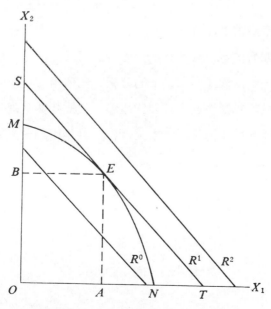

圖 **6-11**　最大總收益生產組合點

一點 E，顯然此一收益爲生產者所能獲得之最大總收益。因生產者若以
E 點所代表的財貨生產量，卽 OA 單位的 x_1 財貨，與 OB 單位的 x_2 財
貨，出售於市場，卽能獲得 R^1 的總收益也。由 E 點吾人可以決定最大
總收益生產組合點的均衡條件。因 E 點在生產轉換線上，故其斜率代表
邊際轉換率，同時 E 點亦在等收益線上，其斜率則等於此兩種財貨價格
之比。因此在 E 點，此二斜率必須相等，亦卽

$$MRT = \frac{p_1}{p_2} \tag{6-20}$$

表示此兩種財貨，在生產過程中的技術轉換率，等於市場上的交換比
也。

十六、多種生產因素的情況

如果在生產函數中，各種生產因素均可變動，則生產者對各種生產
因素的僱用量如何決定？吾人假定生產者之產量爲固定，而各種生產因
素的價格亦爲固定，依據本章以上的分析，任何兩種生產因素之間，其
邊際實物生產量對其價格之比必須皆相等，依據此種兩兩相等的關係，
吾人可獲得生產者爲達到最低成本組合，對各生產因素之僱用必須合於
下面的條件，卽

$$\frac{MPP_a}{p_a} = \frac{MPP_b}{p_b} = \frac{MPP_c}{p_c} = \cdots\cdots = \frac{MPP_n}{p_n} \tag{6-21}$$

十七、摘　要

凡能增加或創造效用的人類活動謂之生產。在生產過程中能幫助生

產的各種手段，稱為生產因素，主要的生產因素有三，即勞動、土地與資本。

　　產品的出產量與所使用的生產因素的數量之間，常有一定的技術關係存在，將此種關係以函數的形態表示之，即稱為生產函數。生產函數常具有三種基本的性質：（1）產量是生產因素的增函數。（2）各生產因素之間，在適當範圍內，可能有相當的替換性。（3）各種生產因素之間亦有相當的輔助性或合作性。

　　若生產技術不變，並且除一種生產因素外，其他的生產因素的數量亦保持不變，則當變動的生產因素的使用量達到某一水準後，其邊際實物生產量隨生產因素使用量的增加有逐漸遞減的趨勢，此一現象稱為生產因素的報酬遞減法則。

　　若變動兩種生產因素的使用量，而產量保持不變，則此兩種生產因素各種可能組合所形成的曲線稱為等產量曲線。等產量曲線的性質大體上與無異曲線非常相似。由等產量曲線與等成本線，可決定為生產某一特定產量，生產因素的最低成本組合。

　　現在最常用的包含兩種生產因素的生產函數為 Cobb-Douglas 生產函數。

　　若生產因素的數量固定，而可以生產兩種不同的產品，則此兩種產品各種可能出產量的組合所形成的曲線，稱為生產轉換曲線，或生產可能曲線。在生產可能曲線上若增加一種產品的出產量，則另一種產品的出產量必然會減少，則後者變動的數量對前者變動量的比值，稱為邊際轉換率，一般的若某一產品的數量繼續增加時，其對另一種產品的邊際轉換率有遞增的趨勢，此現象稱為邊際轉換率遞增法則。

　　由生產轉換曲線及生產者的等收益線，可決定生產者為獲得最大收益，此兩種產品的最適組合量。亦即等收益線與生產轉換曲線的切點所決定的數量，能使生產者的總收益爲最大。

重要概念與名詞

生產因素	Cobb-Douglas 生產函數
生產函數	產量彈性
報酬遞減法則	規模報酬
平均實物生產量	一次齊次生產函數
邊際實物生產量	生產轉換曲線
等產量曲線	邊際轉換率及邊際轉換遞增法則
等成本線	產量效果
生產計劃線	等收益線

附錄　線型模型

在生產函數理論中，吾人爲討論使用兩種生產因素生產一種產品的情況，曾應用等產量分析法。在這一分析法中吾人假定，這兩種生產因素能以很小的單位分割而互相替換，換言之，爲生產一定的出產量，可能有無限多生產因素的組合法達到這一目的，因此任何一根等產量曲線，均是一根平滑的曲線。但是在實際的生產活動中，由於技術條件的限制，生產因素之間往往具有某種技術的不可分性，爲生產某種產品，往往僅有有限的幾種生產因素的組合方法，能達到目的。例如在圖6A-1中，兩個座標分別表示兩種不同的生產因素，設橫座標表示資本，以 K 表示，縱座標表示勞動量，以 L 表示。假定爲生產一百單位的產品，僅有四種方法，第一種方法是勞動密集的方法，即可多用勞動，少用資

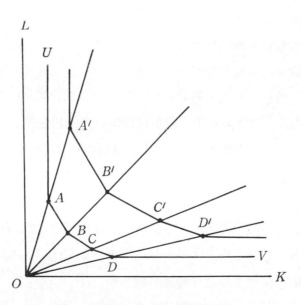

圖 6A-1　等產量線

本，圖形中吾人以 A 點表示。第二種方法則爲資本密集的方法，卽多用資本，少用勞動，圖形中吾人以 D 點表示。其餘兩種方法，則介於前述兩種方法之間，吾人以 B 點及 C 點表示。B 點所代表的方法，表示爲生產一百單位，所用的勞動量雖較 A 點爲少，但仍較 C 點爲多。所用的資本量雖較 A 點爲多，但仍較 C 點爲少。至於 C 點所代表的生產方法，則勞動的使用量較 D 點爲多，較 B 點爲少，資本的使用量則較 D 點爲少，而較 B 點爲多。如果生產方法僅有這四種，顯然只有四個點可以表示，吾人無從畫出一根平滑的等產量曲線。不過爲分析的方便起見，吾人仍可將各點以直線連接，而成一 $ABCD$ 折線，雖然在此折線上，除 A、B、C、D 四點以外，其他的點不代表任何實際的組合，吾人仍可將其視爲一等產量線。爲使此一等產量線的意義完整起見，在 A、D 點以外，吾人畫兩根與兩座標相平行的線，而全部等產量曲線卽可用 $UABCDV$ 表示之。

因爲生產方法僅有有限的四種，如果生產者的產量改變，當然也只有這四種方法可以生產。如果採用 A 點所代表的方法生產時，其所需的生產因素的數量，可能要按同一比例增加，例如爲生產兩百單位，則所需資本與勞的數量，必爲 A 點的兩倍，吾人可找到一點 A' 來表示，圖中 $OA'=2OA$。同樣如採用 B 點所代表的生產方法生產，則所需資本與勞動的數量亦必爲 B 點的兩倍，吾人可找到一點 B' 表示，同樣 $OB'=2OB$。採用 C 點及 D 點所代表的方法生產時，吾人則可找到 C' 點及 D' 點，而 $OC'=2OC$，$OD'=2OD$，將 A'、B'、C'、D' 四點連接，可得另一條等產量線 $A'B'C'D'$，此一等產量線卽代表產量爲兩百單位時的等產量線，每一線段必與 $ABCD$ 線的對應線段相平行。其他的等產量線可依此類推，原則上等產量線亦有無限多。

吾人如果將採用 A 點所代表的生產方法的各等產量線上有關的點相

連接，則可得一 OAA' 直線，此直線上各點代表採用該種方法的各種產
量，原則上為一由原點所引出之射線，此直線可稱為 A 種生產活動線。
同樣吾人可引申出 B 種生產活動線 OBB'，C 種生產活動線 OCC' 等。
每一直線均代表一不同的生產活動，即不同的生產方法。

　　假定生產因素的市場價格為固定，則生產者為生產一定的產量，為
使成本支出為最低，生產者究竟採取那一種生產方法或活動？因為生產

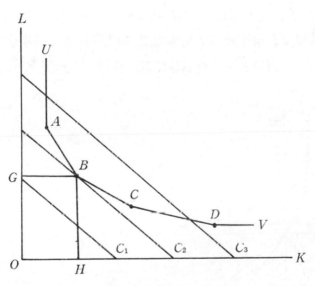

圖 6A-2　最小成本組合

因素的價格固定，吾人可畫出等成本線，等成本線的斜率仍然等於此
兩種生產因素的價格之比。吾人若將等成本線與等產量線畫在同一圖形
內，則可決定生產者為求成本支出為最小，究竟採取那一種生產方法。
例如在圖6A-2中，$UABCDV$ 代表一定的等產量線，吾人同時畫出三根
等成本線 C_1、C_2、C_3，而 $C_1 < C_2 < C_3$。C_1 線不與等產量線相交，顯然表
示 C_1 所代表的成本支出，不足以生產出此一產量。C_3 線與等產量線相
交，C_3 所代表的成本支出，能夠生產出此一產量，但 C_3 的成本顯然不

是最低。生產者希望在所有的等成本線中，找出一最低者，顯然 C_2 合乎此一條件，因為 C_2 線與等產量線僅相交於一點 B，由 B 點生產者一定採用 B 種生產方法從事生產，因其能使成本為最低。以 B 種方法從事生產時，生產者使用 OH 單位的資本，OG 單位的勞動。

如果此兩種生產因素的相對價格發生變化，例如資本的價格降低，而勞動的價格上漲，則對生產者的成本支出及所採用的生產方法將產生何種變化？例如在圖 6A-3 中，原來的等成本線為 C_2，與等產量線交於 B 點，故生產者採用 B 種生產方法從事生產。如果現在資本的價格下跌，而勞動的價格上漲，則等成本線的斜率降低，在所有價格變化後的等成本

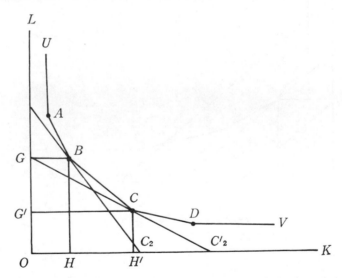

圖 6A-3　最小成本組合的變動

線中，可能有一根 C'_2，與等產量線交於 C 點，C'_2 所代表的成本支出，可能不等於 C_2，或小於 C_2，或大於 C_2，視相對價格變化的幅度而定。但當價格變化以後，生產者一定改以 C 種方法從事生產。如果他仍採用 B 種方法從事生產，其成本支出必比 C'_2 為高，而採用 C 種方法從事生

產，其成本則為 C'_2。由這一變化吾人可看出，當生產因素的相對價格發生變化時，一定會出現替換作用，生產者必多用價格相對降低的生產因素，而減少使用相對價格上漲的生產因素。在本例中，由於資本的相對價格降低，故對資本的使用量由 OH 增至 OH'，而勞動的相對價格上漲，故對勞動的使用量，則由 OG 減少為 OG'。

由於生產因素價格的變化，無論生產者採用 B 種生產方法，還是 C 種方法從事生產，　在本章中所提出的最低成本組合的準則，　卽生產因素的邊際技術替換率，　等於生產因素價格之比，　在此不能適用。因為 $UABCDV$ 為一折線，B 及 C 點均為一拗折點，無斜率存在，故生產因素的邊際技術替換率沒有意義。事實上不同的生產方法，生產因素組合的比例是固定的，相互替換的關係是非連續的，故邊際分析中的若干邊際概念，在此種線型模型中便不再適用。但數學可以證明，在 B 點的最低成本組合點，生產因素組合的比例必等於兩生產因素價格的反比。

如果生產因素相對價格的變化，使最低等成本線與等產量線中的某一線段相重合，則生產者將採取何種生產方法？如在圖6A-4中，等成本線 C_1 與 BC 線段相重合，此時生產者不論採用 B 點所代表的生產方法，還是採用 C 點所代表的生產方法，從事生產，其成本支出均屬相等。事實上生產者亦可將一部分產量用 B 生產方法生產，而將另一部分用 C 生產方法生產，其成本仍屬相同。例如在圖6A-4中，於 BC 線上吾人找到任意一點 H，由 H 畫 OB 及 OC 的平行線，各與 OB 及 OC 相交於 G 及 J 點。因 $OGHJ$ 為平行四邊形，由向量 (Vector) 原理，OG 加 OJ 等於 OH，H 點所代表的產量與 B 點及 C 點所代表的產量相同，因此生產者如果用 B 點所代表的生產方法，生產 G 點所代表的產量，而以 C 點所代表的生產方法，生產 J 點所代表的產量，則此兩種產量之和，必等於 H 點所代表的產量，亦卽等於 B 點及 C 點所代表的產量。至於所使用生產

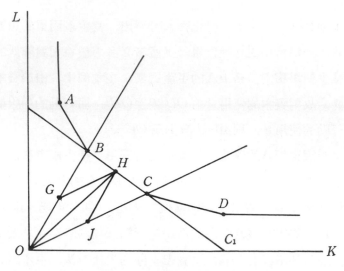

圖 6A-4　無限多最小成本組合

因素的數量，則界於 B、C 之間，即其對勞動的使用量，比 C 點所使用者為多，但比 B 點所使用者為少。其對資本的使用量，比 B 點所使用者為多，但比 C 點所使用者為少。至於同時使用這兩種方法，每種方法各生產多少，則有無限多組合的可能，實際仍看生產者所能掌握的這兩種生產因素的數量而定。

　　類似的分析法亦可使用於生產轉換線的分析，這種分析的方法稱為線型規畫法 (Liner programming)。

第七章　成本結構

　　上一章係假定生產者的產量爲一定，研究其爲達到最低成本組合，應如何僱用各種生產因素。本章吾人將進一步研究，當生產者的產量發生變動時，其成本結構如何變化。

一、機會成本 (opportunity cost, or alternative cost)

　　爲了解成本的意義及其結構，吾人首先須了解機會成本的意義。所謂生產某種財貨的機會成本，即爲了生產此種財貨設爲 x，必須使用生產因素，生產因素旣用於生產 x 財貨，即不能同時用以生產其他財貨，如 y，或 z，因此，由於生產 x，而不得不減少生產的其他財貨如 y、z 的數量，即生產 x 財貨的機會成本。例如在同一塊土地上，使用一定量的資本與勞動，吾人可以生產稻米，亦可生產甘蔗香蕉等物。但吾人比較生產各種財貨之利益，仍以生產稻米爲最合算，因生產稻米，可獲得一萬公斤的收穫，其次則以生產甘蔗爲有利，可生產甘蔗三萬公斤，若吾人決定用以生產稻米，則生產此一萬公斤稻米的機會成本，即爲三萬公斤甘蔗。因此某一財貨的機會成本，乃是以他種財貨表示的。

上述機會成本的意義，比較抽象，而且難於作數量的分析，故經濟學上的機會成本亦可作另一種解釋。因爲吾人旣經生產 x 而未生產 y 或 z 財貨，卽表示吾人能將生產因素保留在 x 財貨的生產之中，因爲吾人對其支付了報酬。這種爲了將生產因素保留於 x 的生產之中而不得不支付的報酬，卽生產 x 的機會成本。這種機會成本因爲是以貨幣表示，亦可稱之爲貨幣成本。

二、短期與長期

爲分析生產者的成本結構，吾人必須考慮時間因素，因而成本結構可分爲短期成本結構與長期成本結構兩種。所謂短期，卽所考慮的期間較短，生產者無充足的時間可改變其生產規模或生產設備。若市場對其產品的需求增加，生產者僅能就現有的生產規模，增加勞動或原料等以增加生產，無法擴充設備。反之，如果市場需求情況黯淡，除非他將之廉價變賣，生產者亦無法使其設備完全折舊罄盡，以便退出生產。所謂長期，卽所包含的時間較長，生產者有充裕的時間，變更其生產規模以適應市場的需求。例如當市場需求增加，生產者認爲此非偶然的臨時現象，而爲永久的經常的現象，則生產者一方面固然可以增加設備的運轉率，增加勞動的僱用，增加原料等以增加生產；另一方面還可以增建廠房，擴充設備以提高生產，適應市場需求。反之，若市場情況黯淡，而生產者認爲非一時現象而爲永久現象時，生產者則可逐漸讓機器損耗，而不替換，收回折舊資金，完全退出生產，或縮小生產規模。

當然長期與短期之間，並無截然劃分的界限，不能說在若干年之內卽爲短期，若干年過一天卽爲長期。長期與短期所包含的時間，視各生產事業的性質而有不同。若干生產事業，變更生產規模所需要的時間甚

長，而另有若干生產事業變更生產規模所需要的時間較短，因此在有些
生產事業中三年即為長期，而在另一些生產事業中，五年仍為短期。例
如普通紡織廠，一二年即可改變生產規模，而略有規模的鋼鐵廠，則須
三五年始能改變生產規模，至於多目標的水利計劃、大規模的水壩也許
須十年以上始能完成或改變。然而不管各業之間的差異如何，長期與短
期分析的差異，即在生產規模視為可變抑視為固定，若視為可變，即為
長期分析，若視為固定，即為短期分析。

三、短期成本結構

在短期觀點的分析之中，因為生產規模視為固定，亦即若干生產因
素的數量固定不變，因此有若干成本支出，亦固定不變，不因產量的
變化而變化。當產量增加時，此種成本支出，固然不會增加，而當市場
黯淡，產量不得不減少，甚而不得不暫時停止生產時，此種成本，仍須
支出。這種短期內不因產量變化而變化的成本項目，吾人稱為固定成本
(fixed cost)。例如廠房的折舊、地租、一部分管理費用、長期貸款的利
息負擔、一部分租稅等均屬之。廠房設備，不論使用與否，皆須折舊，
即不使用，亦會生銹損毀而須不時修理，甚而因新設備之出現而落伍。
地租支出為契約性的支出，在生產事業成立以前，即須約定支付。至於
高級人員的薪俸，如董事長、經理、監工等，以及一部分經常性的事務
費用，皆屬管理費用的範圍，也不會因產量的變化而變化。不論生產與
否，總經理、董事長總須保留的，因此其薪俸也必須支出。至於長期性
的貸款，如公司債等，則是為建立生產設備而產生，時期多在兩年以
上，亦是一種契約性的支出，不論產量多少，或是否生產，皆須支出，
此數項費用均可列入固定成本之中。至於除此以外的其他費用，如原料

費用、勞動費用、動力費用、短期貸款的利息等，皆隨產量的變化而變化。當產量增加時，此項支出亦增，產量減少時，此項支出亦少，而當生產暫時停止時，此種成本支出亦可停止。因而這種隨產量變化而變化的成本支出，吾人可稱爲可變成本。

依據固定成本與可變成本的劃分，短期成本結構包括下列幾種成本概念：

（一）**固定總成本**（total fixed cost, TFC）。即短期分析中固定成本支出總額。在短期中爲一固定數值。

（二）**可變總成本**（total variable cost, TVC）。即短期分析中爲生產一定產量可變成本總額，此數值隨產量的變化而變化。

（三）**總成本**（total cost, TC）。即短期分析中生產一定產量固定總成本與可變總成本之總和，即

$$TC = TFC + TVC$$

（四）**平均固定成本**（average fixed cost, AFC）。即短期中平均每一產品單位所分攤的固定成本數額，亦即固定總成本與生產量之商數，即

$$AFC = \frac{TFC}{Q}$$

（五）**平均可變成本**（average variable cost, AVC）。即短期中平均每一產品單位所分攤的可變成本數額，亦即可變總成本與生產量之商數，即

$$AVC = TVC/Q$$

（六）**平均單位成本或平均總成本**（average unit cost, or average total cost, AC）。即短期中平均每一產品單位所分攤的固定成本與可變

成本之總和，亦卽平均固定成本與平均可變成本之和，卽

$$AC = \frac{ATC}{Q} \quad \text{或} \quad AC = AFC + AVC$$

（七）邊際成本 (marginal cost, MC)。卽短期中生產量每增加一單位時，總成本所增加的數量，卽

$$MC_n = TC_n - TC_{n-1} \quad \text{或} \quad MC = \frac{d(TC)}{dQ}$$

以上各種成本的概念，可由下表以數字說明：

表 7-1 短期成本結構

(1) Q	(2) TFC	(3) TVC	(4) = (2)+(3) TC	(5) = (2)÷(1) AFC	(6) = (3)÷(1) AVC	(7) = (5)+(6) AC	(8) MC
0	30	0	30	∞	0	∞	0
1	30	17	47	30	17	47	17
2	30	30.4	60.4	15	15.2	30.2	13.4
3	30	41.4	71.4	10	13.8	23.8	11.0
4	30	50.4	80.4	7.5	12.6	20.1	9.0
5	30	58.2	88.2	6	11.64	17.64	7.8
6	30	65.4	95.4	5	10.9	15.9	7.2
7	30	72.6	102.6	4.3	10.37	14.67	7.2
8	30	80.4	110.4	3.75	10.05	13.8	7.8
9	30	88.8	118.8	3.33	9.87	13.20	8.4
10	30	98.4	128.4	3	9.84	12.84	9.6
11	30	109.4	139.4	2.73	9.95	12.68	11.0
12	30	122.0	152.4	2.5	10.17	12.67	12.6
13	30	136.6	166.6	2.3	10.50	12.80	14.6
14	30	154.1	184.1	2.1	11.0	13.10	17.5
15	30	177.3	207.3	2.00	11.8	13.80	23.2
16	30	205.3	235.3	1.87	12.8	14.67	28

　　上表中，第 (1) 縱行表生產量。第 (2) 縱行表固定總成本，因短期中固定總成本不變，故不論產量爲零抑爲 16，固定總成本均等於 30。第 (3) 縱行爲可變總成本，此一成本項目隨產量之增加而增加，故產量爲零時，可變總成本亦爲零，但當產量爲正時，則逐漸增加。第 (4) 縱行爲總成本，即固定總成本與可變總成本之和，亦即 (2) + (3)。第 (5) 縱行則爲平均固定成本，實即 (2) ÷ (1)，即固定總成本除以產量，因固定總成本爲固定，故產量愈多，每一產品單位所分攤的數值即小。若產量僅爲一單位，則此一單位即須負擔全部固定總成本，但如產量爲十五單位，則每單位僅須負擔固定總成本二單位。第 (6) 縱行爲平均可變成本，即可變總成本除以產量。由這一縱行數值之變化，可看出平均可變成本先遞減，到達一最低點後再遞增。在本例中，約生產到第十單位時，平均可變成本爲最小。第 (7) 縱行爲平均單位成本，即平均固定成本與平均可變成本之和。由本表亦可看出，平均單位成本最初亦遞減，減至一最小值後又遞增，亦呈一U字形。在本表中約生產至第十二單位時，平均單位成本爲最低。平均單位成本爲最小時之生產量大於平均可變成本爲最小時之生產量，亦即平均可變成本已開始遞增時，平均單位成本仍在遞減。此中原因乃由於平均單位成本除包含平均可變成本外，尚包含平均固定成本。因平均固定成本繼續遞減，當平均可變成本已開始遞增時，其增加的影響爲平均固定成本減少的影響所抵消，故平均單位成本仍能繼續減少。但是這種抵消的影響由於產量較高時，每一產品單位所分攤的平均固定成本的數量已經很少，縱然其仍隨產量之增加而仍在遞減，但其遞減的程度已微不足道，故平均單位成本最後由於平均可變成本已開始增加的關係，亦開始遞增。第 (8) 縱行則表示邊際成本，即總產量增加一單位時，總成本的增量。同時因爲固定成本不變，邊際成本亦是總產量增加一單位時，可變總成本的增量。例如總產量由十單位增加到十一單位時，總成本由 128.4 增至 139.4，故第十一單位的邊際成本， 即 $MC = 139.4 - 128.4 = 11.0$ 。同樣其可變總成本亦由 98.4 增至 109.4，其邊際成本亦為 $109.4 - 98 = 11.0$ 。

　　以上各成本概念，亦可用圖形表示之，如圖 7-1 中，TFC 表示固定總成本，因其為一固定的常數，故為一平行於橫座標之一直線。TVC 為可變總成本，由原點引出，因產量若為零時，可變總成本亦為零也。TC 則為總成本，為固定總成本及可變總成本之和，換言之，其與 TVC 曲線之間的垂直距離，等於 TFC。

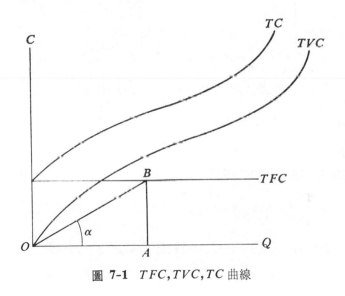

圖 **7-1**　TFC, TVC, TC 曲線

　　由此三曲線亦可分析其與其他成本之間的關係。例如吾人若需計算平均固定成本，因其等於固定總成本除以產量，在圖 7-1 中若生產量為 A 時之平均固定成本，即等於

$$\frac{BA}{OA} = \tan \alpha$$

而隨產量之增加，顯然可看出此數值愈來愈小，在圖 7-2 中即為 AFC

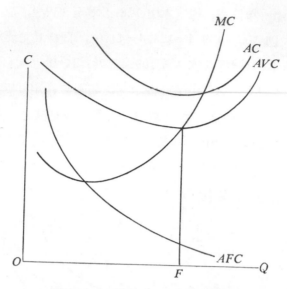

圖 7-2　*AFC, AVC, AC, MC* 曲線

線。同理，吾人若須求平均單位成本或平均可變成本，則可就 *TVC*，或 *TC* 曲線上的一點，求其縱座標對其橫座標數值之商卽可。如圖 7-3 中，求產量爲 *OD* 時的平均可變成本，卽等於

$$\frac{ED}{OD} = \tan \beta$$

由圖形中並可看出平均可變成本最初隨產量之增加而遞減，因 β 角逐漸變小，待減至一最小值時，如圖 7-3 中之 *OF* 產量，產量如再增加，則平均可變成本又增。關於平均可變成本之形態，如圖 7-2 中之 *AVC* 曲線，其最低點卽對應於 *OF* 的產量。至於平均單位成本，亦可以同樣方法求出。不過此時是由 *TC* 曲線上的一點以其縱座標除以其橫座標而得之。平均單位成本之變化亦爲先遞減，然後遞增。在圖 7-3 中其最低點相當於 *OH* 的產量，在圖 7-2 中，卽爲 *AC* 曲線。至於邊際成本的變化，則可視 *TVC* 曲線或 *TC* 曲線斜率之變化而得之。例如要計算產量

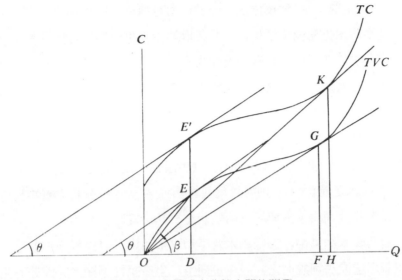

圖 7-3　各種成本曲線之間的關係

為 *OD* 時之邊際成本，或就 *TVC* 曲線上之 *E* 點，求其斜率，或就 *TC* 曲線上之 *E′* 點求其斜率均可。因在此二點所畫之切線互相平行，其與橫座標相交所成之傾角 θ 相等，因此其斜率即等於 tan θ，亦即邊際成本等於 tan θ。由圖 7-3 並可看出，邊際成本最初遞減，於到達一最低點後，又行遞增，並且當平均可變成本或平均單位成本為最低時，亦等於邊際成本。換言之，邊際成本曲線在平均可變成本曲線或平均單位成本曲線之最低點與之相交。如圖 7-3 中產量為 *OF* 時，平均可變成本為最低，而由 *G* 點所畫之切線又剛好通過原點，換言之 θ 角等於 β 角，因而邊際成本亦等於平均可變成本了。邊際成本與平均單位成本之關係，亦可依據此原則推定之。

　　圖 7-2 中吾人已將平均固定成本（*AFC*），平均可變成本（*AVC*），平均單位成本（*AC*）及邊際成本（*MC*）畫出，由此圖形，並可表示其相互之間的關係。首先 *AC* 與 *AVC* 之間的垂直距離即等於 *AFC*。因

依據 *AC* 定義， 平均單位成本等於平均可變成本與平均固定成本之和也。邊際成本先遞減後遞增，在其遞增階段先後與平均可變成本與平均單位成本的最低點相交。關於邊際成本與平均成本最低點相交之理由，亦可應用吾人前已解釋之原因說明之。卽邊際量小於平均量時，平均量遞減，邊際量大於平均量時，平均量遞增，邊際量等於平均量時，平均量不減不增，亦卽爲其最低點或最高點。因此邊際曲線若由平均曲線之下方與之相交， 必交於其最低點。 若由上方與之相交， 必交於其最高點。 在成本之變化中， 則交於最低點。 而在上章所分析之實物生產量中，邊際曲線則由上方與平均曲線相交於其最高點。

短期成本結構中，邊際成本及平均成本曲線何以爲 U 字形？這一點可以報酬遞減法則說明之。因在短期中，生產規模不變，亦卽若干生產因素的數量保持不變，最初當變動的生產因素數量甚少時，固定的生產因素效能不能充分發揮，故隨變動的生產因素數量的增加，其生產效能逐漸提高，而對變動的生產因素，卽表現出報酬遞增的現象，換言之，在邊際成本及平均成本的變化上，卽出現成本遞減的情形。等到變動的生產因素的數量已使用到相當程度以後，如再繼續增加，則固定不變的生產因素的數量又逐漸相對的減少，變動的生產因素既缺少固定的生產因素與之合作，遂表現出報酬遞減的現象，這在成本結構上，卽邊際成本及平均成本遞增。由以上的兩種變化，平均成本及邊際成本曲線遂成 U 字形的形態。

四、長期成本結構

以上所分析者爲生產者的短期成本結構，生產者因受生產規模的限制，有若干支出項目是固定的，不因產量的變動而變動，因而有所謂固定成本及可變成本之分。可是由短期分析進入長期分析時，因為在長期中，生產者不受固定生產規模的限制，可以隨市場需求概況而變更其生產規模，因而在長期中一切成本支出皆是可以變化的，亦即皆是隨產量的變動而變動，無所謂固定成本與可變成本之分。因此長期中生產者所關心的成本結構，是長期平均成本。吾人將進一步分析生產者長期平均成本將如何變化。

因為生產者考慮長期情況時，不受生產規模的限制，自將視市場需求的情況，決定自己的產量，並從而決定採取何種生產規模，因此也同時決定了其長期平均成本。此處吾人仍假定生產因素的價格不變，今為便於分析起見，假定生產者所得以採取的生產規模，僅有三種，即最小規模、中等規模及最大規模，其各種生產規模的短期平均成本曲線如圖 7-4 所示，$SRAC_1$ 表最小生產規模的平均成木曲線，$SRAC_2$ 表中間規模的平均成本曲線，而 $SRAC_3$ 則表最大生產規模的平均成本曲線。如

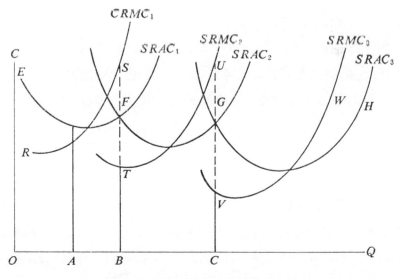

圖 7-4　長期平均成本曲線的引申㈠

果生產者預期市場未來需求情況，而決定其產量將爲 OA，則生產者必
將選擇最小的生產規模，因唯有最小的生產規模，能使其長期平均成本
爲最低，此時長期平均成本卽由 $SRAC_1$ 曲線表示之。但是如果生產者
預期市場未來需求情況，而決定其產量爲 OB 時，則此時生產者不論採
用最小的生產規模，抑採用中等的生產規模，其平均成本均相同。但如
生產者認爲其產量無必要大於 OB 時，則必將採取最小的生產規模，因
如其採用中間的生產規模，當生產量低於 OB 時，其平均成本甚高也。
但是如果生產者認爲其產量將大於 OB 而小於 OC 時，則必定採取中間
的生產規模，因產量如在 OB 及 OC 之間，唯有採取中間規模能使其平
均成本爲最低也。因爲如果生產者採取最小的生產規模，或最大的生產
規模，由 $SRAC_1$ 及 $SRAC_3$ 曲線，均可看出在 OB 及 OC 之間其平均
成本均較 $SRAC_2$ 曲線爲高，因此如產量大於 OB 而小於 OC，生產者
必選擇中間的生產規模。最後如果生產者預期市場需求情況而決定其產
量將大於 OC，則生產者必採取最大生產規模，因唯有採用最大生產規
模，其成本能保持最低，此時其平均成本曲線爲 $SRAC_3$，如果採取了
中間的生產規模，則產量大於 OC 時，其成本大於 $SRAC_3$ 而高出許多
也。因此由以上之分析，吾人可得此一結論，卽如果生產者的產量等於
或小於 OB，其長期平均成本曲線爲 EF，如果生產者的產量大於 OB 而
小於 OC，則其長期平均成本曲線爲 FG，如果生產者的產量大於 OC，
則其長期平均成本必爲 GH。總而言之，不論生產者的產量如何變化，
其長期平均成本的變化，必爲 $EFGH$ 曲線所示，故其長期平均成本曲
線，卽爲 $EFGH$ 曲線，這不是一條平滑的曲線，而是一條由短期平均
成本曲線相交之交點以下的部分所連結的曲線。因此當生產規模不能連
續以無限小的可分性變化時，其長期平均成本曲線爲一略帶圓鋸齒形的
曲線，如圖 7-4 所示。

　　生產者的長期平均成本曲線既經引申出，同樣吾人亦可引申出生產者的長期邊際成本。圖 7-4 中 $SRMC_1$、$SRMC_2$ 及 $SRMC_3$ 分別表示三種不同生產規模下的短期邊際成本曲線。今因長期平均成本曲線上的 EF 段，即是短期平均成本曲線 $SRAC_1$ 中的一段，故在 EF 範圍內的長期邊際成本曲線亦必與其短期邊際成本曲線相同。換言之，短期邊際成本曲線 RS，必同時為長期邊際成本曲線的一段。同理，長期平均成本曲線 FG 段，即是短期平均成本曲線 $SRAC_2$ 中的一段，故在此一範圍內的長期邊際成本亦必即是其短期邊際成本曲線，換言之，亦即 $SRMC_2$ 中的有關的一段 TU。同樣長期平均成本曲線 GH 段，即是短期平均成本曲線 $SRAC_3$ 中的一段，故在此一範圍內長期邊際成本即是其短期邊際成本曲線，亦即 $SRMC_3$ 中的 VW。今將以上三段合併觀察，則生產者的長期邊際成本曲線即為中間斷陷的 $RSTUVW$ 曲線。斷陷部分在圖形中以虛線表示之。

　　事實上，生產者所得選擇的生產規模不止三種，如果吾人假定生產規模可以連續的以無限小的單位變化，則生產者的長期平均成本曲線可如圖 7-5 所示。生產者的生產規模可有無限多的選擇，因此其短期平均成本曲線很多，將各短期平均成本曲線相交的交點以下的各部分連接起來，理論上雖仍是一不規則有圓鋸齒形的曲線，但當短期平均成本曲線甚多時，任何一短期平均成本曲線貢獻於長期平均成本曲線的僅是很小的一段，因此吾人可將其看作僅為一點，而此時長期平均成本曲線雖非短期平均成本曲線的包線 (Envelope)，但為分析的方便計，可近似的視為短期平均成本的包線，因此可將短期平均成本曲線看作僅與長期平均成本曲線切於一點。至於此時的長期邊際成本曲線，同樣因為每一短期邊際成本曲線貢獻於長期邊際成本曲線的僅有很短的一段，可近似的認為只有一點，將此各點連接起來，便成一平滑的長期邊際成本曲線，如

圖 7-5 中所示的 *LRMC* 曲線。長期邊際成本曲線與長期平均成本曲線之間的關係，亦如短期邊際成本曲線與短期平均成本曲線的關係一樣，在長期平均成本曲線的下方與長期平均成本曲線的最低點相交。亦卽長期邊際成本低於長期平均成本時，長期平均成本是遞減的，當長期邊際成本高於長期平均成本時，長期平均成本是遞增的。

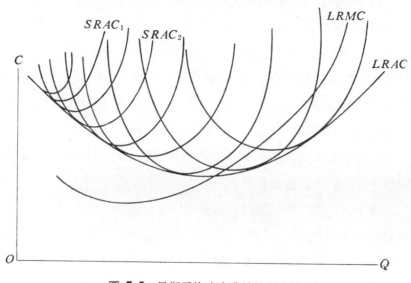

圖 7-5　長期平均成本曲線的引申㈡

五、長期平均成本的性質

以上吾人已將長期平均成本曲線與短期平均成本曲線、長期邊際成本曲線與短期邊際成本曲線之間的關係，予以說明。本節擬再進一步說明將上述四種成本曲線合併考慮時，其相互之間的關係爲如何？尤其平均成本與邊際成本之間的關係。在圖 7-6 中，除長期平均成本曲線 *LRAC* 及長期邊際成本曲線 *LRMC* 之外，吾人畫出三條短期平均成本曲

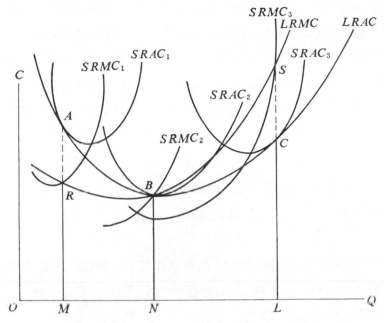

圖 7-6 長期成本曲線與短期成本曲線之間的關係

線 $SRAC_1$、$SRAC_2$、$SRAC_3$ 及有關的三條短期邊際成本曲線 $SRMC_1$、
$SRMC_2$、$SRMC_3$，依據上節長期平均成本及長期邊際成本曲線引申之
法則，在木圖中，吾人可得而說明者如下：在長期平均成本曲線遞減的
部分內，短期平均成本曲線亦以其遞減部分與長期平均成本曲線相切；
在長期平均成本曲線的最低點，亦與某一短期平均成本曲線的最低點相
切；同理，在長期平均成本遞增部分，與之相切的短期平均成本，亦爲
其遞增部分。而在每一短期平均成本曲線與長期平均成本曲線相切的一
點所決定的產量，亦卽當某一產量之長期平均成本等於其短期平均成本
時，也正是其長期邊際成本等於其短期邊際成本，換言之，其長期邊際
成本曲線與短期邊際成本曲線相交。 例如在圖 7-6 中， 短期平均成本
$SRAC_1$ 卽以其遞減的部分，與長期平均成本曲線 $LRAC$ 相切於後者的

遞減部分的一點 A，而 A 點所代表的產量 OM，其短期邊際成本亦等於其短期邊際成本，兩者同為 RM。而短期平均成本曲線 $SRAC_2$ 與長期平均成本曲線 $LRAC$，則相切於兩者之最低點 B，同時短期邊際成本與長期邊際成本曲線則在 B 點相交，此由平均成本曲線與邊際成本曲線的關係不難推定之。同理，短期平均成本曲線 $SRAC_3$，則以其遞增部分與長期平均成本曲線 $LRAC$ 的遞增部分相切於 C，在 C 點所代表的產量 OL，其長期邊際成本亦等於短期邊際成本，兩者同為 SL，在所有短期成本曲線中，凡能以其最低點與長期平均成本曲線最低點相切的那一種生產規模，吾人可稱之為最適度的生產規模，因其能使長期成本為最低也。

　　生產者的長期平均成本曲線在有些情況下可能為一不斷遞減的曲線，如圖 7-7 中之 $LRAC_1$，即產量愈大時，其平均成本愈低，而平均成本之遞減沒有極限。在另一些情況下，長期平均成本可能為固定，因此其長期平均成本曲線為一平行於橫座標的直線。但在大部分情形中，長期平均成本最初可能是遞減的，其後有一成本固定的階段，但隨產量

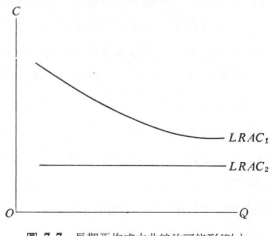

圖 7-7 長期平均成本曲線的可能形態㈠

之增大，平均成本必將逐漸增加，亦卽長期平均成本為一U字形。但同為U字形的長期平均成本曲線，其長期平均成本能保持固定不變的範圍，有些廠商可能很小，如圖 7-8 中 $LRAC_1$ 所示，其長期平均成本初則遞減，然後有一短暫的固定階段，隨後卽繼續遞增。而另有些廠商，其長期平均成本能保持不變的範圍，則可能甚大，如圖 7-8 中 $LRAC_3$ 所示，長期平均成本最初遞減，但等產量到達 OM 以後，長期平均成本卽保持不變，直至產量增加到 ON 以後，才變為遞增，因此這類生產事業，生產規模具有極大的伸縮性。不過極大多數的生產者，其長期平均成本的變化，則界乎以上兩種情形之間，長期平均成本先遞減，而遞減的程度逐漸趨緩，終至逐漸變為固定，然當產量再繼續增加時，長期平均成本則逐漸緩慢上漲，而隨產量之不斷增加，成本增加之速度乃逐漸變快，此可如圖 7-8 中 $LRAC_2$ 所示。此曲線之形態則間於 $LRAC_1$ 及

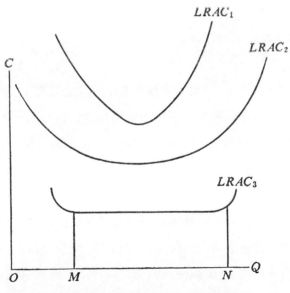

圖 7-8　長期平均成本曲線的可能形態(二)

$LRAC_3$ 之間。

　　然則，生產者的長期平均成本何以先遞減，後遞增，亦即長期平均成本曲線何以爲一 U 字形的曲線？要解釋此一現象，吾人必須分別說明何以長期平均成本先遞減，再解釋何以以後又遞增。

六、長期平均成本之遞減

　　要解釋長期平均成本曲線何以先遞減，可以用內部經濟或大規模生產的利益 (internal economy or merit of mass production) 以說明之。所謂內部經濟或大規模生產的利益，意即隨生產者生產規模之擴大、產量之增加，生產者本身可能出現若干原因，促使其生產效能之提高，因而使其長期平均成本降低，這種內部經濟之現象，可分別說明如下：

　　（一）由於生產規模之擴大，生產者可以實行精密之分工，因而可以採用生產效能最高的機器以從事生產。關於分工能促成生產效能之提高，早在十八世紀已爲亞丹斯密所重視，在其原富一書中有詳盡之說明。分工之所以能提高效率，實由於第一，分工可以使每一勞動者從事一簡單而輕易之工作，因而可訓練其養成熟練之技巧，提高其工作效能。第二，因爲每一勞動者的工作簡單而規律，常可引起機械之發明以代替人力。第三，因爲每一勞動者僅從事一項工作，不須要周轉於不同的工作之間，或不同的工作場所之間，因而可以節省變換工作種類或變換工作場地所需之時間。同時由於生產規模擴大，產量增加，生產者亦可採用爲專門目的所設計的機械，而這種機械設備，由於技術上的不可分性，在生產規模甚小時無法使用，唯有在生產規模甚大時可以利用。例如以生產汽車爲例，美國通用汽車公司每年生產汽車幾百萬部，便可以利用配裝結合線制度，以提高效率，降低成本。所謂裝配結合線

(assembly line system) 制，即將生產汽車的全部操作過程，分成幾千個小動作，每一個動作由一個人負責，而將此幾千個小動作，由輸送帶連結起來，勞動者僅坐在固定的位置上，其所需之零件，需裝配之半成品，均由輸送帶傳動輸送到面前，勞動者僅負責完成分配給他的很小的一項動作，例如上螺絲釘或鑽一孔等，做完之後，其半製成品仍由原輸送帶送給下一勞動者。在這一種勞動方式下，生產者雖感單調，同時必須與其他的勞動者，尤其重要的是與機器的步調配合，但無疑的生產的效率是提高了，生產成本是降低了。可是臺灣的裕隆公司，亦為一生產汽車的廠商，但裕隆每年所生產的僅幾萬輛，產量太少，根本不可能使用最新的裝配結合線，如果採用裝配結合線，因機器設備的價值太高，不但不能降低成本，反而會使成本提高。但是裕隆是否可以裝配一具體而微能適用於小量的裝配結合線？這一答案則是否定的。因為裝配結合線制，有其一定的最起碼的生產規模，在此規模以上，裝配線的使用可以提高效率，但在此產量以下，裝配線的使用反而甚為不便，此即是技術上的不可分性，猶如以六十噸的起重機卸一火車頭非常有效，但以之裝卸二斤香蕉，則反不如以手攜帶之為便利迅速。

（二）隨生產規模之擴大及生產量之增加，生產者常可充分利用副產品，甚而利用部分的廢品，然而在生產規模甚小，產量甚少時，不但副產品無法使用，而廢品之處理則更為困難。例如以汽油之煉製為例，在石油提煉的過程中，除可以煉製各號汽油外，常有多種副產品出現，如潤滑油、硫磺、石臘、天然汽等，但如煉油之設備規模不大，此等副產品即無法有效利用，但如生產規模甚大時，此種副產品即可充分利用，甚而可以設立專門的設備以供大量製造，如此成本自可降低。就廢品而言，若干工廠燃燒生煤，其排出之煤煙，不但為廢品，處理為難，且有害人體健康，但如吾人能加以收集，則在煤灰中常可提煉出香料、人絲纖維的原料等物質，至少煤灰可充建築材料使用，如此不但將原為有害人類之廢品處理，且能產生收入。然而此在生產規模甚小時不能做到，必須生產規模很大，才能向這一方面進行。臺灣電力公司南部火力發電廠，過去每日燃煤數百噸，煤灰數量甚大，經該廠收集後，即可出售供作建築材料。生產規模擴大後既然能充分利用副產品及廢品，生產成本自可望降低。

（三）生產規模擴大，產量增加後，生產者在原料的購買、產品的銷售、信用的取得上，往往能取得特殊有利的條件，此非小生產者所能享受。例如大生產者在購買原料方面，因為數量甚為龐大，常能獲得廉價之供應，或享受折扣之優待。又如在銷售運輸方面，生產者可自行成立銷售部門以降低成本，或自行設置運輸設備。同時縱然無自己的運輸設備，因為輸送數量龐大，亦常能獲得運輸機構如鐵路、公路、空運等之特殊優待，此種優待，小生產者常不能享受。其次在信用的融通方面，大生產者因為目標顯著，信用卓著，易為人知，其貸款之數量又甚大，在信用機構的立場，不論信用融通的數量為何，其手續及成本皆差不多，因而歡迎大生產者與之來往，因為由一大生產者所能發生之業務往往等於若干小生產者之業務，此所以金融機構常願以低成本供應大生產者以信用也。此一原因，亦造成生產規模擴大後長期平均成本之降低。

（四）隨生產規模之擴大及產量之增加，管理費用雖亦增加，但其增加之比率小於產量之增加，因而亦能促成生產者長期平均成本之降低。因為無論生產規模之大小，若干管理機構必須成立，例如經理之人選、會計、總務人員等。但這種由於管理所支出之費用，並不與產量同比例增加，可能產量的增加，速度甚快，而管理費用的增加却較緩慢。這一原因亦促成生產者長期平均成本之降低。在這方面尤為重要者，為生產規模擴大後，常可使用更優秀的經理人員，以發揮其才智，增加產量，降低成本，而這種優良的經理才能在小規模生產的情況下是無法充分利用而加以發揮的。

七、長期平均成本之遞增

　　以上所說明者爲生產者生產規模擴大後何以長期平均成本將遞減。以下吾人將分析何以生產規模到某一程度後，如產量再增加，長期平均成本不但不再減少，反而增加的原因。這種長期平均成本再度增加的原因可以內部不經濟(internal ineconomy)或大規模生產的不利(disadvantage of large scale production)以說明之。所謂內部不經濟或大規模生產的不利，析言之，約有下列數端：

　　（一）勞動者的分工有其一定的限度，而專門性高效率機器之應用，亦有其一定的限制，過此限度或限制後，產量若繼續增加，生產效率卽無法提高，平均成本無法再行降低。例如就勞動的精密分工言，如吾人已將勞動者的動作分得非常細密，例如某一勞動者僅負責上緊某一個螺絲釘，然而吾人總不能因爲產量增加，增加分工，把一個上緊螺絲釘的工作分交兩個人做，如此不但不能節省時間，增加效率，反而浪費時間，降低效率了。就應用專門設計並有高度效率的機器言，縱然能將一切生產過程全部自動化，技術上亦有一定的限度，產量增加，最多能重複設置一套生產設備，却不能將原來的機器設計增大一倍。如果將原機器的設計增大一倍，效率不但不能提高，可能反而降低，如此，則長期平均成本必將增高。

　　（二）生產的管理費用，當生產規模尚小時，其增加的速度常低於生產量之增加，但當生產規模到達一定程度後，管理費用增加之速度，常可能超過生產量增加之速率。因此時隨生產規模之增加，常須增設管理 "管理機構" 的機構，增加管理 "管理人員" 的人員，由於這種原因，長期平均成本便又隨產量的增加而增加了。

（三）最重要的一項原因，是某一生產因素報酬遞減現象的出現。因為隨生產規模的擴大，在長期中各種生產因素雖可以隨生產規模而比例增加，例如勞動、土地、資本、原料等，當產量增加一倍時，此諸種生產因素亦可增加一倍。但在全部生產因素中，却有一項生產因素是無法增加，此即領導生產活動，從事各種決策，並協調配合各部門由企業領導者所執行的企業才能（enterpreneureship）是無法增加的。每一生產單位，只能由一個人做最高決策者，此一權力不能由兩個人以上來執行，而且不論生產單位是大是小，對於這一生產因素只能僱用一單位，無法亦不可能僱用兩個單位。當生產規模甚小時，可能此一企業家無法充分發揮其才能，因而隨生產規模之擴大，其才能逐漸發揮，亦即此一生產因素的報酬可遞增，平均成本下跌。但隨生產規模的擴大，可能此一生產因素的才能已發揮到極限，而過去從事各種決策時之迅捷、敏銳、週到、圓融等優點，此時因為管理機構之龐大，反而感到指揮不靈，調度不便，整個生產活動便因而不能有理想的協調與配合，如此，報酬逐漸遞減，長期平均成本便逐漸增加。由此可見縱然在長期分析下，仍有一項生產因素，即企業才能是無法比例增加的，也因此，長期平均成本最後必將遞增。

長期平均成本最初既因大規模生產的利益而遞減，其後復因大規模生產的不利而遞增，其全部成本曲線的形態便自然成一U字形了。

八、摘　　要

　　爲生產某項財貨所必須支付的貨幣支出，稱爲該項財貨的成本，隨所考慮的時間因素的長短，可分爲長期成本結構及短期成本結構。

　　在短期中因假定生產者的生產規模不變，一切成本可分爲固定成本與可變成本兩類，凡不隨產量的變動而變動的成本稱爲固定成本，凡隨產量的變動而變動的成本稱爲可變成本。在短期間由總成本可分別求出各項平均成本。

　　在長期間因生產者的生產規模可以變動，因此一切成木因素皆可變動。長期成本結構乃根據短期成本結構，考慮生產規模之變動而引申者。

　　每單位產量所負擔的成本稱爲不均成本，無論長期平均成本或短期平均成本，一般的最初均隨產量的增加而遞減，到達最低點後又隨產量的增加而遞增，故平均成本曲線常成一U字形。總產量每增加一單位，總成本的增加量稱爲邊際成本，邊際成本最初亦隨產量之增加而遞減，然後隨產量之增加而遞增，也成一U字形。當邊際成本等於平均成本時，平均成本爲最低，亦卽那際成本曲線在平均成本曲線的最低點與平均成本曲線相交。

　　長期平均成本曲線最初之遞減，主要是由於規模報酬之遞增或大規模生產之利益，後來之遞增，則主要是由於規模報酬之減遞，或大規模生產之不利。

重 要 概 念 與 名 詞

機會成本　　　　　　　　邊際成本

固定成本　　　　　　　內部經濟

可變成本　　　　　　　內部不經濟

平均可變成本　　　　　最適度生產規模

平均成本

第八章　市場類型及生產者的收益

現代經濟生活的特質，不但在經濟個體具有充分的自由；消費者可自由選擇其所消費的財貨與勞務，生產者可自由選擇其所生產的商品以及其生產的方法，勞動者則可以選擇其就業的種類與地區；而尤在具有相當程度之競爭，消費者與消費者互相競爭，競求達到最高之滿足，而生產者與生產者亦互相競爭，以求獲得最高的利潤。故若干學者稱現代經濟社會是自由競爭的社會。不過吾人究其實際，現代經濟社會，固然具有競爭的因素，却同時亦具有壟斷或獨占的因素，尤其在產品市場，求一能具完全競爭的特性者並不多見，而不同程度獨占性的存在，却較為普遍。甚至吾人可以認為現在與吾人關係最密切的產品市場，可能並不是完全競爭市場，而是具有若干獨占性的不完全競爭市場。本章擬就生產者的人數、產品的性質，及生產因素移動性的高低，說明市場的各種類型。一般言之，按照上述標準，可將市場分為四種類型，即完全競爭市場、獨占市場、寡占市場及獨占競爭市場四種。以下試分別說明每一市場類型的特質。

一、完全競爭市場 (perfect competition)

構成一完全競爭市場的條件，至少須具備下列四項：即第一，該產業中生產者的人數甚多，每一生產者的產量在總產量中所占之比例甚小，因此任何個別生產者產量的變動，不會產生可見的影響而影響市場價格。第二，各生產者所生產的產品，品質劃一，因此在不同生產者之間產品之替換彈性非常高，即任一生產者之財貨在消費者心目中均可無保留的替換其他生產者的產品。第三，在完全競爭市場，市場價格的變動，非常敏感，任何供需關係的細微變化，均足以立即引起價格之變化。同時在完全競爭市場價格均以很小的單位而變化，並不像寡占市場，固定於幾個習慣的價格之下。第四，生產因素的移動非常自由，此一產業若有利潤可賺，則極易引起新生產者的參加，因而其利潤亦將降低，若此一產業無利可賺，則生產因素必將逐漸脫離此一生產事業。無論是新生產者的參加或原有生產者的脫離，均沒有任何人為的或其他的阻礙。

因為完全競爭市場生產者的人數甚多，因而任何一個個別生產者均無法以個人的行動影響市場價格，所以在完全競爭市場價格是由市場供需關係決定的，個別生產者僅是一價格的接受者，而不是一價格的決定者。同時在完全競爭市場，購買者的人數亦甚多，每一購買者的購買量在總交易量中所占之比例甚小，因而任何一購買者亦無從以個人的行動以影響價格，個別的購買者亦不是一價格的決定者。當然吾人說個別的生產者或購買者無法以其個人的行為影響市場價格，並不是說若生產者全體或購買者全體採取一致行動時亦不會影響價格，相反的，若生產者全體或購買者全體，採取一致行動時必將影響市場價格。例如農業是近於完全競爭的，個別的農業生產者，不論他耕作的面積有多大，決不能因為他減少了一部份產量而使農產品的價格提高，同樣亦不會因為他增加了自己的產量，而迫使市場價格下跌。但是如果農業生產者全體決定減少產量，則是可以迫使市場價格上漲的，反之，若全體農業生產者均增加產量，則市場價格必將因供給之增加而下跌。同理，若個別的購買者不喝牛奶，決不致引起牛奶價格的下跌，但若全體牛奶的購買者，決定停止飲用牛奶，或減少牛奶的購買量，牛奶的價格必將因需求的減少被迫下跌。

　　完全競爭市場不同生產者所生產的產品，其品質是標準化的、齊一的，因此消費者無法辨別何者為甲生產者所生產，何者為乙生產者所生產，也因此購買者不需要選擇生產者。購買者所關心的僅是價格，如某一生產者的價格較其他的生產者為低，則購買者必將羣趨於此一生產者。反之，若某一生產者較其他生產者所取之價格為高，則購買者將均不向其購買。因此在完全競爭市場僅能有一個價格，而不可能有一個以上的價格。同時由於產品的品質劃一，生產者無須應用商標，以與其他生產者區別，生產者亦無須進行廣告宣傳，因廣告宣傳之效果，常由全體生產者所分享，而不能由其一人所獲得。例如若某一酪農刊登廣告宣傳飲用牛奶之利，因而引起飲用牛奶人數之增加，但飲用牛奶者可能向其他的酪農購買，而不一定向刊登廣告之酪農購買也。

　　因為完全競爭市場生產者的人數眾多，購買者的人數亦多，故價格的變化甚為敏感，不如其他市場中價格之穩定。同時因為參加或退出此一生產非常容易，不受任何人為的干涉，故構成完全競爭市場的組成份子變動亦大。根據這些性質，吾人觀察在現實社會中，究竟那些產業尚得稱為是完全競爭的產業？事實上，稱得上為完全競爭的產業並不多，如農業、漁業、若干種礦業，以及少數生產初級財貨的產業，可近似的稱爲是完全競爭的產業，因爲這些產業個別生產者的人數雖多，產品雖標準化，而新生產者的參加或原來生產者的退出，未必能完全自由，因此僅能稱之爲近似於完全競爭，不是眞正的完全競爭也。

二、純粹獨占市場 (pure monopoly)

與完全競爭市場完全相反的，爲純粹獨占市場。構成獨占市場，亦須具有下列各特質：第一，在此一產業中，生產者僅有一家，亦卽此產業中僅包含一廠商，因此其生產量卽爲全部市場的供給量，故生產者對其產品的價格有充分的決定力。第二，此生產者的產品與其他任何產業所生產的產品間，替換彈性非常低，亦卽其產品沒有適當的代用品存在。第三，由於種種人爲的或自然的原因，常出現諸種障礙阻止新生產者的進入，因此獨占者常能獲得獨占利潤。

生產者必同時具有上述三種特質，始能稱爲獨占，若僅具有第一個條件，卽生產者僅有一家，尙不得稱爲獨占，因爲很可能其產品有多種替換財貨存在，購買者可利用其他產品而不必購買此一產品。例如臺灣的鐵路，雖僅有一家，卽臺灣鐵路局供應鐵路運輸勞務，沒有第二家，但與鐵路運輸相競爭者，尙有公路、海運、空運、私人運輸公司，甚而其他交通工具存在，購買者除鐵路運輸外，尙能選擇其他途徑也。同樣如生產者僅具有前述兩種特質，卽生產者僅有一家、產品的替換彈性甚低，亦尙不得稱爲純粹獨占，因很可能沒有任何障礙，足以阻止其他可能的新生產者參加也。在這種情況下，獨占者的地位必不能長期維持，遲早將由獨占變爲寡占或獨占競爭。因此生產者必須同時具備此三個特質，始得稱爲獨占。依此標準，則臺灣煙酒公賣局、臺灣糖業公司生產砂糖可得稱爲獨占者。因煙酒公賣局，對於香煙及酒類，僅此一家生產並銷售，對於消費煙酒的人，對煙與酒沒有適當的代用品可言，同時，由於法律的限制，其他的人不得生產煙酒，因此不怕新生產者的加入與之競爭。臺灣糖業公司的情況相似，雖然法律上並未限制其他的生產者不得生產砂糖，但由於生產設備的龐大，臺糖公司對原料甘蔗的控制，其他生產者不可能進入，因而造成其獨占地位。但砂糖以外的產品則不是獨占。

不過在此吾人有一點須予說明者，即獨占與大企業應無連帶關係，即獨占不一定必是大企業，而大企業亦不一定必是獨占。在某種情況下，小生產者亦能形成獨占的。例如有特殊技巧的醫生，即能形成一獨占，因很可能對於某種手術唯有此醫生能夠執行也。反之，如美國之通用汽車公司並不是獨占者，因通用汽車公司生產的產品種類甚多，除少數幾種產品，因具有專利權或技術上的秘密形成獨占外，其餘大多數的產品，可能是與其他生產者競爭的，因此是屬於後將述及的獨占競爭的市場。

獨占者所以能取得獨占地位，可能是由於下列諸原因之一：第一，由於法律的限制，對於某種生產事業，政府往往以法律規定，僅能由一個生產者從事生產並銷售，不得有第二家，例如臺灣省的煙酒公賣，即由法律取得獨占權。而大部份國家對於大都市中的公用事業，如自來水、公共汽車、電話等亦往往規定僅得由一家公司經營，不准許成立第二家。政府之所以以法律形成獨占，其原因或是由於財政的考慮，例如煙酒公賣事業，或則由於社會福利的原因，例如都市的公用事業是。第二，獨占的形成是由於獨占者控制了為生產所必須的主要的原料，若原料已由某一生產者所控制，則其他的生產者縱然希望加入生產，亦以無法取得必要的原料而難於實現。例如第二次世界大戰前之美國鋁業公司便屬此例。因為美國鋁業公司控制了全美洲為提煉鋁所必需的鐵礬土的大部份，其他的生產者遂無法獲取原料，不過美國鋁業公司現已由美

國政府引用反獨占法予以分裂。第三，由於專利權或發明權受法律之保
障，其他生產者不能生產同類的產品並銷售，因而原發明者或原生產者
便取得暫時的獨占。政府之所以保障發明權或專利權，是為了鼓勵發明
與創造，當然由於這一原因所形成之獨占多屬暫時性的，一旦專利權或
發明權的期限屆滿，其獨占地位即告消失，或其他生產者能製造或生產
更佳的產品，則縱然專利權尚未到期，實質上其獨占地位亦將消失。第
四， 由於用不正當的競爭手段而造成獨占 。 可能原來的生產者不止一
人，但若某一生產者利用不正當的競爭手段，例如將價格降低至成本以
下而傾銷，以打擊其他生產者，或以不公正的方式收買其他生產者的設
備等，但等到獨占地位形成後，往往提高價格至成本以上，而獲取獨占
利潤。

三、寡占市場 (oligopoly)

寡占市場的形成須具有下列特質：第一，生產者的人數不止一家，
主要生產者的人數可能在二家以上，二十家以下，主要生產者以外的小
生產者的家數則可能在百家以內 。 因為主要的生產者家數較少， 每一
生產者的產量在總產量中即將占一顯著的比例，因此任何一生產者的行
動， 無論是關於價格的， 或是關於產量的， 均會影響其他生產者的銷
路， 因此每一生產者皆十分關心其他生產者的行動， 及其對自己的影
響。同時亦關心自己的行動對其他生產者的影響，以及可能招致的報復
或應付行動，也因此在寡占市場中各生產者之間不但競爭性大，而且相
互依賴性亦大。第二，寡占市場的生產者所生產的產品，或者品質完全
相同無法區別，這種寡占，可稱為純粹寡占 (pure oligopoly)， 其個別
生產者的產品與其他生產者的產品之間替換彈性為無窮大。例如臺灣省

的水泥生產卽為純粹寡占，若干國家的鋼鐵生產亦為純粹寡占市場，因其品質相同故也。或者其所生產並銷售的產品在品質上有差異，在購買者的心目中是有所選擇的，這種寡占市場可稱為差別寡占 (differential oligopoly)，不同生產者之間的產品，替換彈性雖很高，但不為無窮大，例如美國的香煙製造商、汽車生產者，以及臺灣目前電器事業等均是。第三，在寡占市場中，不論其生產者有無公開的勾結或秘密的君子協定，新生產者希望進入寡占市場往往甚為困難。原來的生產者必想出種種方法以阻礙新生產者的進入，因此寡占者其相互之間，雖是互相競爭的，但對於可能的競爭者，利害關係却是一致的。

　　寡占市場由於生產者相互間的利害衝突，任何一生產者的個別行動都會影響其他生產者的利益，因此任何一生產者都不敢以降低售價的方式，增加銷路提高利潤，因這一做法必定會引起其他生產者的報復行為，故寡占市場的價格往往相當穩定，而生產者則採取價格以外的方式從事競爭，卽所謂非價格性競爭 (non-price competition)。最常採用的方法包括提供完善的售後服務，卽消費者所購產品如發生故障或損壞，生產者將提供迅速的免費服務，或提供廉價的修護。如國內某一廠商標榜「打電話服務就到」，就是最明顯的例子。次一個方式卽是提供各種獎品，利用消費者貪小便宜的心理增加對其產品的購買，例如買冰箱送餐具，買洗衣機送清潔劑之類。第三種方式則是改進產品的設計、色彩與包裝，以獨特的形象吸引消費者的購買。

四、獨占競爭市場 (monopolistical competition)

　　獨占競爭一詞在表面上似乎是矛盾的，因為旣是獨占，卽不是競爭，旣是競爭，卽非獨占。而實際上此一名詞的意義，在於強調，在這一市場，旣具有獨占市場的特性，復具有競爭市場的特性，因此無以名之，乃稱之爲獨占競爭的市場。構成一獨占競爭的市場，常具有下列諸特質：第一，生產者與購買者的人數均很多，這一點與完全競爭甚爲相似。第二，個別生產者的產品，品質不是劃一的，或標準化的，而是不同生產者之間，產品的品質是有所差異的，因此每一生產者在相當範圍內，對自己產品的價格有相當的影響力，這一點與獨占甚爲相似。產品品質的差異，可能是客觀的實質上的差異，如品質、設計確有不同，因而能客觀的予以評定。或品質雖無不同，但生產者可能伴隨產品的銷售提供不同的勞務，例如可以賒欠，可以送到消費者的家中，可以電話叫貨，並且可能經過特別的包裝等，也可能這種差異僅是購買者主觀上的感覺，購買者主觀上對於某一生產者，或對某一產品有特別偏愛，因而願意購買某一特定生產者的產品。例如對於四川牛肉麵，某些顧客偏愛甲家，而另外的顧客則偏愛乙家，更有其他的顧客偏愛丙家丁家是。四川牛肉麵做法都差不多，但在顧客主觀的口味上總有所偏愛。又如臺灣的煙酒都由臺灣省公賣局生產並供應，品質完全一樣，但對於購買煙酒的人，都選擇與自己居所最近的雜貨店或零售店購買，因爲比較方便。而絕不會住在臺灣大學附近的人會特別跑到西門町成都路去購買也。第三，獨占競爭市場的廠商，往往由於生產規模不大，所需資金不多，創業容易，退出亦容易，不會受到人爲的阻礙，因此獨占競爭市場生產者的流動性很大，經常會有新生產者加入，亦經常會有生產者退出，從而獨占競爭市場生產者的平均營業生命均甚短。根據某些學者的研究，在美國有百分之三十的獨占競爭的生產者，其營業生命不足五年，此與其他市場的生產者其營業生命往往甚長，且有超過數十年或百年者頗不一樣。

一個獨占競爭市場之形成，常常是由於寡占市場生產者人數日漸增加而造成的，或由於完全競爭市場出現了產品的差異性而造成的。但不論由於何種原因，今天與吾人經濟關係最密切的仍屬獨占競爭市場。吾人每日所接觸的，差不多大部皆是獨占競爭市場的生產者，例如街口之雜貨店、食品店、百貨店、飯店等皆是獨占競爭市場的生產者。此種生產者其所生產並銷售的產品，品質上無大差異，甚至銷售同一商標的財貨，然而在消費者或購買者的心目中，總有若干難於說明的原因，使其選擇某一特定的生產者從事購買。

　　對於獨占競爭市場，吾人須要加以強調者，即獨占競爭市場不同於其他性質的市場，其他市場中產業與廠商之間的界限與關係非常顯著，而獨占競爭市場則不然。例如在完全競爭市場，雖然生產者人數非常多，但是因為所生產的產品品質是齊一的，凡是生產此種產品者，即是廠商，而所謂產業即是此全部廠商之和，那一個廠商是屬於此產業，那一個廠商不是屬於此一產業，很容易判別。同樣在獨占市場，因為生產者只有一家，整個產業僅包含一廠商，故廠商即產業，產業即廠商，無全體與部份之分。寡占市場亦復如此，雖然差別寡占市場個別生產者的產品有所差異，但因為生產者的人數甚少，產業與廠商之間的關係，亦很易於辨別。唯獨獨占競爭市場則不然；生產者的人數既多，產品的品質亦有差異，吾人欲對此一產業所生產之產品下一定義或界說，頗為不易。因為其相互之間的差異可能比其他產業的產品還來得大也。商品的定義既無法下，則那一個生產者或廠商應包含於此一產業之內，那一個廠商則不應包含於此一產業之內，即難於決定。同時由於每一個別生產者所銷售之產品種類甚多，故就某一產品言，可能屬於甲產業，而就另一產品言，可能屬於乙產業。就生產者本身言，究竟應歸屬於那一個產業，頗不易決定。因此要說明產業與廠商之間的界限與關係，至為不易，此為吾人分析獨占競爭市場所不得不注意者。因此當吾人說及一獨

占競爭的產業時，吾人僅能就最廣泛的意義予以了解，因此產業與個別
廠商之總和，兩者之間未必相同。

五、企業組織

以上吾人係就每一產業中生產者的人數、產品的品質，以及生產因
素移動性之難易，分析不同的市場類型。以下吾人將進一步就個別廠商
的內部組織形態，作進一步之說明。

現代經濟社會是由很多廠商所組織成功的，這些廠商有的從事農業
生產，有些則從事工商業或其他服務事業，這些廠商中的絕大多數是規
模甚小的企業組織，這種小企業很容易成立，但也很容易結束，其流動
性非常大。與這種小企業相反的，則有少數大企業存在，如臺糖公司、
臺電公司、煙酒公賣局、大同公司、臺灣水泥公司等。這些大企業的營
業額相當大，其營業總額所占之比例，與其數量在全部廠商中所占之比
例，可能並不相稱。但是不管是大企業也好，小企業也好，其內部組
織，不外下列四種形態，而尤以獨資及公司組織為最重要，合作組織之
重要性則日漸降低。

（一）**獨資**　所謂獨資，卽企業全由出資者個人經營，經營者不但
自出資本，有時且自出土地與勞動等，因此他不但是資本家，也是經
理、土地所有人及勞動者，其家人亦常常幫助他協同經營。這種企業組
織，由於資本數量的限制，往往規模甚小，我們日常生活中所接觸的雜
貨店、飯店、食品店、修理工廠等大多屬於獨資性質。獨資企業因為契
約性的成本支出項目較少，因此表面上雖能獲利但實際上往往不能獲得
其生產因素應有的報酬，不過雖然如此，獨資企業主常願意繼續經營，
其原因是經營者比較自由，且有獨立的感覺。獨資企業的主要缺點則是

不易籌得大量資金，以進行大規模的生產事業，故凡須要大量投資之事業均不易由獨資企業經營。

（二）**合夥**　合夥是由二人以上七人以下共同出資所經營的企業，企業爲合夥人共同所有，盈利則按一定契約分配，而債務亦按所出股本分擔。合夥較獨資企業常能籌得較多資金，故其企業規模亦能較大，但其缺點則是經營方針須得全體合夥人之同意，任何一人退出，亦必須徵得其他合夥人之同意，故在經營上，至感不便。所以合夥事業日趨減少，而逐漸變爲公司組織的日多。

（三）**公司組織**　這是現代最普遍而最重要的企業組織形態，所謂公司乃是經由發起人，經過一定合法程序組織並登記的法人團體，其本身具有獨立的人格，可以發生債權債務的關係。公司按其出資及組織方法，又可分爲有限公司、無限公司、兩合公司、股份有限公司、股份兩合公司等。有限公司是公司的股本不必發行股票而由股東分擔，每一股東亦僅以其所攤股本分擔債務清償責任，故稱有限公司。無限公司是股東所負公司債務清償責任，不以其所攤股本爲限，而負無限清償責任之公司。無限公司現在已經很少見，過去上海曾有上海雜誌無限公司及震旦滅火器材無限公司，現在則不多見。兩合公司爲公司股東包括有限責任股東與無限責任股東兩種，公司的經營往往操於無限責任股東之手，因其須負無限清償責任，風險較大也，現在兩合公司，亦已不多見。其次股份有限公司，則是公司組織中最重要的形態。所謂股份有限公司，是將公司的股本，以一定數額，分爲若干單位而發行股票，公開向公衆發售，凡握有股票者即爲公司之股東，由股東大會組織董事會負責公司的實際決策及經營，而由董事會再聘請經理人員，負責經常業務的管理。股東除有權參加股東大會組織董事會外，並得就公司的盈餘分配紅利，但不參加公司的直接經營。且其對公司債務的清償亦僅以其股票所記載的資本爲限。股份有限公司的股票按其性質亦可分爲優先股及普通股，優先股即得就公司的盈利有優先分紅的權利，但分紅之數額亦以規定者爲限；而普通股雖無優先分紅的權利，但紅利的數額不受規定的限制。因此不論營業情況的好壞，優先股常能獲得一定的紅利，但普通股則不然，當營業旺盛盈利激增時，普通股往往能分得大量紅利，但當營業情況不振時，其分紅之機會即少，所分得之紅利亦少，甚而根本無紅利可分。唯優先股因有優先分紅之權利，往往不得參與公司之股東會議參與決策事宜，而普通股則可。無論優先股或普通股，均可記名，亦可不記名，記名時，股票之讓受須得公司之同意，無記名時，股票則可自由買賣。

股份有限公司之組織可使公司之所有權與經營權分開，所有權屬於股東，而經營權則屬於聘用之經理人員。因所有權屬於股東，而股票之面額甚小，故常常可以透過資本市場積得大量資金，以供經營大規模企業之用。因爲經營權屬於經理，所以常能聘用最有才能之企業家，以經營企業，因此現代各國凡大規模之企業組織，差不多均爲股份有限公司的形態。此爲股份有限公司最大之優點。同時因爲股份有限公司具有獨立之人格，不因經理人員之變更或死亡影響企業之存在，故股份有限公司常常經歷甚久時期而能存在。

最後股份兩合公司，則包含有限責任股東與無限責任股東兩種，目前此種形態的公司亦不多見。

（四）**合作組織**　合作組織與股份有限公司組織不同，乃由出資人以合作方式自行經營之企業組織。其與股份有限公司相同者，即參加人所出之資金固定，因此在合作組織中所有權與管理權是合一的。合作組織以其目的及事業之性質，可分爲消費合作、生產合作、運銷合作，及信用合作等。消費合作以消費爲目的，是消費者爲免除中間商人剝削所經營之合作組織。消費者直接由生產者購買貨品而轉售給社員，所賺盈利則按社員之購買額分配。因消費合作之目的不在營利，故其規模均不大，而附設於其他組織之中，如各機關之消費合作社是。生產合作是生產者自行組織之合作企業，其目的在合作進行生產、製造。運銷合作則為產品運銷之合作組織，自行購置運輸工具，設立運銷機構，如臺灣之青菓生產合作、運銷合作社之組織皆屬於此類。信用合作則為社員合作以融通信用之金融組織，其業務對象以社員為主，如臺灣各地之信用合作社是。合作組織過去雖甚受人重視，但由於股份有限公司組織之發達，合作組織在現代經濟生活中所占之比重並不大，可能在將來亦不至有若何之發展。

六、廠商之收益 (revenue)

廠商所生產之財貨或勞務，在市場銷售後所獲得之貨幣收入，稱為收益。廠商從事生產，能否獲利，一方面雖決定於成本結構，一方面則決定於收益。收益與成本相同，依不同的觀點，可有不同的收益概念，主要有下列幾種：

（一）<u>平均收益</u>　即廠商銷售一定量產品後，平均每一單位產品所能獲得之收益，<u>實際即是產品之價格</u>。廠商若為完全競爭市場的生產者，則因完全競爭市場之價格由市場供需關係決定，生產者個人無法影響產品之價格，即在市場所決定之價格之下，生產者可無限制的銷售其產品。但在獨占、寡占及獨占競爭的市場，因生產者人數較少，故因不同生產者之間產品的品質有差異，個別生產者均能影響其產品之價格。如果生產者希望增加其銷售量，則常須降低其價格，如生產者提高其價格，則其銷售量常會減少。故在不完全競爭之市場，個別生產者其產品之平均收益與銷售量之間，有密切的關係。

（二）**總收益** 卽廠商銷售一定產量後，所能獲得之全部貨幣收入，亦卽平均收益與總銷售量之相乘積。

（三）**邊際收益**（marginal revenue）卽總銷售量每增加一單位時，總收益之增加量。如以 TR_n 表銷售量爲 n 單位時之總收益，TR_{n-1} 表銷售量爲 $n-1$ 單位時之總收益，若以 MR_n 表銷售量爲 n 單位時之邊際收益，則

$$MR_n = TR_n - TR_{n-1} \qquad (8\text{-}1)$$

若將總收益看作銷售量之函數，卽 $TR = f(Q)$，Q 表銷售量，而將銷售量變化的單位視作無窮小，則利用微分的概念，邊際收益亦可表示爲總收益對銷售量的導數，卽

$$MR = \frac{d(TR)}{dQ} = \frac{d}{dQ}[f(Q)] \qquad (8\text{-}2)$$

爲說明平均收益、總收益與邊際收益之間的關係，吾人可假定隨銷售量之變化，某一銷售者其收益之變化，如下表所示：

表 8-1 收 益 表

銷 售 量 (Q)	平 均 收 益 (AR)	總 收 益 (TR)	邊 際 收 益 (MR)
1	40	40	40
2	36	72	32
3	33	99	27
4	30.5	122	23
5	28	140	18
6	26	156	16

7	24	168	12
8	22	176	8
9	20. 4	183. 6	7.6
10	19	190	6. 4
11	17. 7	194. 7	4. 7

由表 8-1 吾人可看出平均收益一般隨銷售量之增加而遞減，總收益最初隨銷售量之增加而增加，惟增加之速度則逐漸減少，邊際收益亦如平均收益，隨銷售量之增加而減少。

七、收益曲線及其相互間之關係

吾人若將不同銷售量下之各種收益畫成曲線，在一般情況下，可如圖 8-1 及圖 8-2 所示，橫座標表銷售量，縱座標表收益，圖 8-1 所畫者

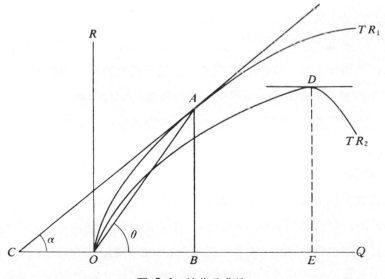

圖 **8-1**　總收益曲線

爲總收益曲線， 此曲線爲銷售量之增函數， 卽隨 Q 之增加， 總收益亦增。但在有些情況下， 銷售量增加， 由於平均收益之減少， 總收益量在到達一最高點後， 反而減少，此時總收益曲線將折向右下方延伸，如圖 8-1 中 TR_2 線所示。 由總收益曲線若須求某一產量的平均收益， 則將某一銷售量下曲線的縱座標値除以橫座標之數値卽可。如銷售量爲 OB 時， 由 TR_1 線則總收益爲 AB，則平均收益卽爲 AB/OB， 或

$$AR = AB/OB = \tan \theta$$

又若吾人須求在某一銷售量下的邊際收益，則須求出在該一銷售量下總收益曲線上某一點之斜率卽可 。 例如要求銷售量爲 OB 之邊際收益，吾人由 A 點畫 TR_1 的切線， 此切線與橫座標相交於 C，則邊際收益爲 AB/CB， 或

$$MR = \frac{AB}{CB} = \tan \alpha$$

由圖 8-1，可看出邊際收益小於平均收益。邊際收益比平均收益爲小的原因，乃是由於當增加一單位的銷售量時，除非在特殊情況下（以下將說明）， 邊際收益不就是最後那一單位在市場銷售後所能獲得的代價。因爲要使得增加的一單位能被銷售，全部產品的價格必須降低，故計算邊際收益須要從最後那一個單位銷售後所獲得之代價中，再減去以前各單位由於減價所必須損失的部份，因此邊際收益便低於平均收益了。

由圖 8-1 中亦可看出，當總收益到達最大時，邊際收益必爲零，而總收益隨銷售量之增加反而減少時，顯然其邊際收益必爲負數。這不但由邊際收益的定義可以推知，而且由圖 8-1 中，由 TR_2 曲線，當產量爲 OE 時，總收益爲 ED，達到最大，由 D 點所畫之切線平行於橫座標，顯然其斜率爲零，故邊際收益亦爲零。在 D 點之右，總收益已減少，如在 D 點之右任一點作切線，則其斜率爲負數，顯然其邊際收益亦爲負了。

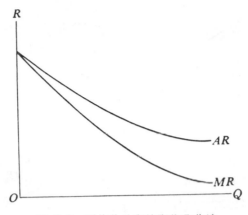

圖 **8-2** 平均收益與邊際收益曲線

　　圖 8-2 中吾人將平均收益曲線 *AR* 及邊際收益曲線 *MR* 畫出，在
一般情況下，邊際收益均小於平均收益，故邊際收益曲線均在平均收益
曲線之下。平均收益曲線亦可看作在不同價格下，廠商可能的銷售量，
因此亦可稱為廠商的銷售曲線。同時此曲線亦表示在不同的價格下，購
買者對該廠商所願意的購買量，故平均收益曲線亦可稱為消費者對廠商
的需求曲線。因此銷售者或廠商的平均收益曲線、廠商的銷售曲線，或
消費者對廠商的需求曲線，均為同意語，在以後的分析中，吾人有時將
交換使用此諸名詞，而不予區別。

　　為說明平均收益曲線與邊際收益曲線的關係，並從而依據一定的平
均收益曲線繪出其邊際收益曲線起見，吾人可用圖 8-3 說明之。圖 8-3
中平均收益曲線 *AR*，假定為一直線，其對應的邊際收益曲線必亦為一
直線。今假定價格為 *OP* 時，則銷售量為 *OT*，總收益為平均收益乘以
總銷售量，即 *OP*×*OT*，或等於長方形 *OPNT* 的面積。但總收益亦可
由另一方法計算之，即邊際收益累積之和。因此當總銷售量為 *OT* 時，
總收益亦可以四邊形（或梯形）*ORKT* 的面積表示之。此梯形的面積與

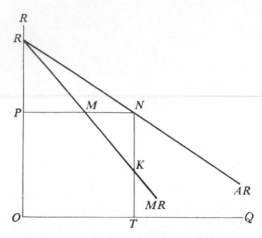

圖 8-3　平均收益曲線與邊際收益曲線的關係

長方形 $OPNT$ 的面積應該相等。此二面積其共同的部份為 $OPMKT$，因此分別由此長方形及梯形的面積中減去此共同的部份，其剩餘的部份，亦應相等，卽

面積 $OPNT$ － 面積 $OPMKT$ ＝面積 $ORKT$ － 面積 $OPMKT$

或　三角形 RPM ＝三角形 NKM 的面積。

但此二三角形為二相似之直角三角形，今其面積又相等，故必為全等形，全等形的對應邊必相等，卽

$$PM = MN$$

換言之，若平均收益曲線及邊際收益曲線均為直線時，則任何平行於橫座標的直線，其在縱座標與平均收益曲線之間的線段，必為邊際收益曲線所平分，亦卽邊際收益曲線必通過其中點 M，如圖 8-3 中 M 點必為 PN 線段之中點也。

根據以上之性質，吾人卽可為任何形態的平均收益曲線作出其對應的邊際收益曲線。如圖 8-4 中，設平均收益曲線為 AR，為繪出其邊際收益曲線，吾人可在 AR 曲線上一點 A，畫 AR 之切線並與縱座標相交

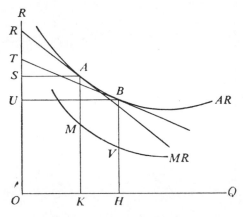

圖 8-4 邊際收益曲線之引申

於 *R*，自 *A* 點分別作兩座標之垂線 *AS* 及 *AK*，再自 *AK* 線上截取一段
AM 使等於 *RS*，則 *M* 點必在邊際收益曲線上。按同樣方法，再在 *AR*
曲線上另一點 *B*，作 *AR* 線之切線，延長之使與縱座標相交於 *T* 點，再
自 *B* 點分別作兩座標之垂線 *BU* 及 *BH*，並在 *BH* 線上截取一段 *BV* 使
等於 *TU*，則 *V* 點亦在邊際收益曲線上。若吾人能依這種方法，找到足
夠的邊際收益曲線上有關的點，則吾人若將此諸點聯結起來，即為對應
於 *AR* 曲線的邊際收益曲線，如圖 8-4 中的 *MR* 線即對應於 *AR* 的邊
際收益曲線也。

八、完全競爭市場個別廠商的收益

在以上分析完全競爭市場的特質時，曾說明完全競爭市場的個別生
產者，無法影響市場價格，他僅能在市場供需所決定之價格下，出售其
產品，因此他是價格的接受者，而不是價格的決定者。他無須以低於市
場價格的價格銷售其產品，他亦不可能高於市價而出售。因為如果他取

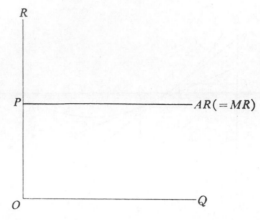

圖 8-5 完全競爭廠商的平均收益曲線與邊際收益曲線

較市場為高的價格，則購買者必將轉向其他的生產者，因產品的品質一致，購買者不須選擇也。因此在此種市場，個別生產者的平均收益，不因其銷售量的增加而降低。如用幾何方法表示，則平均收益曲線，或生產者的銷售曲線，如圖 8-5 為一平行於橫座標的直線，其與橫座標之間的距離，即市場價格。因為平均收益固定，每增加一單位的銷售量，總收益的增加即等於最後一單位的平均收益，也等於任何一單位的平均收益，因此邊際收益等於平均收益。圖 8-5 中 *AR* 線為平均收益曲線，亦為邊際收益曲線，二者重合。至總收益的變化，顯然與產量的變化成固定的比例，以幾何的方法表示如圖 8-6，總收益曲線即為一由原點引出之直線。此直線因為由原點引出，其上任何一點縱座標之值除以橫座標之值，如 *AB/OB* 即為平均收益，因此比值等於 tan θ。故不論產量為若干，其平均收益皆為固定，又此曲線上任何一點的邊際收益皆等於此直線之斜率，而此直線之斜率，亦等於 tan θ，故任何產量下的邊際收益即等於其平均收益。

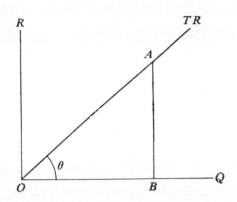

圖 8-6　完全競爭廠商的總收益曲線

九、總收益、平均收益及邊際收益之間的關係

關於總收益、平均收益及邊際收益三者之間的關係，本章的敍述已多，以下擬純就數學觀點，用公式說明如下。設以 Q 表銷售量，P 表價格，TR、AR、MR 分別表示總收益、平均收益及邊際收益，則

$$AR = f(Q) = P \tag{8-3}$$

$$TR = AR \cdot Q = Q \cdot f(Q) = PQ \tag{8-4}$$

$$MR = \frac{d(TR)}{dQ} = \frac{d}{dQ}\left[Qf(Q)\right] = f(Q) + Q\frac{df(Q)}{dQ}$$

$$= P + Q\frac{dP}{dQ} = P\left[1 + \frac{Q}{P}\cdot\frac{dP}{dQ}\right] = P\left[1 + \frac{1}{\frac{dQ}{dP}\cdot\frac{P}{Q}}\right]$$

$$= AR\left[1 + \frac{1}{E}\right] \tag{8-5}$$

由第三個公式，可引申出邊際收益與平均收益之間的關係，即

$$\frac{MR}{AR} = \frac{1+E}{E}$$

由此一公式可看出，當彈性係數的絕對值等於一時，邊際收益爲零。大於一時，邊際收益爲正，但小於平均收益，小於一時，邊際收益則爲負。

十、摘　要

現代的市場類型，按照生產者人數之多少、產品差異性之程度、生產因素移動性之高低，至少可以分爲四種類型，卽完全競爭、純粹獨占、寡占與獨占競爭。在完全競爭市場中，生產者的人數衆多，個別生產者均不能影響市場價格；所有生產者所生產的產品，品質劃一；生產因素的移動絕對自由。在獨占市場中，生產者僅有一家，其產品缺少適當的代替品，生產因素的移動受有人爲或法律的限制。寡占市場生產者僅有少數幾家，每一生產者皆能影響市場價格，生產因素的移動性受到人爲的限制。獨占競爭市場與完全競爭市場相似，唯一不同的是不同生產者的產品，在品質上有差異性。

現代企業組織的形態，大體可分爲獨資、合夥、公司組織及合作組織等四類。在數量上以獨資爲最大，但在重要性上，則以公司組織爲第一，而公司組織中則又以股份有限公司的組織爲最普遍。

廠商銷售產品以後所獲得之貨幣收入稱爲收益，全部銷貨收入稱爲總收益；平均每一單位產品所能獲得之收入稱爲平均收益，亦卽單位價格；總銷售量每增加一單位，總收益的增加量稱爲邊際收益，一般的邊際收益低於平均收益，在完全競爭市場個別生產者由於不能影響價格，其邊際收益則等於平均收益。

重 要 概 念 與 名 詞

完全競爭	優先股與普通股
純粹獨占	平均收益
寡占	總收益
獨占競爭	邊際收益
合夥	銷售曲線
股份有限公司	

第九章　完全競爭市場價格及產量的決定

　　以上三章已分別就個別生產者為生產一定產量如何達成最低成本組合的條件，不同產量下其成本結構的變化、市場的類型以及廠商收益的意義，作了初步的說明。以下吾人將進一步研究個別生產者考慮其成本結構及市場情況，如何決定其最適度之生產量及價格。因為在不同市場結構中的生產者，其所處的情況亦不相同，本章先分析完全競爭市場、個別廠商或生產者價格及產量決定的法則。

一、短期情況下個別生產者產量的決定

　　吾人先分析短期情況下個別生產者如何決定其產量。所謂短期，即生產者的生產規模固定，亦即不論產量如何變化，有不變的固定成本存在，生產者僅能就現有生產規模從事生產，無法擴大或變更其生產規模。在完全競爭市場，生產者僅能決定其個別的生產量，因為價格是由市場供需關係決定的。個別生產者在市場所決定的價格下，決定一對他最為有利的產量。

　　為決定生產者最有利的產量，吾人首先要問何以個別生產者要從事

生產? 對這一問題經濟學上假定生產者從事生產的動機，是為了追求最大淨收益，亦卽為了追求最大利潤。此一假定是否合乎事實，吾人目前暫不討論，至少這一假定並不違背吾人的經驗，因為很多生產者確是在為了追求最大利潤而生產。當然很可能生產者在追求最大利潤的同時，尚有其他動機存在；例如為了滿足創造的慾望，為了發揮權力的慾望，為了利他的目的等。可是這些其他的動機大部份均不在經濟學討論的範圍以內， 吾人無法分析。 不過在所有動機之中， 最基本的動機仍必然是追求利潤。因為生產者若不能先做到賺錢，則生產活動便無法長期維持，其他動機便亦無法滿足了。因此吾人以追求最大利潤作為生產者從事生產活動的基本動機， 與事實相距當不太遠， 並且亦能簡化吾人的說明。吾人不僅假定完全競爭市場的生產者為如此，而其他市場的生產者，如獨占生產者、寡占生產者、獨占競爭市場的生產者亦屬如此。

　　生產者的目的旣在追求最大利潤，則在短期情況下，個別生產者如何決定其產量? 顯然利潤的大小，決定於兩個因素：一為成本結構，卽生產者為生產一定產量所必須支付的貨幣費用；一為收益，卽生產者出售產品後所獲得的貨幣收入。此兩者皆為銷售量的函數，隨銷售量的變化而變化，生產者必將比較在不同產量下，此兩者之差額，而決定一有最大差額之產量，此產量卽生產者最有利之生產量。為便於說明起見，以下將個別生產者的不同產量、成本結構、收益情況、總利潤等有關數字，列成表 9-1 如下：

表 9-1

產　　量 (Q)	平均收益 (AR)	邊際收益 (MR)	總　收　益 (TR)	總　成　本 (TC)	利　　　潤 (π)
1	15	15	15	47	-32
2	15	15	30	60.4	-30.4
3	15	15	45	71.4	-26.4
4	15	15	60	80.4	-20.4
5	15	15	75	88.2	-13.2
6	15	15	90	95.4	-5.4
7	15	15	105	102.6	2.4
8	15	15	120	110.4	9.6
9	15	15	135	118.8	16.2
10	15	15	150	128.4	21.6
11	15	15	165	139.4	25.6
12	15	15	180	152.4	27.6
13	15	15	195	166.6	28.4
14	15	15	210	184.1	25.9
15	15	15	225	207.3	18
16	15	15	240	235.3	4.7

上表中假定市場價格爲 15 元，故平均收益等於邊際收益，不論銷售量爲若干均爲 15 元。由表中可看出當銷售量小於六單位時，總成本大於總收益，故利潤爲負。但隨銷售量之增加，總收益增加之速度大於總成本增加之速度，故總利潤由負變爲正。當銷售量爲十三單位時，總收益與總成本之差額爲最大，即總利潤爲最高。但銷售量大於十三單位時，總成本增加之速度大於總收益增加之速度，兩者之間的差額逐漸減少，

即總利潤逐漸降低。 很可能銷售量若再增加， 總成本可能又大於總收
益，此時總利潤又變爲負數。故就此一個別生產者而言，當銷售量爲十
三單位時，其利潤爲最高，故此生產者最有利之生產量爲十三個單位的
產品。此最有利之生產量亦稱最適度之生產量(optimal output)。

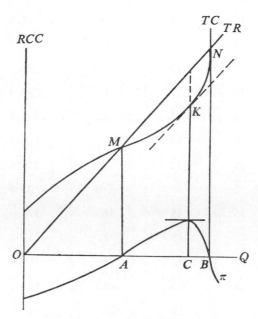

圖 9-1　最適產量之決定㈠

　　以上的分析，亦可用幾何的方法表示之。在圖 9-1 中，*TR* 爲總收
益曲線，因爲平均收益固定，故總收益曲線爲一直線，*TC* 爲總成本曲
線， π 爲總利潤曲線。當銷售量低於 *OA* 時，總成本大於總收益，故利
潤爲負，總利潤曲線在橫座標之下，其與橫座標間之距離，等於總成本
曲線與總收益曲線間之垂直距離。 若銷售量在 *OA*、*OB* 之間， 則總收
益大於總成本，故利潤爲正，此時利潤曲線在橫座標之上。當銷售量爲
OC 單位時， 總收益與總成本之間之差額爲最大， 即利潤爲最高。*OC*

相當於表 9-1 中之第十三單位。當銷售量超過 OB 單位時，總成本又大於總收益，利潤又降為負數，故總利潤曲線又降至橫座標之下。當銷售量為 OA 或為 OB 時，總收益曲線與總成本曲線相交，此時總成本等於總收益，利潤為零，故 M 點及 N 點稱為兩平點(break-even point)。就個別生產者求最大利潤之動機言，其產量當然決定於能獲得最高利潤之一點，即圖 9-1 中之 OC。

二、有損失時之最適度產量

在上例中如果市場價格不為 15 元，而為 12 元，則生產者在任何銷售量下，總收益皆低於總成本，無利潤可得。如果生產者由於某種考慮仍願繼續生產，則此時的產量應為若干？顯然此時生產者必選擇能使其損失為最小之產量。茲以下表說明之，表 9-2 中產量與總成本與表 9-1 同，平均收益及邊際收益由 15 降為 12，總收益亦比例遞減。

表 9-2

產　　量 (Q)	平均收益 (AR)	邊際收益 (MR)	總　收　益 (TR)	總　成　本 (TC)	利　　　潤 (π)
1	12	12	12	47	-37
2	12	12	24	60.4	-36.4
3	12	12	36	71.4	-35.4
4	12	12	48	80.4	-32.4
5	12	12	60	88.2	-28.2
6	12	12	72	95.4	-23.4
7	12	12	84	102.6	-18.6
8	12	12	96	110.4	-14.4

9	12	12	108	118.8	- 10.8
10	12	12	120	128.4	- 8.4
11	12	12	132	139.4	- 7.4
12	12	12	144	152.4	- 8.4
13	12	12	156	166.6	- 10.6
14	12	12	168	184.1	- 16.1
15	12	12	180	207.3	- 27.3
16	12	12	192	235.3	- 43.3

由上表可知，當生產量及銷售量為十一單位時，其損失為最小。如銷售量大於或小於十一單位，其損失均較大，因此生產者將選擇損失為最小的生產量，即十一單位。

若以幾何的方法表示之，所畫出之圖形，與圖 9-1 很相似，唯此時總收益曲線 TR 在總成本曲線 TC 之下，根本不與總成本曲線相交。表示總成本無論銷售量為若干均大於總收益，故總利潤為負，總利潤曲線均在橫座標之下。雖然在這一情況下，總利潤均為負，不過在所有的負利潤中，仍有一最小者，即當銷售量為 OA 單位時，損失為最小。生產者若決定繼續從事生產，必選擇此一生產量，因選擇任何其他生產量，損失必更大也。

由以上之分析，所謂完全競爭市場個別生產者之最有利生產量或最適度生產量，不僅指能使利潤為最高的生產量，當遭遇損失時，亦指能使損失為最小的生產量。所謂「最適度」的意義即是指最大利潤或最小損失而言。

吾人若進一步觀察圖 9-1，不難發現，在最適度生產量的一點，吾人若畫總成本曲線 TC 之切線，此切線必平行於總收益曲線，而切點到總收益曲線之間的垂直距離剛好為最大。但吾人由前章成本的分析，已

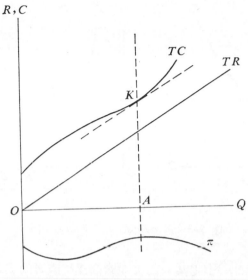

圖 **9-2**　最適產量之決定㈡

知總成本曲線上任一點之切線之斜率，表示在該產量下之邊際成本；而總收益曲線上任一點切線之斜率，表示邊際收益。現在在最適度生產量的一點，所畫總成本曲線上一點之切線平行於總收益曲線，此切線之斜率卽與總收益曲線的斜率相等，亦卽在最適度生產量時，邊際成本等於邊際收益。由這一性質，吾人更可採用邊際分析法，以研究完全競爭市場個別生產者最適度生產量之條件。

三、邊際成本與邊際收益分析法

在圖 9-3 中，吾人並列畫出兩個圖形，(a) 圖表示某一完全競爭市場產品的市場供需關係，DD 爲市場需求曲線，SS 則爲市場供給曲線。至於這一市場供給曲線如何產生，吾人現在暫不討論，在本章以後，將會有所交代。市場供需關係所決定之市場價格爲 P_0，市場交易量則爲

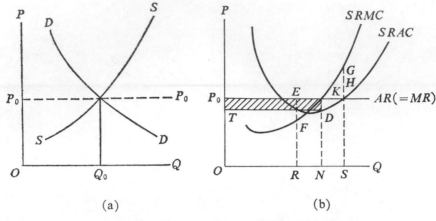

圖 9-3　以邊際分析法求最適產量㈠

Q_0。(b) 圖則爲此一市場某一代表性廠商或生產者的成本結構，$SRAC$ 爲短期平均成本曲線，$SRMC$ 則爲短期邊際成本曲線。對於由市場供需關係所決定的市場價格 P_0，此個別生產者無法予以變更，而僅能在此價格下銷售其產品。並且因爲這是完全競爭市場，產品品質一致，購買者並不選擇銷售者，因此此一個別生產者的銷售曲線，或平均收益曲線，亦卽邊際收益曲線，爲一平行於橫座標之直線，其與橫座標間之距離爲 P_0。現在依據 (b) 圖，吾人分析個別生產者其最適度之生產量爲若干。

　　如前所述，生產者從事生產之最基本之目的爲獲取最大利潤，而利潤之大小，則決定於總收益與總成本之差額。因此每生產一單位產品而能使此差額增加者，生產者必繼續生產。然而每生產一單位產品，一方面雖能使總收益增加，其增量卽邊際收益，但另一方面却也使總成本爲之提高，總成本提高之數額卽邊際成本。生產者必比較邊際收益與邊際成本之大小，以決定是否繼續生產。如果增加一單位產量時，其邊際收益大於邊際成本，表示此一單位銷售後所獲得之收益支付爲增產此一單

位所引起之成本後，仍有剩餘，總利潤必將因此增加，故生產者必將仍
繼續增產。反之，如果增加一單位產量，其邊際收益小於邊際成本，卽
表示此一單位產品銷售後所獲得之收益不足以支付爲增產此一單位所引
起之成本，總利潤必將減少，故生產者必將停止此一單位的生產。如果
對於最後一單位產品的生產，其邊際收益剛好等於邊際成本，表示此一
單位產品銷售後所獲得之收益正夠支付其成本，既無剩餘亦無不足，此
時其總利潤必已爲最大。就圖 9-3(b) 言，邊際成本曲線與邊際收益曲線
的交點 K 所決定之產量 ON 爲最適度之產量；因爲產量爲 ON 時，邊際
成本及邊際收益均等於 NK，邊際利潤等於零，總利潤爲最大。如生產
者的產量大於 ON，而爲 OS 時，則邊際成本大於邊際收益，其超過額
爲 GH，此時生產者若能減少一單位之生產，卽可以少損失 GH，故以
減少產量爲有利。反之，若產量小於 ON，而爲 OR 時，則邊際收益大
於邊際成本，其超過額爲 EF，此時生產者若能增加一單位之生產，利
潤卽可增加 EF，故以增加產量爲有利。最後當產量爲 ON 時，邊際收益
等於邊際成本，增加或減少產量均無必要，故 ON 爲最適度之生產量。

在最適度生產量之下，生產者是否有利潤，尚須有平均成本的大小
而定。在圖 9-3(b) 中，當產量爲 ON 時，平均成本爲 ND，低於平均
收益 NK，故有利潤。單位利潤則爲 DK，總利潤則等於單位利潤乘以
總產量，卽圖 9-3(b) 中之長方形面積 DKP_0T。生產者所能獲得之利
潤，以此時爲最大，任何其他產量的利潤，均將較此爲小。

如果生產者的成本結構較高，如圖 9-4 所示，短期平均成本曲線在
平均收益曲線以上。如果生產者由於某種考慮，仍願繼續從事生產，則
其最適度生產量如何決定？此時生產者仍如圖 9-3(b) 中所分析的情形
一樣，仍以邊際成本等於邊際收益的一點決定其產量。在圖 9-4 中邊際
成本曲線與邊際收益曲線相交於 K，由 K 點所決定之生產量則爲 ON。

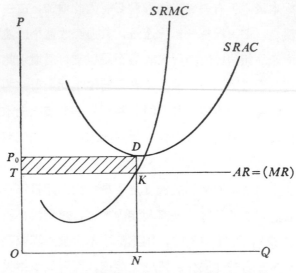

圖 9-4　以邊際分析法求最適產量(二)

此時因為平均成本大於平均收益，故每一單位產品之損失為 DK，總損失則為 DK 乘以總產量，即長方形 $DKTP_0$ 之面積。不過仍以產量為 ON 時其損失為最小，對於任何其他產量，其損失將更大也。

　　由以上之分析，吾人可獲得完全競爭市場個別生產者最適度生產量之條件，即：邊際成本(MC) ＝邊際收益(MR) ＝平均收益(AR)，此時如果生產者能賺取利潤，則利潤必為最大，如生產者有損失，則其損失亦必為最小。

四、個別生產者的供給曲線

　　在短期情況下，個別生產者僅能依據一定的市場價格，調整其邊際成本，以邊際成本等於市場價格的一點決定其產量。如果由於市場需求情況的變化，市場價格發生變動，則生產者的產量將發生如何的變動？

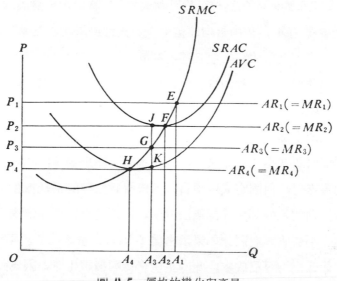

圖 9-5　價格的變化與產量

由圖 9-5，若市場價格為 P_1，顯然 AR_1 曲線與邊際成本曲線相交於 E，由 E 點所決定之產量為 OA_1，在這一產量下，因平均成本小於平均收益，生產者可獲取利潤，生產者當然會進行生產，而邊際成本曲線上的 E 點，即價格與產量的一組合點，即表示價格為 P_1 時，產量為 OA_1。如果市價由 P_1 降至 P_2，此時 AR_2 線切於平均成本曲線的最低點 F，而邊際成本曲線亦交於此點，在此一價格下，生產者的產量，依據邊際成本等於市場價格的條件，為 OA_2，在這一產量下，因為平均成本等於平均收益，生產者無利潤可賺，但也不會引起損失，因此生產者仍將繼續生產，F 點即表示價格與產量的另一組合點。如果價格再繼續下跌，跌至 OP_3，此時價格已低於最低平均成本，但尚高於最低平均可變成本，在此一價格下，生產者是否仍願繼續生產？依據邊際成本等於市場價格的條件，生產者若仍繼續生產，則其產量必為 OA_3，在這一產量下，因為平均收益低於平均成本，生產者由價格收入中，無法收回全部平均成本，但平均收益仍高於平均可變成本，此時平均可變成本為KA_3，而平均收益為 GA_3，故由平均收益中，對支付於原料、勞動、動力等的可變成本仍可全部收回，並且還有剩餘 GK，可用以支付平均固定成本。吾人由前章成本結構的分析中，知道平均成本曲線與平均可變成本曲線之間的距離，代表平均固定成本。今價格為OP_3時，產量為OA_3，雖然不能收回全部的平均固定成本 KJ，但至少可收回其一部份KG，比一點也不能收回者為佳。如果此時生產者完全停止生產，固然全部可變成本不用再支付，但固定成本項目，如機器廠房等的損耗折舊、固定管理費用及長期信用的利息等卻無法減少，仍須支出，則固定成本全部損失，一點也不能收回。因此如果價格為 OP_3 時，雖然已低於平均成本，但仍超過最低平均可變成本，此時生產者仍願繼續生產，因為此時不但所支付的平均可變成本可以全部收回，而平均固定成本仍可收回一部分也。最後如果價格降低到 OP_4，等於最低平均可變成本，生產者是否仍願繼續生產？因為此時生產者仍繼續生產，其產量必為 OA_4，在這一產量下，平均收益 OP_4 等於平均可變成本 HA_4，所支付的可變成本雖能全部收回，但固定成本卻全部損失。如生產者停止生產，則可變成本雖不須支付，固定成本亦是全部損失。因此生產與否，均屬一樣。若生產者仍願繼續生產，必是由於其他的考慮，如為維持其信譽，或預期市場會看好，因而為維繫住工人，不使其離開，以免將來再召僱時遭遇困難等。如果生產者認為市場不會看好，或計劃從事其他的生產事業，則生產者必將停止生產。不過如果市場價格低於 OP_4，不論由何種考慮，生產者均不會繼續生產，因為如果繼續生產，不但固定成本不能收回，連平均可變成本也不能全部收回，不生產所遭致之損失比繼續生產還來得小，除非生產者別有用心，當然不會繼續生產了。

由以上的分析吾人可以看出，由於市場價格的變化，吾人由短期邊

際成本曲線即可看出在不同價格下，生產者所願意提供的生產量。邊際
成本曲線上任一點，皆表示一定價格與生產量的一定組合。當然並非邊
際成本曲線全部皆有此意義，邊際成本曲線在最低平均可變成本以下的
一段，因為此時價格太低，不足以收回平均可變成本，故生產者不予考
慮。因此邊際成本曲線在最低平均可變成本以上的一段，如圖 9-6 所
示，即可看作是短期中個別生產者的供給曲線。因為由這一線段可以表
示不同價格下生產者的供給量也。此供給曲線一般為由左下方向右上方
延伸的曲線，與一般供給曲線的形態相一致。

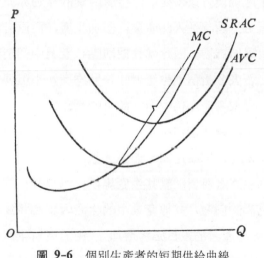

圖 9-6 個別生產者的短期供給曲線

如果吾人知道完全競爭市場在短期中全部廠商的數目，而且也知道
每一廠商的邊際成本曲線，即短期供給曲線，則吾人將全部廠商的短期
供給曲線水平相加，即可獲得此一產業的短期供給曲線。因為個別廠商
的短期供給曲線是由左下方向右上方延伸的，故產業的短期供給曲線，
一般亦為一由左下方向右上方延伸的曲線，而圖 9-3(a) 中產業的市場
供給曲線，即由此產生。依據此一分析，吾人亦可進一步知道，市場價

格、個別廠商的生產量，以及市場交易量均是相互共同決定的。而並非
是由某一個因素決定其他一因素。關於這點，吾人在後面仍將有機會討
論。

五、個別生產者的長期均衡

吾人進一步討論長期情況下個別生產者產量的決定。在長期情況下，
生產者的生產規模是可以改變的，因此一切成本因素皆可以變化。同時
不但生產者的生產規模可以改變，而生產因素的移動亦充分自由，因此
不但新的生產者可以隨時進入此產業，參加生產，而原有的生產者亦可
隨時結束生產，退出市場。因此就長期觀點，產業中個別廠商的數目亦
是可以變動的。吾人分析個別生產者的長期均衡，不但要考慮其生產規
模可能的變化，還要考慮產業中廠商數目的變化。

因為在長期中，旣然個別生產者的生產規模可以變化，同時產業中
廠商的數目亦可變化，則在短期中如果多數廠商均有超額利潤存在，不
但已從事生產的生產者將會調整其生產規模，以求其長期平均成本為最
低；同時由於利潤的刺激，其他產業中的生產因素必將逐漸進入此一產
業，卽此產業的生產者的數目必將增加。由於原有生產者調整生產規
模，以及新生產者的進入，可能產生兩種影響：一種影響是由於市場
供給增加，產品的市場價格可能下跌，卽每一生產者的平均收益可能減
少；另一種影響是由於生產的擴張，對生產因素的需求增加，可能刺激
生產因素的價格上漲，而使每一生產者的成本結構發生不利的變化。這
種價格與成本的變化，可能使多數生產者的超額利潤逐漸減少，終至消
失。隨利潤之減少與消失，個別生產者的生產規模必將逐漸接近於一理
想規模，而產業中個別生產者的數目亦將逐漸固定，不再變動，卽旣無

新生產者參加，當然亦不會有原來的生產者退出。

其次就另一種可能情況言，若短期中多數廠商均遭致損失，或不能完全收回其成本，則原來的生產者或則調整其生產規模，或則退出市場，停止生產。無論為調整生產規模或退出生產，亦將會產生兩種影響：一種影響為產量的減少必將引起市場價格的上漲，個別生產者的收益可能增加；另一種影響，則是由於生產的減少，對生產因素的需求可能減少，因而促成生產因素價格的下跌，促使個別生產者的成本結構降低。無論是市場價格的上漲，或成本的降低，均可使生產者遭遇損失的情況，逐漸改善。因而仍然繼續生產的生產者必將找到一適度的生產規模，而計劃退出的生產者亦不再退出市場。生產者的數目亦不再減少而趨於固定，個別生產者可逐漸到達長期均衡。

依據以上兩種情況的分析，個別生產者到達長期均衡時，必如圖9-7 所示，此時其平均收益曲線必與長期平均成本曲線切於其最低點，這一點也是短期平均成本為最低的一點，同時也是長期邊際成本等於短

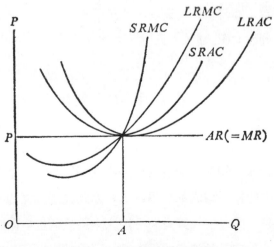

圖 9-7　個別生產者的長期均衡

期邊際成本等於長期平均成本的一點。由這一點所決定的產量為 OA，
在這一產量下，因為生產者的長期平均成本等於平均收益，因此生產者
沒有超額利潤可賺。不過此時在其平均成本中包含有正常利潤，所謂正
常利潤(normal profit)即為保留生產因素於此生產事業繼續從事生產，
生產者所必須獲得的最低利潤。亦可稱為平均利潤，即依據當時情況，
各種產業所能獲得的利潤的平均數。因為如果生產者不能獲得此正常利
潤，則必會將生產因素移轉到其他生產事業中從事其他產品的生產，而
不必停留於原來的產業之中。這種為保留生產者於原生產事業的正常利
潤，經濟學上視作成本的一部分，而包含於長期平均成本之內。歸納以
上所說，吾人可獲得完全競爭市場個別生產者長期均衡的條件，即：邊
際收益＝平均收益＝短期邊際成本＝長期邊際成本＝短期平均成本＝長
期平均成本。或 $MR = AR = SRMC = LRMC = SRAC = LRAC$。

由個別生產者獲得均衡的條件，同時可看出當個別生產者達到均衡
時，整個產業亦必已到達均衡。因為此時市場價格穩定，個別生產者的
數目不再變動，而每一個別生產者的生產規模亦已固定。既然產業中生
產者的數目固定，同時個別生產者的生產規模不變，由產業的立場看，
整個產業也已到達均衡狀態。

六、完全競爭與經濟效率

由經濟分析的觀點，完全競爭市場是經濟效率最高的市場。因為由
以上之分析，吾人已知當個別生產者到達長期均衡時，不但其長期平均
成本為最低，其短期平均成本亦為最低。因此其所選擇的生產規模必為
適度的生產規模，因為能使其長期平均成本為最低也；同時對於這一生
產規模，其生產量亦是最適度的生產量，因為其短期平均成本亦為最低

也。故無論就資源分配的觀點或就消費者福利的觀點，完全競爭市場是經濟效率最高的市場，而任何非完全競爭市場，均不能達到此種條件。

七、產業的長期供給曲線

以上吾人已對完全競爭的產業短期供給曲線的由來，加以說明，現在吾人將進一步分析產業的長期供給曲線的形態。爲便於分析起見，吾人假定原來市場已到達均衡狀態，如圖 9-8(b) 所示，D_1D_1 爲原來的市場需求曲線，SRS_1 爲原來的市場供給曲線，由市場供需所決定的價格爲 P_1，市場的全部交易量爲 OQ_1。而圖 9-8(a) 則爲具代表性個別廠商的均衡狀態。在市場價格所決定的平均收益 OP_1 之下，長期平均成本曲線 $LRAC_1$ 與短期平均成本曲線 $SRAC_1$ 與平均收益曲線 AR_1 的切點決定其生產量爲 q_1，此時其長期平均成本等於短期平均成本等於邊際成本等於邊際收益，故亦達到均衡狀態。在產業中不但此廠商到達長期均衡，其他廠商亦必到達長期均衡。現在如果市場需求增加，需求曲線由 D_1D_1 上移至 D_2D_2，顯然此時市場均衡狀態被破壞，市場上所表現的立即反應是市場價格上漲，由原來的 P_1 上漲至由 SRS_1 與 D_2D_2 相交所決定之價格 P_2，由於價格之上漲，個別廠商的均衡亦必破壞，在(a)圖中，此一代表性的廠商當價格上漲至 P_2 時，因爲生產規模短期間無法變更，依據短期間邊際成本等於市場價格以決定其產量的條件，此時必以 $SRMC_1$ 與市場價格 P_2 所代表的平均收益曲線的交點決定其生產量，此時之產量爲 q_2，較 q_1 爲大。同時不僅此一廠商的產量增加，原來已從事生產的各廠商，產量亦必均告增加，因而使得市場的均衡交易量能由 Q_1 增加至 Q_2。可是這無論就廠商言或產業言均不是均衡狀態，因爲個別廠商的平均收益大於平均成本，生產者就長期觀點，可能要變動

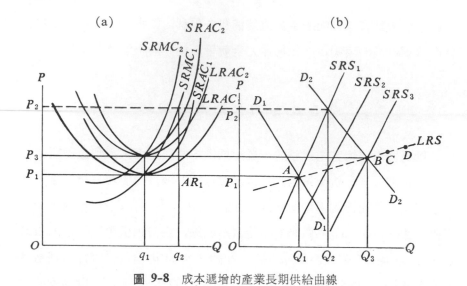

圖 9-8　成本遞增的產業長期供給曲線

其生產規模。個別廠商旣未到達均衡，當然全部產業也不會到達均衡。
不過由於價格的上漲，原來的生產者均能獲得超額利潤，則由於超額利
潤的存在必將引起新生產者參加此一產業，隨新生產者的增加，市場供
給亦將因此而增加，市場短期供給曲線逐漸向右移動，如由 SRS_1 移至
SRS_2 是。因爲供給的增加，市場價格必將逐漸下跌，而原來所獲之超
額利潤，亦必逐漸減少。另一方面由於生產者人數的增加，及產量的
增加，對生產因素的需求必增加，若此產業全體在生產因素市場不是完
全競爭的購買者，則生產因素的價格必將上漲，因而促成每一生產者成
本結構的增加，如 (a) 圖中成本曲線的上移是。新的長期平均成本爲
$LRAC_2$，短期平均成本爲 $SRAC_2$，短期邊際成本爲 $SRMC_2$ 是。無論
是市價的下跌，或成本結構的上漲，均促成超額利潤的減少，因而新生
產者參加此一產業的現象必逐漸停止，亦即市場短期供給曲線的移動最
後必將停止，如 SRS_1 最後移至 SRS_3 即停止不再移動。此時 SRS_3
與需求曲線 D_2D_2 之交點 B 所決定之市場價格爲 P_3。在此市場價格下，

從事生產的個別生產者長期平均成本再度等於平均收益，又恢復到均衡狀態。 在此一新均衡狀態下的生產量可能與原來均衡狀態下相同， 即 q_1；不過因為此時產業中生產者的人數增加，故市場均衡交易量由 Q_1 增加至 Q_3。由市場新的均衡點所決定的市場價格 P_3，可能比原市場均衡點 A 所決定的價格 P_1 為高，將 A、B 等點，以及需求可能再變動時，所可能找出的其他的均衡點 C、D 等連成一曲線，此曲線即產業的長期供給曲線。因為此曲線由左下方向右上方延伸，表示若要增加供給量，價格必須上漲，對於具有這種長期供給曲線的產業，吾人可稱為成本遞增的產業。

如果此一產業全體在生產因素的市場是完全競爭的購買者，則生產因素的價格不因此一產業對生產因素需求的增加而上漲，則此一產業中個別生產者的成本結構不因產量的增加及生產者數目的增加而改變，則新的均衡到達後， 市場價格不會改變； 此時產業的長期供給曲線即為一平行於橫座標之直線，具有這種供給曲線的產業，可稱為固定成本的產業。 此如圖 9-9 所示，(b) 圖表示產業的均衡， 原來短期供給曲線

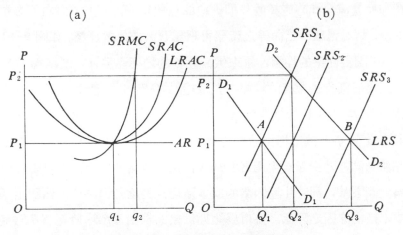

圖 9-9 成本固定的產業長期供給曲線

SRS_1 與市場需求曲線 D_1D_1 所決定的均衡價格爲 P_1，市場均衡交易量爲 Q_1，在價格爲 P_1 時，(a) 圖表示代表性廠商的均衡，其產量爲 q_1。若市場需求由 D_1D_1 增加爲 D_2D_2，則市場均衡破壞，立即的反應爲市價上漲至 P_2，而個別生產者按照短期均衡的條件，產量增加爲 q_2，因而使市場均衡交易量增加爲 Q_2。然而由於個別生產者超額利潤的出現，引起新生產者的加入，供給因此增加，市場短期供給曲線向右移動，市場價格逐漸下跌，但是由於生產因素的價格不變，生產者的成本結構不變，不過隨市場價格的下降，生產者數目增加的趨勢將逐漸減少。等到短期供給曲線由 SRS_2 移至 SRS_3 時，市場價格恢復至 P_1，生產者的數目不再增加，而每一生產者的超額利潤消失，又回復至長期均衡狀態。此時將原來產業的均衡點 A 與新的均衡點 B 連成一線，爲一平行於橫座標之直線，此直線即爲成本固定產業的供給曲線。

　　另一種情形是，由於產業的擴張，對生產因素的需求增加，促成生產因素供給的專業化，其效能提高，因此其價格反而隨需求之增加而下跌，則此一產業中個別生產者的成本結構將因產量的增加及生產者數目的增加而遞減。此時產業的長期供給曲線便爲一由左上方向右下方傾斜之曲線，具有這種供給曲線之產業可稱爲遞減成本的產業。如圖 9-10 所示，(b) 圖爲產業的均衡，原來供需相等的均衡點爲 A，價格爲 OP_1，(a) 圖爲個別代表廠商的均衡，在價格爲 OP_1 時，產量爲 q_1。若市場需求增至 D_2D_2，則短期間價格上漲至 OP_2，個別生產者按短期成本增加其產量至 q_2，故市場供給量能增至 Q_2。但由於此時個別生產者能獲得超額利潤，乃引起新生產者的加入，短期供給曲線乃向右移動，市場價格逐漸下跌，同時生產因素的成本隨需求的增加而降低，個別生產者的成本結構亦因之降低。待市場短期供給曲線由 SRS_2 降至 SRS_3 時，市場價格逐漸下降至 OP_3，等於個別生產者的長期平均成本，超額利潤消失，新生產者的加入停止，產業的供給不再增加，市場重行到達均衡，SRS_3 與需求曲線相交於 B，連接 AB，即為此成本遞減產業的長期供給曲線。

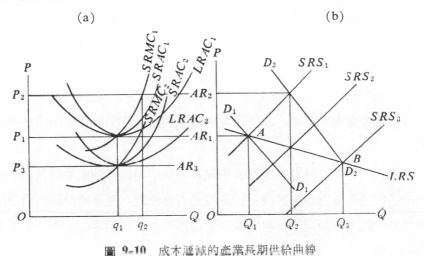

圖 9-10　成本遞減的產業長期供給曲線

八、摘　要

在短期間完全競爭市場的個別生產者，由於其生產規模固定，市場價格不變，為獲得最大利潤，或為使其損失為最小，其生產量乃決定於其短期邊際成本等於市場價格的一點，此一產量稱為短期最適生產量。在這一產量下，如果平均收益高於平均成本，則有利潤，如果平均收益低於平均成本，則有損失。在短期間，邊際成本曲線在平均可變成本曲線最低點以上的一段，構成個別生產者的短期供給曲線。全部個別生產者供給曲線之總和，構成整個產業的短期供給曲線。

在長期間由於個別生產者的生產規模可以變動，整個產業生產者的數目亦可變動，因此財貨的市場價格亦將變動，當最後到達長期均衡時，個別生產者的最適產量決定於長期平均成本爲最低的一點，此時生產者的長期平均成本、短期平均成本、長期邊際成本、短期邊際成本均相等，而且也等於平均收益。此時生產者所選定的生產規模，爲長期平均成本及短期平均成本均爲最低的最適生產規模。因爲平均成本等於平均收益，因此個別生產者均無超額利潤，但能獲取正常利潤，因正常利潤爲成本因素之一，已計入成本之中。

在長期情況下，完全競爭市場的個別生產者，能以長期平均成本爲最低的產量供應市場，故理論上將完全競爭的產業視爲效率最高的產業。

由個別生產者長期生產量的決定，可以引申出整個產業的長期供給曲線，根據生產因素的價格在長期間是否會變動，產業的長期供給曲線可能有三種不同的形態，卽成本遞增的產業、成本固定的產業與成本遞減的產業。

重 要 概 念 與 名 詞

最適產量	長期供給曲線
短期供給曲線	成本遞增的產業
兩平點	成本固定的產業
正常利潤	成本遞減的產業

第十章 獨占者產量及價格的決定

在第八章吾人已將獨占之意義及其所具有之特性予以說明。所謂獨占者，即一產業中僅有一生產者，且其產品之需求彈性較低，並無適當的代用品，同時其他的生產者如要參加此一產業亦頗爲不易；因此在這種情況下，獨占者對其產品的價格及產量即有充分的控制力。因爲獨占者亦是以獲得最大利潤爲其目標，則在此一情況下，獨占者是否會將其產品價格訂得很高，而攫取最大利潤？事實上可能並不如此簡單。因爲獨占利潤的高低，不僅決定於單位產品之價格，亦決定於其銷售量也。因此獨占者爲取得最大利潤，必須同時決定其產量與價格。本章即討論獨占者爲取得最大利潤，如何決定其產量與價格。

一、總成本與總收益分析法

獨占者雖能決定其產品之價格，但其銷售量之多少，則決定於消費者在不同的價格下所願意購買的數量。若獨占者將價格定得很高，消費者所願意購買的數量即少，反之，獨占者若希望增加其銷售量，則必須降低價格，換言之，獨占者的平均收益是隨銷售量之增加而減少的；因

此其總收益的增加並不如完全競爭的生產者一樣，隨產量之增加而比例
增加。但是獨占者為求利潤之最大，亦如完全競爭市場的生產者一樣，
須使其總收益與總成本間之差額為最大。故獨占者卽以此原則決定其產
量。茲為便於說明起見，將獨占者在不同產量下之成本結構及收益之變
化，列表如下，分析獨占者如何決定其最適度之生產量。

表 10-1

(1) Q	(2) TC	(3) AC	(4) MC	(5) AR	(6) TR	(7) MR	(8) π
1	47	47	17	25	25	25	-22
2	60.4	30.2	13.4	23.75	47.5	22.5	-12.9
3	71.4	23.8	11.0	22.5	67.5	20	-3.9
4	80.4	20.1	9.0	21.4	85.6	18.1	5.2
5	88.2	17.64	7.8	20.48	102.4	16.8	14.2
6	95.4	15.9	7.2	19.6	117.6	15.2	22.2
7	102.6	14.67	7.2	18.8	131.5	14	28.9
8	110.4	13.8	7.8	18	144	12.4	33.6
9	118.8	13.20	8.4	17.2	154.8	10.8	36.0
10	128.4	12.84	9.6	16.44	164.4	9.6	36.0
11	139.4	12.68	11.0	15.7	172.7	8.3	33.3
12	152.4	12.67	12.6	15	180	7.3	27.6
13	166.6	12.80	14.6	14.3	185.9	5.9	19.3
14	184.1	13.10	17.5	13.6	190.4	4.5	6.3
15	207.3	13.80	23.2	12.9	193.5	3.1	-13.8
16	235.3	14.67	28	12.2	195.2	1.5	-40.1

表 10-1 中成本結構與表 9-1 中完全競爭市場中的個別生產者相同，

而平均收益則隨產量之增加而減少,總收益爲平均收益與產量的相乘積,邊際收益則爲產量增加一單位時總收益的增加數。吾人如比較第 (6) 行之總收益與第 (2) 行之總成本,則總收益與總成本之差額即爲利潤。吾人將其列於第 (8) 行。由這一行可看出當產量甚低時,如低於三單位,則由於總成本高,而總收益少,故利潤爲負數。其後隨產量之增加,收益大量增加,比總成本爲大,故利潤由負變正,且逐漸隨產量之增加而加大。至產量爲九或十單位時,利潤爲最高,計爲 36 單位。但產量超過十單位時,因成本增加的速度超過收益增加的速度,利潤又逐漸下降。至第十五單位以後,利潤又變爲負數。故由利潤的變化,生產者必定選擇九或十單位的產量,而實際上將選擇十單位的產量。(本表中九單位產量與十單位產量的總利潤相同,這是由於本表中產量的變化是非連續的,假定產量可以無限小而變化,利潤爲最大之產量僅有一個而不會有兩個)十單位產量便爲此一獨占者的最適度產量,因爲唯有這個產量能使其利潤爲最大。

此一最適度之生產量,吾人亦可以用幾何圖形表示之。圖 10-1 中,TR 爲總收益曲線,TC 爲總成本曲線。因爲獨占者之平均收益隨產量之增加而遞減,故其總收益曲線並不是一由原點延伸出之直線,而爲一斜率逐漸減少之曲線。總收益曲線與總成本曲線之間的垂直距離,即表示在某一產量下利潤或損失之數額。若總收益大於總成本,則其利潤爲正。如在 G、H 兩點之間,總收益曲線在總成本曲線之上,其利潤爲正。若將利潤亦畫成曲線,即爲橫座標中 A、B 兩點之間的 π 曲線,表示獨占者的生產量在 A、B 之間時,其利潤爲正。但若產量低於 OA,或大於 OB,則總成本大於總收益,此時利潤爲負,即表示有損失。產量若剛好爲 OA,或 OB 時,則總收益等於總成本,獨占者既無利潤,亦無損失。獨占者生產的目的,既爲獲取最高利潤,則必然在產量 OA 及 OB

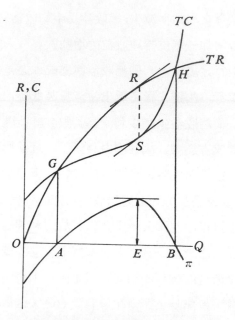

圖 **10-1**　最適產量的決定㈠

之間選擇一產量，俾使其利潤爲最大。由圖 10-1 可看出，當產量爲 OE 時，總收益與總成本曲線之間的垂直距離爲最大，亦卽利潤爲最高，故獨占者卽將選擇此一產量，此卽其最適度之產量。

　　由圖 10-1 中吾人同時亦可看出，當產量爲 OE 時，總收益曲線與總成本曲線之間垂直距離爲最大。若在此一垂直距離上各畫總成本曲線與總收益曲線之切線， 此二切線必互相平行。 而切於 R 之切線， 其斜率正表示在 R 點，亦卽產量爲 OE 時之邊際收益；切於 S 點之切線之斜率則表示產量爲 OE 時之邊際成本，此二切線旣平行，卽表示其斜率相等，亦卽邊際收益等於邊際成本。因此吾人就獨占者邊際收益與邊際成本之比較，亦可決定獨占者最適度之生產量。

二、邊際成本與邊際收益分析法

圖 10-2 中，AR 為市場對此一產業的需求曲線，因為此一產業只有一生產者，故亦為此唯一生產者的平均收益曲線。因為此曲線之彈性並非任何點均為無限大，平均收益常隨銷售量之增加而減少，故邊際收益低於平均收益，MR 即為邊際收益曲線。AC 及 MC 分別表獨占者的短期平均成本及邊際成本曲線，獨占者為獲得最大利潤，比較其收益與成本以後，必選擇一能使邊際收益等於邊際成本的產量，即圖形中之 OE。因為唯有在這一產量之下，生產者銷售其最後的一單位時，其所收回的總收益的增量，即邊際收益，正好等於為生產此一最後單位總成本的增量，即邊際成本。因此能使其利潤為最高。由圖 10-2，知產量為 OE 時，邊際成本為 EK，而邊際收益亦為 EK，兩者相等，而銷售此一產

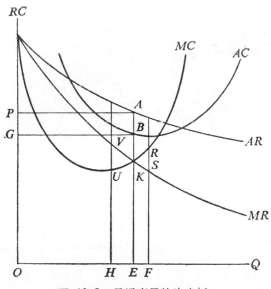

圖 10-2　最適產量的決定㈡

量所能收回的平均收益，則由 *AR* 曲線可看出爲 *AE*。在此一價格下，獨占者是否有獨占利潤，須看平均成本，如平均成本低於平均收益，則有利潤。圖中平均成本曲線有關的部分在 *AR* 曲線之下，產量爲 *OE*，平均成本爲 *BE*，低於 *AE*，故單位利潤爲 *AB*，總利潤則爲單位利潤與總銷售量的相乘積，即圖形中長方形 *ABGP* 的面積。此即爲獨占者的獨占利潤，而以此一產量時的利潤爲最大。

　　若獨占者的產量大於或小於邊際收益與邊際成本相等時的產量，其利潤是否爲最高？由圖10-2中，若其產量爲 *OF*，則當其生產並銷售最後一單位時，其邊際成本 *RF* 大於邊際收益 *SF*；如果最後一單位不生產，則其在收益上所損失的比在成本上所節省的來得小，因此獨占者可減少其損失，此時自以減少產量爲有利，因減少產量可使其總利潤增加也。反之，若其產量低於 *OE* 而爲 *OH*，則其生產最後一單位時，其邊際收益大於邊際成本，亦即由最後一單位銷售後所獲得之淨收益，支付爲生產此一單位而必須支付的成本後仍有剩餘，故生產者若增加產量，可增加利潤，自當以增加生產爲有利。因此唯有當邊際成本等於邊際收益時，其產量才是最適度的產量。

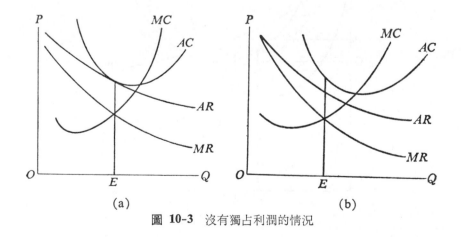

(a)　　　　　　　　　　　　(b)

圖 10-3　沒有獨占利潤的情況

　　在以上的說明中，　在最適度的生產量下，　因平均成本低於平均收益，故獨占者有獨占利潤存在。但在獨占情況下，是否亦有這種可能？即邊際成本等於邊際收益所決定之產量，其平均成本等於平均收益，或平均成本高於平均收益，因而沒有獨占利潤，甚而有損失的情形存在？如圖 10-3(a) 及 (b) 中所示者。就理論言之，當然不是不可能，不過鑑於獨占者在市場所具有的特殊地位，此種情況不至於發生。如果短期間發生這種情況，獨占者必將進行各種推銷方面之努力，以求提高市場需求，使平均收益曲線向右上移動，則無利潤或有損失之情況可以改善，此點在以下將予討論。如果獨占者遭遇到圖 10-3(b) 的情況，而不能經由獨占者的努力而改善，獨占者必將退出此生產事業，很可能此一產業已成為衰退的事業，前途黯淡，故獨占者縱有獨占地位，也不得不放棄了。

三、長期獨占利潤

　　由以上分析，知獨占者在適度生產量下，因為平均成本低於平均收益，故有獨占利潤存在，由長期的觀點此種獨占利潤會不會因為競爭者的出現，使其利潤消失？由第八章市場類型的分析，吾人已知由於種種原因，在獨占市場，新競爭者很難加入，或則格於法律的規定，或則由於生產技術的特殊，或則由於傳統的歷史，新生產者是很難於進入的。因此獨占者所獲取之獨占利潤，常能長期維持，因而在長期情況下，獨占者的成本結構及收益很可能如圖 10-4 的情形，在適度生產量之下，長期邊際成本等於短期邊際成本，等於邊際收益，均為 EK，而長期平均成本等於短期平均成本，等於 EB，而市場價格或平均收益則為 EA，故獨占利潤為 $ABGP$。此獨占利潤不至於消失。當然如獨占者的獨占利

潤太高，對潛在的競爭者的引誘力太大，也不是不可能引起新生產者的
參加的。故獨占者仍須經常警覺於競爭者的可能出現，而制定其各項決
策。

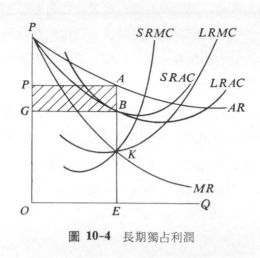

圖 10-4   長期獨占利潤

四、獨占與經濟福利

由消費者的立場看，獨占者的存在，對消費者的經濟福利是有利抑
為不利？在通常情況下，由獨占者所生產並銷售的產品，比由完全競爭
的產業所生產並銷售者，其價格要來得高，而其交易量則來得少，因此
獨占的存在對消費者的經濟福利是不利的。如圖 10-5 中，若為獨占者
所生產，則按邊際成本等於邊際收益所決定之銷售量為 OQ_0，而市場價
格則為 OP_0。若此產品由完全競爭的產業所生產銷售，則 AR 曲線便成
為此產業的市場需求曲線，而 MC 曲線便成為此產業的市場供給曲線，
由市場需求與供給所決定的價格為 OP_1，比獨占市場的價格為低，而所
決定的交易量則為 OQ_1，又較獨占市場的交易量為大，因此若為完全競

爭的產業，則消費者可以用較低的價格獲得較多的產品，經濟福利能獲得增加。由於站在消費者的立場，獨占者對消費者不利，因此經濟學者均認爲，除非爲特殊情況，獨占市場不應讓其存在，亦因此世界各國除特殊情況外，對獨占者之取締，均不遺餘力。

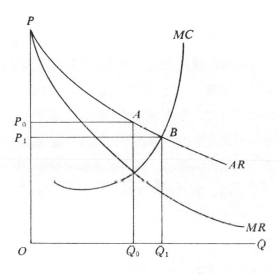

圖 10-5　獨占與完全競爭的比較

五、獨占者無供給曲線

在第九章中對完全競爭市場的分析，吾人知在完全競爭市場中，無論個別生產者及整個產業，均有一條供給曲線，表示不同的價格下有不同的供給量。但在獨占市場是否亦有這樣的一條供給曲線？由以上的分析，知道獨占者決定並選擇其產量時，是選擇在邊際成本等於邊際收益的一點，不僅須考慮成本因素，尤須考慮收益因素，而邊際收益之決

定， 亦必須獨占者有一預期的平均收益曲線存在， 卽市場需求曲線存
在，因此獨占者在決定其產量時，實際上亦決定了其價格，其產量與價
格是同時決定的，不同於完全競爭市場下的生產者，必須依據由市場所
決定的價格，然後再根據其邊際成本的變化，而決定其供給量，故其邊
際成本曲線，卽其供給曲線。但獨占者因爲產量與價格是同時決定的，
對於某一種市場需求曲線，及其對應的邊際收益曲線，只能由邊際成本
曲線上的一交點決定其供給量，而其他的點均無作用，如果整個市場的
需求情況變更，此時可由變更後的另一邊際收益曲線與邊際成本曲線上
之另一交點決定其供給量， 然而當決定此新的一點時， 邊際成本曲線
上原來的一點卽不再有效。因此吾人並不能僅由邊際曲線的變化而決定
其供給量，而相反的却反而由市場需求價格決定其邊際成本，因而邊際
成本曲線不是獨占者的供給曲線，獨占者僅能選擇產量與價格的一點，
而沒有整條的供給曲線，這是獨占者與完全競爭市場生產者所不同的地
方。而市場一般供需法則在此亦不完全有效，因很可能市場價格下跌，
獨占者的產量反能增加， 市價上漲， 獨占者的產量反而減少也。 如圖
10-6 中， 如果原來的市場需求曲線爲 AR_1（爲便於說明起見有關各曲
線均取直線形式），其對應的邊際收益曲線爲 MR_1，由 MR_1 與 MC 曲

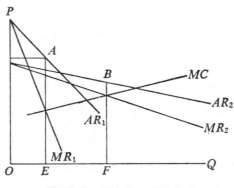

圖 **10-6** 獨占者無供給曲線

線所決定的產量爲 OE，其價格則爲 EA。如果市場需求轉變爲 AR_2，則其對應的邊際收益曲線爲MR_2，由 MR_2 與 MC 曲線所決定之產量爲 OF，而其價格則爲 FB，獨占者的供給量增加，而價格反而降低了。然而這種供給量增加價格降低的現象，却不能由邊際成本曲線 MC 看出，也不能由任何其他曲線表示，而必須考慮市場需求的變化，因此獨占者在這種情況下便沒有一條供給曲線。反之，若將 AR_2 當作原來的市場需求，而將 AR_1 當作後來的市場需求，則供給量由 OF 降爲 OE，價格則由 FB 上漲至 EA，表示價格上漲而供給量減少，因此亦無適當供給曲線能表示此一意義。

六、獨占者的其他考慮

　　獨占者依據邊際收益等於邊際成本的條件，決定其產量，並按市場需求情況，決定其價格，此時獨占者可獲取獨占利潤。但實際上，獨占者未必按此條件選擇其產量，亦因此未必充分運用其獨占權力，取得獨占利潤。獨占者實際的產量往往較其最適度產量爲大，其價格則較其最大利潤時的價格爲低。如圖 10-7 中，獨占者的最適度生產量爲 OE，其最大利潤之價格爲 EA，但實際上獨占者可能選擇邊際成本等於市場價格的一點，即完全競爭市場所依據的準則，選擇較大的產量 OF，其價格則爲 FD，此時邊際成本與市價相等，而邊際收益則遠較邊際成本爲低，此時雖仍可獲取利潤，但利潤已不是最大。進一步獨占者亦可能按平均成本等於平均收益的條件，決定其產量，此時獨占者除正常利潤外，已無獨占利潤可賺，如圖 10-7 中的 OG 卽是。此時平均成本等於平均收益，在平均成本中卽包含有正常利潤存在，獨占利潤則爲零。

　　獨占者所以選擇利潤較低的產量，一般均由於下列諸原因之一：或

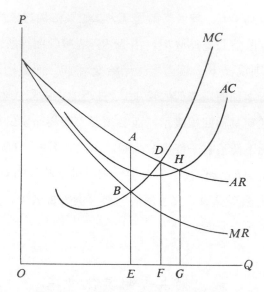

圖 10-7 獨占者由其他考慮決定產量

在追求最高利潤之外，尙有其他動機存在。最顯著者爲由政府所管制之獨占事業，如都市中水、電、煤氣、公共汽車等之公用事業，其性質爲獨占，但其事業則與市民的經濟福利密切相關，政府一方面雖維持其獨占地位，另一方面爲維護消費者的利盆，不能聽任其取得獨占利潤，故對於其向市民所收取之費率常予以硬性的規定，而在決定其費率時，多參照邊際成本等於費率的條件以取決，甚而以費率等於平均成本爲決定費率的條件。如此，則此等公用事業之產量，將不會爲獨占者之最適度產量，如圖 10-7 中之 OE，而是較適度產量爲大之 OF 或 OG。其費率不爲 EA，而爲較 EA 爲低之 FD 或 GH。

其次，獨占者雖不是爲政府所管制之獨占事業，但爲了下列考慮，亦常會增加其產量，而降低其價格。即爲了避免政府採取反獨占法而加以取締；或爲了避免高的獨占利潤，引起潛在競爭者的眞正出現；或爲了獲取最大的長期利潤而犧牲短期的利潤等。在一般國家，爲維持市場的自由競爭起見，常制定有反獨占法案，政府若發現有獨占者出現或存在，常可引用反獨占法案，加以取締或解散。政府如此做的目的是爲了限制獨占者以高價剝削消費者，但是如果獨占者自動降低價格，並提高產量，使消費者能獲得大量廉價的產品，而獨占者則並未賺取獨占利潤，政府亦未必會予以取締，因此部分獨占者爲避免取締，常願自動增加產量而降低價格。其次，在獨占市場，由於在前面已敍述過的理由，新生產者若想加入而與原來獨占者競爭，常相當困難，但是如果獨占利潤非常優厚，並能長期存在，潛在的競爭者是願意冒險一試的。但新生產者參加以後，由於供給增加、市場分割，每一生產者可能均無利潤可賺，於是原來的獨占者爲了避免潛在的競爭者出現以後，兩敗俱傷起見，不如自動增加產量，降低價格，犧牲部分獨占利益，使新生產者不至於加入，因而維持其長期的獨占地位。再其次，站在獨占者的立場，獲取最大的長期利潤，與獲取最大的短期利潤常是不一致的。如獨占者想獲取短期最大利潤，則往往市場無法擴大，因而犧牲了長期利潤，反之，若獨占者在短期間降低價格，增加產量，培養消費者的愛好，並擴展其市場範圍，則一旦消費者的習慣或愛好養成，市場範圍擴大以後，則其長期利潤可望能達到最大。因此獨占者由長期着眼，爲獲取最大的長期利潤，是願意犧牲短期的獨占利潤的，因而在短期間，獨占者會增加其產量，降低其售價。

　　除上述諸種原因外，很可能獨占者除了爲賺取利潤外，尚有其他動機存在，爲達到其他的目標，獨占者往往增大產量降低售價。例如獨占者可能有一爲消費者謀福利、爲社會大衆服務的動機，此時只要能獲取正常利潤卽感滿足，因此能以平均成本銷售其產品，其產量卽大，售價卽低。

七、差別取價

由於獨占者對於其產品價格的決定，具有完全的影響力，因此獨占者為獲取最大的獨占利潤，常實行差別取價的方法，對不同市場的消費者，或對同一消費者不同的購買量，取不同的價格。這種現象在完全競爭市場是不存在的，因為完全競爭市場的個別生產者不能影響價格，因此亦不能取一與市場供需因素所決定的價格不同的價格，而獨占者便無此種限制。

差別取價一般可分為兩種形態，一種是按個別消費者的最高需求價格出售其產品，故不但不同的消費者所付的價格不同，即對同一消費者不同的購買量，亦取不同的價格。此一形態差別取價的方式，其目的即是在將消費者剩餘完全剝奪罄盡。為說明此種差別取價的性質，可舉例以說明之，若消費者甲、乙二人對由獨占者所生產的某種財貨的需求表如下：

表 10-2

甲 的 需 求 表		乙 的 需 求 表	
價　　　　格	需　　求　　量	價　　　　格	需　　求　　量
15	1	10	1
12	2	8	2
10	3	6	3
8	4	4	4

如此一獨占者採取差別取價政策，則可向甲定出這樣的價格：購買一件，總價 15 元，購買兩件，總價 27 元，購買三件，總價 37 元，購買

四件，則收 45 元；而向乙，則若乙購買一件，收 10 元，購買兩件，收 18 元，購買三件，收 24 元，購買四件，則收 28 元。消費者除按獨占者所定價格購買外，別無選擇餘地，在這種情形下，消費者的剩餘被剝奪罄盡，而獨占者的利潤，此時可能爲最大。不過這一形態的差別取價，實際上不易實行，除了少數自由職業者，如醫生、律師、會計師，因其當事人財力之差異，而收取不同之公費外，一般獨占者多不易實行，因而在實際社會中亦不普遍。

市場上所常見的獨占者的差別取價，多屬第二種類型，即獨占者對不同性質的消費者，或對不同地區或市場的購買者取不同的價格。前者如臺灣電力公司對工業用電所收之電費，與家庭照明用電所收之電費，即不一樣。後者如若干生產者，其產品的國內價格常較其在國外市場所取的價格爲高，如臺灣的紡織品，由於鼓勵外銷，多採取以內銷貼補外銷的方式，即以高價內銷所獲之利潤彌補低價外銷之損失。但這種差別取價也不是任何一獨占者所能實行的。獨占者要實行這種差別取價，必須合乎下列三個條件： 即購買者無轉售之可能， 或不同市場可以判然劃分而不怕產品由低價市場向高價市場之倒流。前者如電力之銷售，由電力公司敷線個別輸送，不可能由某一個購買者低價收購而後再轉售圖利，如有此種情形，必然違法將遭受制裁。至於後一情況，如國內國外市場，則由於關稅的存在，產品無法由低價的國外市場再輸入本國，因爲再輸入本國時，便須納很高的關稅，仍無法以低價在國內銷售圖利。如這兩個條件不能滿足，則獨占者縱有差別取價的企圖，却無法付諸實施。第三個條件，即不同市場的需求彈性亦不同，例如國內市場的需求彈性低，而國外市場的需求彈性高是。

如果消費者之間確無法互相轉售，或不同地區的市場可以劃分，則獨占者如何決定其總產量，此總產量又如何在不同的市場分配？並如何決定其各別市場應取之價格？關於此一問題的解決，仍與獨占者一般產量的決定是一致的，卽總產量決定於總邊際收益等於邊際成本的一點，而總產量在各市場的分配，仍依據邊際收益等於邊際成本的原則，使各市場的邊際收益均告相等，而每一市場所應取的價格，則視該市場的需求彈性而定。茲為便於明瞭起見，以下列圖形說明之。

　　假定獨占者的產品，僅有兩個市場，卽國內市場與國外市場，圖10-8中，(a) 為國內市場，AR_1 為國內市場的需求曲線，其彈性較低，MR_1 則為邊際收益曲線，(b) 圖為國外市場，AR_2 為其需求曲線，其彈性較大，MR_2 則為其邊際收益曲線，(c) 圖 AR_T 則是總需求曲線，卽將(a)、(b) 圖中 AR_1 及 AR_2 的橫座標相加而得，卽表示在一定價格下，國內市場及國外市場需求之總和，故可稱為總銷售曲線，或總平均收益曲線、總需求曲線。MR_T 則為總邊際收益曲線，亦為 (a)、(b) 圖中將 MR_1 及 MR_2 橫座標相加而得。MC 為總邊際成本曲線，獨占者之總產量仍決定於總邊際成本等於總邊際收益的一點，卽總產量為 OQ。總產量分配於兩個市場之間，使每一個市場的邊際收益皆等於總邊際成本，故國內市場當邊際收益等於總邊際成本時，其銷售量為 OQ_1，由 AR_1 曲線，此一產量，其市場價格將為 OP_1。在國外市場當邊際收益

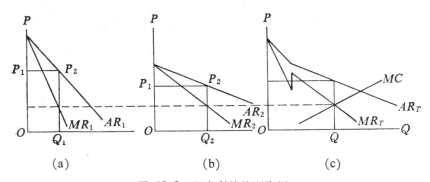

圖 10-8　獨占者的差別取價

等於總邊際成本時，其銷售量爲 OQ_2，由 AR_2 曲線，其市場價格將爲 OP_2。由圖中可看出由於國內市場需求彈性較低，故其價格較高，而國外市場需求彈性較高，故其價格較低。此二市場銷售量之總和，卽 OQ_1+OQ_2 剛等於 OQ。故獨占者能達到此一條件時，其獨占利潤可望較其他的產量及價格時爲大。

由圖 10-8 的分析中，吾人已看出，在不同市場其價格的高低與需求彈性有關，需求彈性高者，其價格則較低，其需求彈性低者，其價格則較高。何以會有這種現象？爲說明此點，吾人將應用邊際收益與價格及需求彈性之關係以說明之。在第八章吾人分析邊際收益之性質時，已知邊際收益與價格及需求彈性之關係如下，卽

$$MR = P\left(1+\frac{1}{E}\right)$$

在圖 10-8 中，依此種關係，則

$$MR_1 = P_1\left(1+\frac{1}{E_1}\right) \qquad E_1 \text{爲國內市場之需求彈性}$$

$$MR_2 - P_2\left(1+\frac{1}{E_2}\right) \qquad E_2 \text{爲國外市場之需求彈性}$$

在此二市場爲求利潤之最大，必須邊際成本等於邊際收益，

卽　　　$MR_1 = MC \qquad MR_2 = MC$

因此　　　$MR_1 = MR_2$

亦卽　　　$P_1\left(1+\frac{1}{E_1}\right) = P_2\left(1+\frac{1}{E_2}\right)$

所以　　　$\dfrac{P_1}{P_2} = \dfrac{1+\dfrac{1}{E_2}}{1+\dfrac{1}{E_1}}$

因需求彈性的符號爲負，若 E_1 的絕對值小於 E_2，則

$$1 + \frac{1}{E_2} > 1 + \frac{1}{E_1}$$

所以 $P_1 > P_2$

例如，若 $E_1 = -1.5$，$E_2 = -3$，則

$$\frac{P_1}{P_2} = \frac{1 - \dfrac{1}{3}}{1 - \dfrac{2}{3}} = \frac{2}{3} \cdot \frac{3}{1} = 2 \qquad 即 \qquad P_1 = 2P_2$$

國內市場的價格可能爲國外市場價格的兩倍。

八、摘 要

獨占生產者，無論在長期及短期考慮下，爲獲取最大的獨占利潤，其最適產量決定於其邊際成本等於邊際收益的一點。一般的在此一產量下，其平均成本可能低於其平均收益，故有獨占利潤存在。獨占者在決定其產量時，不但要考慮其成本結構，尚須考慮市場需求情況，因此獨占者並無供給曲線，僅有一固定的供給量。

獨占者的產量一般的均比在完全競爭的情況下所提供的產量爲少，且其價格亦比完全競爭的情況下的價格爲高，因此站在消費者福利的立場，獨占者對消費者不利。但實際上獨占者由於其他的考慮，如防止其他競爭者的進入、避免政府的取締，或爲追求最大的長期利潤等，不一定完全按照獨占法則決定其產量，其實際產量常比理論產量爲大，而其實際價格亦常比理論價格來得低。

獨占者的市場如果可以分割，其產品在不同市場之間亦不能交流，並且無轉售之可能，且不同市場間其需求彈性亦不同，則獨占者在不同市場之間，或對不同的購買者，即可採取差別取價的方法，亦即對同一

財貨，或同一財貨不同的購買量，採取不同價格。獨占者在採取差別取價時，在每一市場仍然按照邊際收益等於邊際成本的原則，決定其銷售量與價格。因此需求彈性愈低的市場，其所取之價格往往愈高。

重 要 概 念 與 名 詞

獨占利潤

差別取價

第十一章　寡占市場個別生產者
產量及價格的決定

　　以上兩章已就完全競爭市場及純粹獨占市場中個別生產者產量及價格的決定法則予以說明。然而在實際經濟社會中，完全競爭及完全獨占的生產者不多，若干產業僅能說近似於完全競爭，而不是實際的完全競爭市場，如農業、漁業，及若干礦業等，其價格多少已受到政府或社會的管制，不是可以隨市場的情況而變更的；而生產者之間復已有若干組織，而不是個別的出現於巿場。獨占的情況亦然，除少數產業外，獨占者殆很少出現。因此這兩種市場，對吾人的重要性不大，而與吾人有重要性者，毋寧是介於此兩種市場之間的市場結構，有競爭的特質，也有若干獨占的性質，換言之，亦即寡占市場與獨占競爭的市場。在這兩種市場中的個別生產者究竟如何決定其產量與價格？這是吾人最關心的問題。本章討論寡占市場的情況，下一章則研究獨占競爭市場。

一、寡占市場個別生產者的相互依賴性
及利害衝突性

　　在完全競爭市場及獨占市場的個別生產者，只要依據其成本結構及

市場需求情況，即可決定其產量與價格。依據前兩章的分析，在這兩種市場，個別生產者依據邊際成本等於邊際收益的原則，即可決定其產品的數量，從而獨占者即可決定其價格，而完全競爭市場的生產者，價格已由市場決定，只須依據此一市場價格，決定產量即可。無論是獨占者或完全競爭市場的個別生產者，皆不須關心其他生產者或競爭者的行動。因爲獨占者根本無其他競爭者存在，而完全競爭市場的生產者，則不須關心，因爲其他生產者的任何行動，都不足影響他的利益。但是在寡占市場的個別生產者是不是也是依據邊際成本等於邊際收益的法則，決定其產量與價格？還是需要考慮其他的因素？

寡占市場的個別生產者所考慮的因素，遠較其他市場的生產者爲多；他不但需要考慮其成本結構，與市場需求情況，而尤其須要關心其他生產者的行動。因爲其他生產者或競爭者的行動，均足以影響購買者對他的需要，因而影響他的銷路。因此寡占市場的個別生產者之間，便產生了一種密切的相互依賴的關係；任何生產者的銷售量均有賴於其他生產者的行動而定，因而產生了相當的不確定性。每一生產者在考慮其最適度的產量時，不僅要考慮其成本結構、其市場需求情況，尤其須預測其競爭者所採取的行動將如何？這一行動對他會發生什麼影響？爲了抵制這一影響，他將採取何種反應或報復行動。個別生產者不僅須消極的預測其他生產者的行動而準備應付，並且須積極的決定自己爲追求最大利潤，應採取何種行動？這種行動對其他生產者可能產生若何影響？其他生產者可能採取何種反應？以及對於各種可能的反應，自己又採取何種對策？因此對於寡占市場個別生產者的行爲法則，似乎建立在「如果……則……」或「如果如果……則……」的型式之上。一切全依賴所依據的假設而定。因此，到目前爲止，尚沒有一項被大多數經濟學者所共同接受的寡占理論。也因此，在理論的領域，現在有若干種不同的寡占理論。可以說每一個學者均有一套寡占理論，因為每一個學者皆可以依據對個別生產者所取行動採取不同的假設，而提出一項解釋的理論。

不過不管寡占市場的理論多麼紛歧，有一點在寡占市場表現得極為明顯而為多數學者所共同注意到的，即寡占市場的價格，極為穩定；不論是純粹寡占或差別寡占，一旦價格建立以後，即很少變動，而個別生產者相互間的競爭，亦多不以價格為手段，而採取價格以外的其他競爭手段。根據這項特質，吾人試提出幾項簡單的寡占理論，並約略說明價格方式以外的競爭，是採取何種方式。

二、有拗折點的需求曲線理論
(kinky-demand curve theory)

有拗折點的需求曲線理論，認為寡占市場個別生產者的銷售曲線或市場需求曲線，不同於其他市場的生產者，而具有特殊形態；由於此一特殊形態，而使得寡占市場的價格相當固定，不易變化。其需求曲線所以有特殊形態，乃是根據以下對其競爭者行為所作的假設而來。就某一個別的生產者而論，如果市場價格為 OP，若此一生產者變更其價格而其他競爭者不予注意，或雖注意而並不採取任何應付行動，仍然維持他們原來的價格不予變動，則此一生產者的市場需求曲線的形態可能為 D_1D_1'，其彈性較大。亦即當此生產者降低價格時，其他生產者的價格不變，則由於其價格的降低而將其他生產者的顧客吸引過來，其銷售量將增大。反之，若此一生產者提高價格而其他生產者的價格不變，則由於其價格的上漲，其顧客必將為其他的生產者所爭取，其銷售量必大為減少，因而其市場需求曲線便為 D_1D_1' 形態。與此需求曲線對應的邊際收益曲線，為 MR_1。另一方面，假如此一生產者變更價格時，而其他

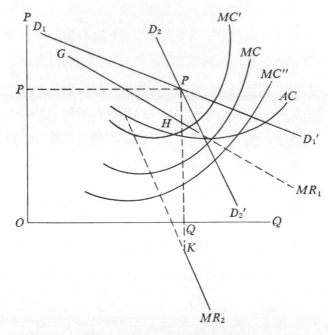

圖 11-1 根據有拗折點的需求曲線決定最適產量與價格

競爭者亦採取同一行動，則此一生產者的市場需求曲線可能為 D_2D_2' 形態，其彈性較小。亦卽當此一生產者降低其價格時，其他生產者亦降低其價格，甚至其降低的幅度比他還大，則其他生產者的顧客不會被他吸引過來，最多他能吸引原來並不購買而現在由於價格降低而開始購買的新顧客的一部分，因此其銷售量增加甚微。反之，若此一生產者提高其價格，而其他生產者亦提高其價格，則此一生產者的顧客，由於其他生產者的價格同樣提高，因而不至於被其他的生產者吸引去。但可能由於價格的上漲，若干購買者暫時退出市場，因而此一生產者的市場需求量雖有減少，但減少得不多，其市場需求曲線便為 D_2D_2'，而與此曲線對應的邊際收益曲線則為 MR_2。但事實上其他生產者不可能全無反應，亦不可能無論價格漲跌均有反應，很可能當此一生產者降低價格時，因為這將影響到他們的銷路，因而會採取同一行動，也降低價格。但是當此一生產者提高其價格時，因為這將對他們有利，故他們不會採取行動，同樣提高價格。如果是這樣，顯然，市價若低於 OP 時，此一生產者的需求曲線為 PD_2'，市場價格若高於 OP 時，其市場需求曲線則為 D_1P，而其整個的需求曲線便為 D_1PD_2' 形態，在 P 點有一扭折點。至於 D_1D_1' 曲線上 PD_1' 部分，與 D_2D_2' 曲線上 D_2P 部分均不發生作用，故不須考慮，此一需求曲線在 P 點便有一扭折點(kink)，故稱為有扭折點的需求曲線。

　　因為此一有扭折點的需求曲線是由兩條需求曲線的有關部分組合成功的，其對應的邊際收益曲線的形態便也有些特殊，與 D_1P 部分有關的邊際收益曲線是 GH 段，而與 PD_2' 部分有關的邊際收益曲線則為 KMR_2 段，因此與 D_1PD_2' 需求曲線對應的邊際收益曲線便是 GH—KMR_2，由 H 到 K 中間中斷，其中斷處剛好在扭折點 P 以下。為方便計，吾人可用虛線聯結之而成 $GHKMR_2$ 折線。

　　如果此一生產者的平均成本及邊際成本曲線分別為 AC 及 MC，並且如果其邊際成本曲線在 HK 之間與中斷的邊際收益相交，則吾人可看出不論市場需求情況如何變化，亦不論成本結構如何改變，只要邊際成本曲線 MC 能與邊際收益曲線相交於其中斷的部分，生產者總是以生產 OQ 單位的產量，而以 OP 的價格銷售最為有利；因此時邊際成本雖不等於邊際收益，但產量若稍增大，邊際收益即低於邊際成本，產量若稍減少，邊際收益即高於邊際成本，故以產量 OQ 為最有利，而此一產量的價格為 OP。同時吾人亦可看出，若成本結構改變，成本增加，而邊際成本曲線上移至 MC' 的位置，或成本降低，邊際成本曲線下移至 MC'' 之位置，只要此二曲線仍相交於邊際收益曲線的中斷部分，生產者仍是以生產 OQ 單位，以 OP 價格銷售最為有利，而不會改變其產量與價格的。

由以上的分析，此一有拗折點需求曲線的理論，確能說明一旦寡占市場建立了某一價格之後，若無重要因素，價格非常穩定，不會輕易變動。但此一理論，也有一重要缺點，即它不能解釋價格何以會建立於現在的水準。就圖 11-1 言，吾人雖可解釋價格若建立於 OP 時，此價格相當穩定，無重大原因，不至於會變動，但價格何以會建立於此一點？有拗折點的需求曲線理論便無從說明了，不得不另從其他角度予以解釋。

三、平均成本定價法則

因為有拗折點的需求曲線理論，僅能說明寡占市場的生產者一旦市場價格決定以後，如無重要原因，價格將相當穩定，不會有多大變化，但却不能說明，價格何以會決定於某一水準。為了解釋價格究竟如何決定於此一水準，若干學者，乃從寡占生產者實際的定價過程中去分析，因而提出了平均成本定價的法則。

依據這一分析，認為雖然經濟學理論中，將邊際成本等於邊際收益的原則，看作是生產者決定產量與價格的標準，而實際上領導企業從事生產的企業家以及各階層管理人員，可能根本不了解邊際成本與邊際收益的意義，自談不上依據此二數量的相等以決定其產量。或者雖然了解這兩個概念的意義，但是實際上却不可能準確的估計出其數值，因此自亦不能以之作為決定產量的依據。各生產者實際決定其價格的，乃是以正常的生產能量為基礎，算出單位產品的平均成本，然後再在平均成本之上加上一定的百分比作為利潤，如此計算出之數字，即為市場價格。而在此一價格之下，盡一切方法，增加其銷售量。因為價格既經決定，如無重大原因，當然不會變更，因而市場價格乃表現出相當穩定的特質。同時價格既經固定，爲增加銷售量，當然多採用價格以外的競爭手段，以與其他的生產者相競爭。此一原則，卽所謂平均成本定價法則。

依據此一法則在計算平均成本時所採取的正常生產能量，視產業的性質及市場的情況而定。此正常生產能量當然不是該產業的最大生產能量，可能是按照生產程序，考慮季節變動，並依照一般社會習慣而計算出之平均數。實際的生產量可能有時超過此正常生產能量的負荷，有時則不及此一負荷。至於所包含的成本因素，除可變成本外，自亦包含固定成本在內，如機器折舊、管理費用、租稅等。而作爲利潤所加之百分比，各產業亦不相同，有所加之百分比甚高者，亦有甚低者，視各產業傳統利潤之情況及資本周轉之速率而定。凡資本周轉之速率大者，所加之百分比小，反之，資本之周轉率小者，則所加之百分比大。

若以符號表示之，則平均成本定價可用下列公式表之：

$$P = \frac{c}{q}(1 + \gamma)$$

式中 p 表價格，q 表正常生產能量下的生產量，c 表產量爲 q 時之總成本，包括可變成本與固定成本，γ 則爲利潤比率的百分比。

四、價格領袖 (price leader) 制度

在寡占市場中，尚有一定價的原則，爲多數的生產者實際所遵奉，因而能表現出價格的一致與穩定的特質，此卽所謂價格領袖制度。在寡占市場的生產者可能爲避免獨立定價的麻煩，以及所定價格與其競爭者不一致時可能引起的不良反響起見，往往不自定價，而是追隨該產業中某一特定的生產者，視此一生產者所定之價格爲何，再依據其價格決

定其自己的價格，或者採取與該一生產者相同的價格，或則在該一價格上加減一適當的百分比作爲自己的價格。被其他生產者作爲價格依據的生產者，卽是價格領袖，或價格領導者 (price leader)，其他追隨此一價格領袖的可稱爲價格的追隨者 (price follower)。作爲價格領袖的，可能是該產業中最大的一個生產者，或則是該產業中歷史最久的生產者，亦可能是由於其他原因而選擇的某一生產者。不論是以何種因素所選出之價格領袖，其價格一旦決定以後，其他生產者的價格當然也隨之決定，如無特殊原因，價格領導者不會隨便變更其價格，因爲怕引起其他生產者不良之反響。而價格追隨者亦不會隨意變更價格，因變更價格對其可能產生不利的影響。因此表現於寡占市場的便是價格長時期的保持穩定了。

五、寡占市場個別生產者的勾結或君子協定

寡占市場中的個別生產者相互之間旣有高度的互相依賴性及利害衝突，任何個別生產者的行動均可能影響其他生產者的市場與利潤，因此各生產者之間爲增加利潤減少競爭起見，相互之間可能進一步的結合，以圖控制市場，增加全體的利潤。其結合的方式，可能是公開的勾結，分割市場，劃一價格。此種公開勾結最澈底的，便是同意合併成爲一托拉斯，此時個別生產者便喪失其獨立性，成爲托拉斯的一員，而寡占市場很可能便變爲獨占市場，爲求獨占利潤之最高，適用前一章所分析之獨占法則。此種結合成托拉斯的方式，過去在美國甚爲風行，但自一八九〇年美國反獨占法案 (Antitrust Act or Sherman Act) 通過後，已成爲違法之行爲，聯邦法院得加以取締或解散。公開勾結的次一方式，則是產業聯盟的組織，每一生產者仍保持其獨立的地位，但對於價格的決

定、產量的分配、市場的劃分，甚而利潤的重分配，交由聯盟決定，而各加盟生產者必須遵守。這種結合的方式，過去在歐洲甚為風行，尤其在德國，即所謂辛廸加（Syndicat）是。這種產業聯盟，政府不但不取締，有時在對外貿易方面，還加以鼓勵。不過在兩次大戰德國失敗後，辛廸加的形式也逐漸沒落。最後，生產者公開勾結若屬違法或不為社會原諒時，則生產者往往會暗中勾結而結成所謂君子協定；表面上生產者之間沒有任何聯繫，實際上則以種種隱秘的方式，規定價格、分割市場、分配利潤，購買者受其操縱而不自覺。這種隱秘的君子協定方式的勾結，在今日的美國，甚為普遍，雖然法律上嚴加取締，並不能根絕。

　　目前我國較顯著的寡占產業，也有若干種，較著名者如水泥、味精、紡織等均屬之。此等產業對內為避免競爭，對外為增加外銷起見，生產者間均有嚴密的組織，這種組織有時且為政府所鼓勵、所促成。這種組織所採取之方式或為聯營，如味精；或為統一價格，如水泥；或採取其他合作方式，如紡織。實際上這種種組織，站在經濟效率的立場，是否合理，站在消費者的立場，對消費者是否有利，便很難說了。

六、寡占與非價格競爭 (non-price competition)

　　由以上之分析，在寡占市場中價格相當穩定，不像完全競爭市場中之價格，隨時隨供需情況之變化而變動。因此寡占市場中的生產者，為了增加銷路，獲取利潤，便無法採取降低價格的競爭方式，與其他生產者競爭，而不得不採取價格以外的方式，以進行競爭。這種價格以外的競爭方式，包括品質的改進，增加銷售費用以增加市場對其產品的需求；除產品本身外，提供特殊的額外的服務，給予各種信用，以及其他獎勵鼓勵的方法等。

就改進品質論，生產者如不能以降低價格的方法增加其銷售量，則
如果其產品的品質能有所改進，而仍以原來的價格銷售，便等於以原來
的品質，降低價格銷售一樣，市場需求，可能因之提高。如果生產者確
能做到品質的改進而不提高價格，站在消費者的立場，毋寧是有利的。
不過在多數寡占市場中，所謂品質的改進，有時不一定是眞正品質的改
進，不過是生產者利用廣告，在消費者心目中產生一項品質已予改進的
印象而已，可能品質不但未改進，實際上反而變劣。例如美國的香煙市
場，卽是一寡占市場，若干年來價格均未變動，生產者爲了競爭起見，
不斷以品質優良相號召，而自吸煙影響健康之說提出後，煙商更不斷以
加裝濾嘴，保留煙味的芬芳相標榜，實際上品質是否如廣告上所說的那
樣良好，濾嘴是否如廣告上說的那樣有效，消費者無法從事技術的判
斷，只能姑妄聽之而已。

所謂增加銷售費用，以提高市場需求，卽是生產者支出某項費用，
其目的不是在增加生產，故與產量無關，而僅是在影響消費者，使其對
該項產品的偏好提高，因而增加其需求。其最具體的方式，如透過現代
大衆傳播的媒介，從事廣告宣傳；派出推銷人員，從事家庭訪問，免費
供給樣品以作試用等。這種銷售費用，亦屬成本之一，生產者之所以願
意支出這項銷售費用，則是因爲這項費用支出後會促成銷售量之增加，
因而增加其總收益。但銷售成本之支出以何種數量爲最適宜？則須視銷
售量增加後之邊際收益，與邊際銷售成本兩者而定。如由於支付銷售成
本後銷售量之增加所獲得之邊際收益，大於邊際銷售成本，則增加銷售
成本爲有利，因爲可以增加淨收益。反之，若邊際收益小於邊際銷售成
本，則減少銷售成本爲有利，因爲如此可減少淨收益之損失也。必待由
於支出銷售成本後所獲得之邊際收益剛等於邊際銷售成本時，才是最適
度之銷售成本，對生產者爲最有利。

但是生產者考慮銷售成本此一因素以後，由於所考慮之因素增多，生產者所欲解決之問題便更複雜，此時生產者為決定其最適度之生產量，不僅須考慮生產成本及市場需求等因素，更須考慮銷售成本一因素。而銷售成本與生產量無直接關係，僅與銷售量有關，而銷售成本又能影響市場需求情況，此時市場需求情況，不再是一客觀的存在，而是能由生產者所影響的環境，在這一互為影響的複雜情況中，生產者究竟如何決定其最適度之生產量，是一非常複雜的問題，本章及以上各章的分析，對此無所幫助，亦超出於本書水準，茲不深論。

　　為了進行非價格的競爭，生產者除了提供產品本身外，可能還附帶的提供他種勞務。例如，對於產品設計特別的包裝；在批發或零售的場合佈置舒適的環境，使購買者樂於光臨；可以用電話或郵購方式，將貨品送到家；可以提供特別信用，如分期付款等。總之由於這些勞務的存在，使購買者將其視作產品所不可少的部分，因而增加其需求。

　　生產者有時除為產品提供特殊勞務外，尚可能提供特殊獎勵或鼓勵的方式，利用消費者貪圖小便宜的心理，增加其需求量。例如，對消費者在購買時附贈他種物品，或附贈彩券或獎券，當場可以摸彩，或將來可以開獎，中獎時可獲得其他獎品等。對於這種種方式，吾人當不生疏，臺灣各業，不僅寡占市場的生產者大多採取這種手段，而其他市場結構的生產者亦多採取這種方式，如買冰箱送磁器，買味精送彩券，買汽水有瓶蓋獎等均屬如此。問其用意，亦不過增加消費者購買的興趣，提高其需求，因而增加生產者的銷售量而已。

七、摘　要

　　寡占市場的個別生產者之間相互依賴性及利害衝突性均甚高，因此任何一個個別生產者的行為，必須同時考慮其他生產者的行為。對其他生產者的行為所採取的假定若不同，卽產生不同的寡占理論。現代一般受重視的理論有下列數種，卽 (1) 有拗折點的需求曲線理論，認為寡占市場個別生產者的市場需求曲線上有拗折點存在。(2) 平均成本定價原理，認為寡占市場的個別生產者按平均成本加一定的利潤率而決定其價格。(3) 認為寡占市場的個別生產者之間，常以某一生產者作為價格領袖，而根據此價格領袖之價格以決定自己之價格。

寡占市場由於相互之間的相互依賴性高，不易採取價格競爭的方式，故寡占市場的價格均相當穩定，而多採取非價格競爭的方法以從事競爭，例如改進品質、增加服務項目及提供額外獎品是。

重 要 概 念 與 名 詞

有拗折點的需求曲線   非價格競爭

正常生產能量   君子協定

價格領袖與價格追隨者

反獨占法

第十二章　獨占競爭市場個別生產者產量及價格的決定

　　屬於完全競爭與純粹獨占之間的市場結構，除寡占市場外，尚有一獨占競爭的市場。寡占市場與獨占比較接近，而獨占競爭的市場，則與完全競爭的市場比較接近。獨占競爭市場的產生，可能是由於完全競爭市場的生產者，從事產品的差別化，每一生產者的產品皆發展其獨特性，與其他生產者的產品相比較，在消費者心目中即有所差異，因此購買者在購買時對生產者即有所選擇，因而對特定的生產者即有不同的偏好。另一方面，這種獨占競爭市場的出現亦可能是由於在寡占市場中，無法阻礙新生產者因為利潤的優厚而不斷加入。如果市場不斷擴大，新生產者不斷加入，最後由於生產者數目的增加，亦可能由寡占市場變為獨占競爭的市場，不過這種可能性或許較小。

　　在獨占競爭市場中，一方面由於人數衆多，每一生產者的產量在總產量中所占之比例甚小，因而無法操縱市場，這一點與完全競爭市場甚相似。但另一方面，每一生產者的產品與其他生產者的產品有所差異，因而任何兩生產者的產品，在消費者心目中其替換性並非無限大，這一點與完全競爭市場不一樣，却近於獨占市場。因此之故，獨占競爭一詞，由此而產生。

一、短期分析中個別生產者適度產量之決定

在獨占競爭的市場中，個別生產者的產品有其差異性，因此其市場需求曲線，彈性係數不再等於無限大。換言之，其市場需求曲線或平均收益曲線不再是一根平行於橫座標的直線，而是一根由左上方向右下方傾斜的曲線；表示此一生產者當其價格較其他生產者爲高時，仍能保持一部分顧客，不過其銷售量比較少而已，因爲部分顧客可能轉向其他生產者購買。反之，若此生產者降低價格時，則其銷售量可望增加，因其可能由其他的生產者處吸引一部分顧客過來。此一生產者因爲價格跌落故能吸引其他生產者顧客的現象，並不爲其他的生產者所注意而採取報復或應付行動，因爲受影響的生產者可能非常多，每一生產者所受的影響很有限，不會嚴重降低其收益，因此犯不着採取報復行動。獨占競爭市場個別生產者平均收益曲線此一特性與獨占者甚爲相似，所不同者可能其需求彈性相對的比較大而已。

在短期分析的觀點下，個別生產者究竟如何決定其產量與價格？如上所述，由於個別生產者的市場需求曲線是一由左上方向右下方傾斜的曲線，短期間因生產者的生產規模固定，故其決定適度生產量與價格的法則與獨占相似。圖 12-1 中 AR 爲該生產者的平均收益曲線，MR 爲其邊際收益曲線，$SRAC$ 及 $SRMC$ 則分別爲其短期平均成本及短期邊際成本曲線。由此圖形，生產者爲獲取最大利潤，必將其產量擴展到邊際收益等於邊際成本的一點，即 $MR=MC$。由圖 12-1，邊際成本曲線與邊際收益曲線相交於 K，故生產者的最適度生產量爲 OQ，而由平均收益曲線，知產量爲 OQ 時，市場價格則爲 OP。因爲由市場需求情況及生產者的成本結構，僅能決定圖形上的一點，故獨占競爭的生產者，

亦如獨占者一樣，沒有市場供給曲線。

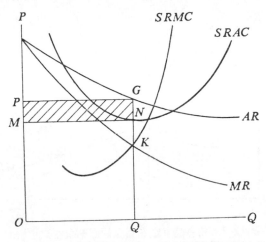

圖 12-1　獨占競爭廠商短期最適產量的決定(一)

　　由邊際收益等於邊際成本的條件以決定最適度生產量，是不是能保
證生產者就能獲得最大的利潤？關於這一點尚須視平均成本與平均收益
的關係而決定。如果在最適度生產量 *OQ* 的一點，平均收益大於平均成
本，如圖 12-1 所示，短期平均成本曲線在平均收益之下，則生產者可獲
得利潤，並且此時之利潤比任何其他的產量爲大。圖中產量爲 *OQ* 時，
平均成本爲 *QN*，平均收益爲 *QG*，因而單位利潤爲 *GN*，總利潤則爲
GNMP，此一總利潤，必比任何其他產量水準之總利潤爲大。但如果在
最適度產量的一點，平均成本大於平均收益，則此時生產者必有損失，
不過在此一產量下，其損失必較任何其他產量水準時爲小。如圖 12-2
中，邊際收益等於邊際成本時所決定之產量爲 *OQ*，此時平均成本爲
QN，平均收益爲 *QG*，平均成本大於平均收益，單位損失爲 *GN*，而
總損失則爲 *NGPM*，不過雖有損失，若生產者仍願繼續生產，在此一
產量水準下的總損失總是最小的。

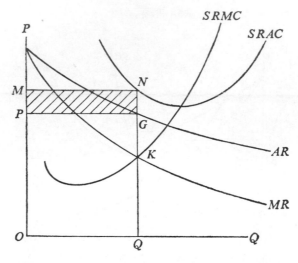

圖 12-2 獨占競爭廠商短期最適產量的決定(二)

二、長期分析中個別生產者產量與價格之決定

短期分析中，由於生產者生產規模固定，生產者從事生產時，僅能以邊際收益等於短期邊際成本的一條件，決定其最適度的生產量。在此一產量下，比較平均成本與平均收益的關係，生產者可能賺取利潤，亦可能遭致損失。但是當吾人由短期分析，進入到長期分析的範圍，在長期情況下，生產者又如何決定其產量？其利潤之大小又如何決定？

要考慮個別生產者的長期情況，吾人不得不注意幾項因素：首先獨占競爭市場中，對於新生產者的進入，或對於原有生產者的退出，均沒有任何阻礙而是有充分自由的。如果整個產業一般的情況看好，多數生產者均有利潤可賺，則在長期中必會吸引新的生產者加入，而生產者的數目會慢慢增加。反之，如果整個產業的一般情況蕭條，多數生產者不但無利潤可賺，而且經常有損失，同時這種情況在短期間內又似無改進的可能，則部分的生產者卽將不更新其設備，而逐漸退出生產，生產者的數目亦將會慢慢減少。當然由於個別生產者對未來的預期不一致，在產業情況看好時，可能有人退出生產，但一般的說，新參加的生產者數目一定會比退出者爲多，結果生產者數目仍會增加。反之，在產業蕭條時期，亦可能有生產者加入此產業，但一般的退出生產的數目一定會比參加的數目爲多，結果生產者的數目仍會慢慢減少。其次，吾人須注意者，隨生產者數目的變化，及個別生產者生產規模的調整，對各項生產因素的需求可能亦因此發生變化。若生產者的數目增加，而個別生產者的生產規模亦擴張時，對生產因素的需求必增加，因而生產因素的價格可能上漲。反之，若生產者的數目減少，或個別生產者的生產規模緊縮，則對生產因素的需求減少，因而會引起生產因素價格的下跌。無論是生產因素價格的上漲或下跌，必將影響個別生產者的成本結構，而使其成本發生變化。

考慮了以上的兩項因素，吾人可以進一步分析個別生產者在長期情況下產量決定的法則。這可由兩種不同的情況，進行分析。先假定整個產業情況看好，市場需求甚高，多數生產者均有利潤可賺，則由於利潤的刺激，不但原來已從事生產的生產者會調整其生產規模，而由於大量利潤的存在，亦必將引起新生產者的加入。由於新生產者的加入，生產者的數目增加，市場供給增加，對每一個別生產者必將發生兩種影響：首先由於生產者數目的增加，每一生產者在全部供給中所占的比例減少，換言之，其顧客部分爲其他的生產者所吸引去，故其市場需求曲線或平均收益曲線必將降低。其次，由於對生產因素需求的增加，生產因素的價格可能上漲，因而每一生產者的成本結構改變，亦卽短期成本曲線向上移動。個別生產者這種平均收益曲線及成本曲線變動的過程，在市場未重獲均衡以前必將繼續存在，直至市場重達均衡而個別生產者亦重達均衡爲止。其次，若假定整個產業情況蕭條，市場需求甚低，因而多數生產者均遭致損失時，則由於損失的關係，不但不足以吸引新生產者的加入，而原來的生產者亦必逐漸退出生產，或緊縮其生產規模，由於生產者的退出，生產者的數目減少，對仍繼續維持生產的生產者必產生兩種影響：首先，由於生產者數目的減少，每一仍繼續生產的生產者，在市場全部供給中所占的比例即增大，換言之，退出生產的生產者，其顧客必轉向未退出的生產者，而此未退出的生產者，其市場需求必增大，即其市場需求曲線或平均收益曲線將向上移動。同時由於生產數目的減少，對生產因素的需求亦將減少，生產因素的價格可能下跌，對於未退出的生產者，必使其成本降低，亦即其短期成本曲線必向下移動。這種平均收益曲線及成本曲線變動的過程在市場未重獲均衡以前，必將繼續變化，直至市場重獲均衡而個別生產者亦重獲均衡爲止。

由上述兩種情況所產生的個別生產者的變化，最後將產生何種結果？這吾人可用圖 12-3 說明。個別生產者市場需求曲線或平均收益曲線，及成本曲線的移動及變化，必滿足此一條件，即當邊際收益等於短

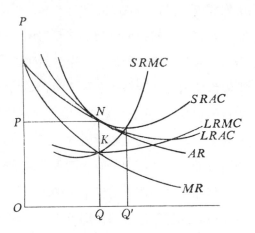

圖 12-3　獨占競爭廠商長期最適產量的決定

期邊際成本以決定適度生產量時，在這一產量下，短期平均成本亦等於平均收益。換言之，短期平均成本曲線剛好在此一產量時，由上方切於平均收益曲線於一點 N，此一平均成本曲線即代表生產者所選定的生產規模。如圖 12-3 中，邊際收益曲線與短期邊際成本曲線交於 K 點，因而決定適度生產量 OQ，在這一產量下，短期平均成本曲線切平均收益曲線於 N 點，即短期平均成本等於平均收益。不僅此也，在此一適度產量下，長期邊際成本亦等於短期邊際成本等於邊際收益，而長期平均成本亦等於短期平均成本等於平均收益，亦即長期平均成本亦在 N 點與平均收益曲線相切也。此一條件，吾人可稱為獨占競爭市場個別生產者的長期均衡，以公式表示之，其條件為

$$MR = SRMC = LRMC$$

同時　　　$$AR = SRAC = LRAC$$

因為在長期均衡條件下，最適度生產量的平均成本等於平均收益，顯然個別生產者沒有超額利潤可得，同時亦不致遭致損失，生產者僅能獲取正常利潤，而無法取得獨占利潤，這一點是與獨占不相同的。

當每一個別生產者獲得均衡時，整個產業亦達到均衡，此時不但生產者的人數不變，而每一生產者的生產規模亦不變，因為如果此兩者仍在變動時，每一個別生產者的有關因素亦將繼續變動而不致達到均衡也。

三、獨占競爭與經濟效率

由以上之分析看出，在獨占競爭市場的個別生產者，到達長期均衡時，其短期平均成本、長期平均成本與平均收益均切於同一點。由於個別生產者的平均收益曲線，不是一根平行於橫座標的直線，而是一根由

左上方向右下方傾斜的直線，因此與長期平均成本的切點必在長期平均
成本曲線仍在遞減的階段內。換言之，其最適度生產量並不是長期平均
成本爲最低的生產量，同時這一切點也是與短期平均成本相切的一點；
由此可見，個別生產者在長期均衡時所選擇的生產規模不是最適度的生
產規模。最適度的生產規模，根據吾人在成本結構的一章中的分析，是
短期平均成本與長期平均成本均能達到最低者，亦即短期平均成本曲線
與長期平均成本曲線切於兩者的最低點。而獨占競爭市場個別生產者長
期均衡時，短期平均成本曲線與長期平均成本曲線切於後者仍在遞減的
階段，由此可見其所選擇的生產規模，不是最適度的生產規模，而是比
最適度的生產規模爲小。不但如此，個別生產者對此小規模的生產設備
亦不能充分予以利用，以生產最適度的生產量。因爲吾人由圖 12-3 中
可看出，個別生產者長期均衡下的最適度生產量，其短期平均成本雖等
於平均收益，但仍在短期平均成本曲線遞減的範圍內，換言之，生產者
如就此生產規模增加其生產量時，其短期平均成本仍然可以繼續降低到
一最低點，但是生產者却不願生產至此一數量，因爲產量如果超過 OQ
而爲 OQ' 時，雖然短期平均成本爲最低，但此時邊際成本大於邊際收
益，生產者的利潤必減少，此對生產者爲不利，故由生產者的觀點是不
願生產至此一數量的。

　　由於獨占競爭市場中個別生產者所選擇的生產規模皆比最適度的生
產規模爲小，同時對於此一較小的生產規模亦不能充分利用，以發揮其
生產規模的最高效能，因此就整個獨占競爭的產業而論，在長期均衡
時，其生產者的數目，必然偏於過多；因爲如果每個生產者都能選擇最
適度生產規模，而同時又能將此最適度生產規模的效能發揮到最高，每
個生產者的產量均可大量增加，而對於一定的市場供給量即可由較少數
目的生產者供應，可是事實上並不如此。因爲獨占競爭市場個別生產者

的數目過多，每一生產者的生產規模太小，而對太小的生產規模又不能充分利用，因此由經濟效率的立場而論，獨占競爭市場使用了過多的資源，因而引起生產資源的浪費。

由吾人生活中的實際經驗而論，亦不難發現這種現象：都市中到處林立的食品店，可為一例，每一食品店為了供應市場，除規模特別小不能自行生產者以外，均須設置一套烘烤設備，而這一套烘烤設備，由生產效能言，無疑規模是太小了；然而對於此一烘烤設備，每一食品店並不能充分利用，大概每天開工兩三小時，即足供應市場全天所需，如每天開工七、八小時，必定出品充斥，若不大肆跌價，一定無法脫售。可是這種現象却無礙於多數生產者的存在，可能生產者之間的流動性很大，平均每一生產者的經營壽命並不長，但全部生產者的數目却並不會減少。

獨占競爭市場既會引起生產資源的浪費，由經濟效率的立場，是否能將獨占競爭設法改變為完全競爭？ 以節省資源的使用， 同時減少成本，降低價格。因為吾人知道，此兩種市場，銷售者與購買者的人數均甚多，其他方面亦多相似，唯一不同者是獨占競爭市場個別生產者的產品相互有差異，而完全競爭市場個別生產者的產品則齊一化、標準化，同時在完全競爭市場長期均衡到達時，短期平均成本與長期平均成本均為最低。理論上如果吾人能將產品的差別化取消，即能使獨占競爭市場變為完全競爭市場，可是事實上是否能做得到呢？

理論上將獨占競爭市場轉變為完全競爭市場，以減少資源的浪費，雖有可能，但由於兩項考慮，事實上恐做不到。一項考慮是消費者心理的。消費者的慾望是多樣的，是會不斷增加的，也是多變的，除了對滿足基本生命所需的財貨外，對一切財貨的需求，皆希望多變化而能有各種各樣的機會供其選擇。對於能滿足同樣慾望的產品如果有多種設計以

供選擇，消費者會感到更滿足，如果只有一種，或在各方面均已標準化
的少數幾種，別無選擇的餘地，則消費者會感到不滿足。而獨占競爭市
場個別生產者的產品即提供了這種差異性與多樣性。各生產者所生產的
產品，在本質上均能滿足同一慾望，然而在品質、式樣、設計、裝璜、
銷售者所提供的勞務等各方面，均有若干差異，足能滿足購買者希望多
樣性的心理，供其選擇，因此感到更高的滿足。如果吾人尊重人性，承
認消費者的選擇自由，為屬於經濟福利之一，則吾人即應為消費者提供
這種多樣性，即應視獨占競爭市場的存在有其必要，而獨占競爭市場所
引起的資源的浪費也是為了獲取經濟福利所必要的代價。否則，生活於
共產黨的人民公社中，吃一式的飯、穿一式的衣、用一式的用具、喊一
式的口號，簡單則簡單，資源亦可大量節省，然而此時人之所以為人的
價值也就喪失殆盡了。

其次所需考慮的一因素，即運輸成本的問題。在現代經濟生活中，
空間是一不可克服的因素。由於空間的存在，任何一物由甲地運至乙地
必須支付運輸成本，有些財貨價值大，運輸成本低，生產者產品的市場
即大，有若干種產品，價值低，而運輸成本高，生產者的產品市場即狹
小。在吾人分析完全競爭市場時，是假定產品是標準化、齊一化的，可
是這並未考慮運輸成本一因素，若考慮運輸成本因素，對特定消費者即
絕無標準化的產品存在。空間因素即構成產品差別化的條件，對於同樣
一件物品，在附近店中即能購得，與距離較遠的店中所能購得，縱然
價格一樣，對消費者言，決非是同質的產品，因為消費者為了到遠處去
買，必須支出交通費也。由此可知，理論上的完全競爭市場，由於運輸
成本的關係，實際上是不存在的。如果不能把運輸成本此一因素消去，
獨占競爭市場永遠不會變為完全競爭市場，因此獨占競爭市場是常態，
完全競爭市場只是一種理想。

四、摘　要

　　獨占競爭市場的個別生產者，在短期分析中，因其生產規模不能變更，爲期獲得最大利潤，其最適產量決定於其邊際成本等於邊際收益的一點。在這一產量下，如果其平均成本小於平均收益，則其利潤爲正數。如果其平均成本大於平均收益，則其利潤爲負數，亦卽有損失，不過在此一產量下其損失爲最小。

　　在長期分析中，不但個別生產者的生產規模可以變更，而且此一產業中個別生產者的數目可能變動，個別生產者所僱用的生產因素的價格，以及其銷售曲線均能發生變化，故在長期均衡狀態時，其最適生產量決定於其短期邊際成本等於其長期邊際成本亦等於其邊際收益的一點。而在此一產量下，其短期平均成本等於其長期平均成本亦等於其平均收益，因此在長期均衡狀態下，個別生產者並無獨占利潤或超額利潤。

　　由於獨占競爭市場的個別生產者，在長期均衡狀態下並不能按長期平均成本爲最低的條件從事生產，而且其短期成本亦非最低，因此不但其生產規模小，而且對此生產規模亦不能作最有效的使用，故由技術的觀點，獨占競爭的市場會引起資源的浪費。但由經濟福利的觀點，把獨占競爭的市場改變爲完全競爭的市場，不但不可能，而且不必要。不可能是因爲有運輸成本的存在，不必要是因爲產品的具有差異性，能滿足消費者不同的偏好，此差異性則正爲獨占競爭市場的特色。

重 要 概 念 與 名 詞

運輸成本　　　　　　　　經濟福利

第十三章　生產因素的價格與所得的分配

一、生產因素的價格與分配的問題

以上各章吾人討論在不同市場產品的產量及價格的決定法則時，吾人假定各種生產因素的價格不變； 吾人所以這樣做， 是爲了使問題簡化，便於作初步的分析，因爲如果我們同時考慮生產因素價格變動的現象，則吾人所需要分析的問題便顯得更複雜了。但是實際上生產因素的價格不是固定不變的，也是在不斷變動之中。因爲生產因素也像一般商品一樣，在生產因素的市場是可以買賣的。因此吾人在研究了一般產品價格的決定法則之後，必須進一步研究生產因素價格決定的法則，如此才能使價格理論成爲一整體。

不僅此也，在第二章吾人研究經濟的循環周流時，即曾說過，整個經濟活動的循環周流由兩大市場構成；此兩大市場，即最後產品及勞務市場與生產因素市場。在產品市場中企業單位生產各種產品，提供於市場，而家計單位對各種產品， 有所需求， 透過供需關係，一方面決定了各種產品的價格，一方面各種產品即由這種市場由生產者流向家計單

位，供家計單位消費。以上幾章所講的，即是研究產品市場價格及產量
如何決定的法則。但整個經濟的循環周流僅有這一市場並不能完成經濟
活動的任務，必須有另一市場與之相配合，此即生產因素市場。在生產
因素市場中，家計單位提供各種生產因素，以供銷售，而企業單位因為
從事生產，對這種生產因素便有所需求；透過供需關係，一方面決定了
生產因素的價格，而另一方面也決定了企業界從事生產時所願僱用的生
產因素的數量。 家計單位出售其生產因素的勞務， 所獲得的報酬， 便
構成家計單位的所得；家計單位便能以此種所得，購買各種產品以供消
費， 如此， 整個經濟活動的循環周流才能循環不已，生生不息。因此在
生產因素的市場，吾人不僅研究生產因素價格決定的法則，同時亦研究
所得分配的問題，即生產者在生產過程中如何獲得其應有的一份？這一
問題，也就是傳統理論中的分配問題。

二、功能性的所得分配

關於所得分配，實際包含兩個問題，一即功能性所得分配的問題；
即各種不同的生產因素，在生產過程中所獲得的所得在總所得中所占的
比例為如何？另一問題即個人所得分配的問題；即每一個別的家計單位
或個人，其所得水準是如何決定的？不同的個人之間，所得水準何以有
差異？社會全體所得分配的情況如何？功能性所得分配的問題，為傳統
經濟理論所特別重視，因為就傳統的經濟理論，亦即古典學派理論的觀
點，認為在現代自由競爭的社會，任何生產因素只要願意，在價格功能
調節的前提下，均能獲得就業的機會，因此就業問題，不需討論，而生
產問題亦只是技術問題，故經濟學中唯一重要的問題乃是分配問題，即
決定生產的價值在不同生產因素中分配的法則為何？勞動、資本、土地

及企業家的勞務，均為生產過程中不可或缺的生產因素，為了報酬其在生產過程中的貢獻，勞動所獲得者為工資，資本所獲得者為利息，土地所獲得者為地租，所剩餘者即為企業家的利潤。各生產因素因其在生產過程中所表現的功能，而獲得此所得，故稱為功能性的所得。這種功能性的所得，在現代社會中有相當穩定的趨勢，即每一類所得，如工資及薪俸所得、利息、地租及利潤等在總所得中所占的比例相當穩定，逐年之間並無若何變動。例如以美國為例，工資及薪俸所得占所得的極大部分，約為國民所得的三分之二；利息及利潤分別約為百分之十二、三，地租最少，約為百分之八、九左右。我國因國民所得統計工作開始得較晚，估計尚未理想，暫不引證。至於何以每一類所得所占的比例相當固定，學者之間雖不斷提出各種解釋，但到目前為止，吾人除僅能以客觀的數字以資比較與說明外，尚無滿意的理論可以提出。

三、個人所得分配的不平均及其原因

其次關於個人所得分配的問題，在現代社會中，吾人稍一注意，即可發現出，個人所得分配，是很不平均的；有些人所得水準很低，如普通工人、小農民等，其所得往往不足以維持生活；而另有些人則所得水準甚高，如大實業家、大商人、票房價值高的電影明星等，他們的所得水準往往是普通人所得的幾十倍、幾百倍，甚至幾千倍，因此其生活享受也比普通人高出不知若干倍。要了解個人所得分配何以會有如此的差異，吾人不得不了解構成個人所得的來源。個人所得的來源大概可分為兩類，一類是個人自身所固有的勞力，另一類來源則是勞力以外的財產，包括固定資本、土地及各種流動資本等，這種財產也能提供一種所得。如果個人僅有自身的勞力，而沒有物質財產，除非他有特殊才能或天賦，如大藝術家，否則憑出賣勞力以獲取所得，不論其勞力是體力還是智力，其所得水準不會太高。反之，如個人除自身之勞力外還具有大量的財產，因為財產可以產生所得，故其所得水準常能很高，比僅有勞力而無財產者可能高出甚多。

就整個社會看，不但不同國家，不同社會，其個人所得的分配有懸殊；例如美國一般人所得即較中國為高。而同一社會之中，個人所得的分配，亦有懸殊；在一端是低所得的多數人，而另一端則可能是高所得的少數人，中間則是有中等所得的中間階層。為了表示一社會個人所得分配是否平均？如不平均，其不平均的程度若何？一般可採用羅蘭氏曲線以表示之。

四、羅蘭氏曲線 (Lorenz curve) 與奇尼係數 (Gini coefficiency)

所謂羅蘭氏曲線即是以座標所表示的方形圖 (box diagram)，如圖 13-1，橫座標表示人口的百分比，縱座標表示所得的百分比。如果該一社會個人所得的分配絕對平均，即每一個人所獲得之所得均屬相等，則其分配可用直線 AB 表之。由此直線上的任一點，可看出社會上某一百分比的人口，在所得的分配中獲得同樣百分比的所得，如 C 點即表示百分之四十的人口，亦獲得全社會百分之四十的所得；D 點則表示百分之八十的人口，亦獲得全社會百分之八十的所得。這種分配是最理想的分配，然而事實上是做不到的。而實際的分配中，因為個人所得水準不同，由低所得水準的人口向高所得水準計算，對於一定百分比的人口，其所獲所得在總所得中所占之比例必不如其人口的比例，所得分配愈不平均，則其所占之比例比人口所占之比例相差愈大。因此實際所得分配

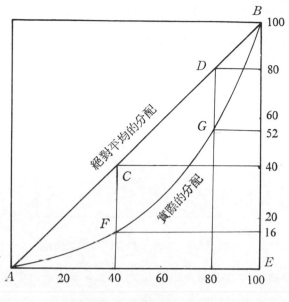

圖 **13-1** 羅蘭氏曲線

所表示之曲線，必是與直線 *AB* 有偏差的曲線，因此是一根在 *AB* 線以下的曲線。如所得分配愈不平均，其與直線的偏差愈大，如果在極端情況下，全部所得僅為一人所得，而其餘的人均無所得，此時所得分配的曲線，必為 *AEB* 成直角的折線，因為百分之九十九以上的人口所獲得之所得均為零，待最後一人加進去以後，則百分之百的人口獲得百分之百的所得，故所得分配即為一折線。在圖 13-1 中，若曲線 *AFGB* 表社會實際所得分配的情況，由此曲線吾人可看出，在 *F* 點表示社會低所得階層百分之四十的人口獲得百分之十六的所得。而 *G* 點則表示百分之八十的人口獲得百分之五十二的所得，反過來說，即高所得階層的百分之二十的人口獲得百分之四十八的所得了。

　　這種個人所得分配不均的現象，當然也可以用人為的方法予以糾正。如圖 13-2 中，*AYB* 曲線代表實際的所得分配，如果政府採取這種措

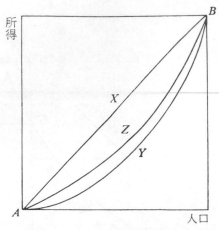

圖 **13-2**　受政策影響的羅蘭氏曲線

施，將社會總所得以全部人口數除之，獲一平均所得數字，然後按個人所得的數字，凡超過此數者，一律全部徵課之，而不足此數者，則一律按不足之數補足之，以有餘補不足，最後的所得分配可能成爲 *AXB* 直線，　即絕對的平等。當然事實上這種絕對的平等是做不到的，　縱然做得到，其所須支付的其他方面的代價也太大，是否值得做也成問題。而一般國家所採取的補救方法，則是利用各種財政政策，將個人所得不平均的現象加以適當的糾正，而不一定求其完全平均。如圖 13-2 中，若 *AYB* 爲實際個人所得分配的概況，而 *AZB* 爲實施各項財政政策後的個人所得分配的情況，顯然 *AZB* 所代表的分配雖不是絕對平均的分配，然已較實際的未實施財政政策以前的所得分配平均多了。至於爲了促進所得分配的平均，究竟須採取何項政策，吾人留待經濟政策一章再予討論。

　　爲測定個人所得分配是否平均，往往採用奇尼係數（Gini coefficiency）以表示。在圖 13-3 中，*ACB* 爲實際的分配曲線，所謂奇尼係數即實際分配曲線 *ACB* 與對角線 *AB* 之間的面積，占三角形 *ADB* 面積

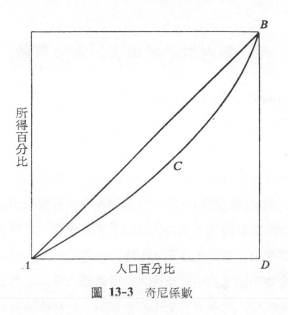

圖 13-3　奇尼係數

的比值，亦即

$$奇尼係數 = \frac{ACB \text{ 的面積}}{ADB \text{ 的面積}}$$

由圖形可以看出， 奇尼係數大於零而小於一， 為介於零與一之間的數值。因為所得分配如絕對平均，則實際分配曲線 *ACB* 與 *AB* 重合，公式中分子的數值卽等於零，故係數之值亦為零。如果所得分配絕對不平均，全部所得集中於一人之手， 則實際分配曲線卽為 *ADB*，公式中分子與分母相同，故其數值為一，卽奇尼係數等於一。但實際所得分配不可能絕對平均，亦不可能絕對不平均，而是介於兩者之間。如果奇尼係數很小而近於零，表示所得分配相當平均。如果近於一，則表示所得分配相當不平均。對於不平均的所得分配，往往可以運用財政政策而使之趨於平均。目前我國的奇尼係數約為 0.31，這在世界各國中是所得分配相當平均的國家。

五、個人所得與生產因素的價格

在以上說明個人所得分配的不平均時，曾說明個人所得的來源有二，卽個人所自有的勞力，及勞力以外的物質財產。個人的勞力愈高，或個人所保有的物質財產愈多，則個人的所得可能愈大。但是這兩項因素僅是決定個人所得水準高低的原因之一，另一原因則爲生產因素市場價格的高低。因爲個人所得實際上卽是個人所保有的各項生產因素，提供生產使用時的數量與其各別的價格相乘積的總和。設舉例以明之，若某甲本人從事勞動，每週工作四十小時，每年工作五十週，每小時工資十元，則某甲每年由工資中所獲得之所得卽爲二萬元。另外某甲銀行中有儲蓄存款十萬元，年利百分之十，則每年之利息收入爲一萬元。另外有土地一方，年收地租五千元，如全部合計，則某甲每年之所得卽爲三萬五千元。爲各生產因素提供生產的數量與其價格的相乘積。如果供生產使用的數量不變，而生產因素的價格上漲，則所得將增加。同樣，如果生產因素的價格不變，而所保有的各項生產因素的數量增加，也可能使所得增加。此處所謂生產因素的價格，對勞動是指提供勞務的代價，故爲工資，資本則爲資本勞務的代價，故爲利息，土地則爲使用土地勞務的代價，故爲地租。

決定個人所得的，旣然一方面是所保有的生產因素的數量，另一方面是生產因素的價格，則吾人如果知道生產因素在個人之間何以如此分配，何以有人保有的數量很多，而其他的人保有得很少，並且如果吾人知道生產因素的價格如何決定，則吾人卽可解釋個人所得分配所以不平均的原因。遺憾的是對於前一個問題，卽何以生產因素在個人之間是如此分配，經濟學上無法答覆，因爲這不純粹是一個經濟問題，而是與該社會歷史、法律、文化、習俗等有關，大部分由這些因素決定的，經濟學無能爲力。例如在一個獨子繼承制度之下的社會，其生產因素的分配必較平均繼承制之下來得更不平均。經濟學對於由這些因素所決定的生產因素的分配，只能承認其客觀的存在，無法予以說明。不過對於第二個因素，生產因素的價格是如何決定的，經濟學却能提供滿意的答案，也是經濟學中的一個重要問題。以下各章吾人將逐次討論生產因素價格決定的法則。

六、摘　要

　　所得分配分爲功能性的所得分配與個人所得分配兩種。功能性的所得分配，即各種不同的生產因素，在生產過程中所獲得的所得在總所得中所占的比例；個人所得分配即每一個別的家計單位或個人，其所得水準的大小。在現代社會，個人所得的分配並不是很平均的，決定個人所得大小的因素有二，一即個人所控有的生產因素的數量，另一即生產因素價格的高低，故研究生產因素的價格問題，實即研究個人所得分配的問題。

　　爲表示一社會個人所得分配是否平均，常可採用羅蘭氏曲線。凡羅蘭氏曲線近於直線的，其所得分配比較平均，凡羅蘭氏曲線其曲率很大的，便表示個人所得的分配極不平均，爲糾正個人所得分配不平均的現象，政府可採取適當的財政政策，使高所得的人所得減少，而低所得的人所得能增加。

重要概念與名詞

功能性的所得分配　　　　羅蘭氏曲線

個人所得分配　　　　　　Gini 係數

第十四章　生產因素的需求與供給

一般的說，生產因素的價格，也決定於市場對生產因素的需求與供給。如果吾人知道生產因素的市場需求與市場供給，吾人一方面即可據以決定該生產因素的價格，另一方面也能知道該因素能被僱用的數量，亦即其交易量。不過生產因素，不同於最後產品，而有其特殊的性質。為瞭解生產因素價格決定的法則，吾人對於生產因素需求與供給，有加以進一步分析的必要。

一、引申需求原理 (derived demand)

生產因素與一般最後產品最不同的一點是，一般最後產品都能直接滿足慾望，因此直接由於其本身的原因，而被消費者所需求；但是生產因素，除極少數例外的情形，多不能直接滿足消費者的慾望。此少數的例外情形，如理髮師、醫生、教師等所提供之勞務，能直接滿足消費者的慾望。生產因素既然不能直接滿足消費者的慾望，何以一般生產者對他還有所需求？對於這一點吾人須進一步分析。吾人已知，消費者所需要的是能直接滿足慾望的最後產品，生產者為了獲取利潤，因而生產此種最後產品，可是爲了生產這種最後產品，必須使用各種生產因素，因此生產者對生產因素有所需求乃是由消費者對最後產品的需求引申出來的。對於這種需求吾人稱之爲引申需求，一般也是表示生產因素的市場價格與市場需求量的關係。通常其價格高時，市場的需求量少，價格低時，則市場的需求量多。以曲線形態表示之，生產因素的需求曲線可如圖 14-1 所示，是一根由左上方向右下方傾斜的曲線，表示需求量隨價格的下跌而增加。

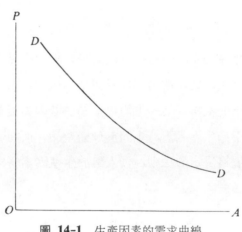

圖 14-1　生產因素的需求曲線

對於不同的生產因素，價格的變化與需求量變化之間也有着不同的關係，亦卽對生產因素的需求彈性，在各生產因素之間亦不相同。通常決定對生產因素需求彈性的高低的，有下列三項因素：第一，對於某種生產因素，若對其所生產的最後產品之需求彈性高，則對於此生產因素的需求彈性亦高。反之，若對於最後產品的需求彈性低，則對生產因素的需求彈性亦低。因此，吾人對生活必需品的需求彈性低，所以用來生產生活必需各種生產因素的彈性亦低。反之，對便利品及奢侈品的需求彈性高，所以對生產此種財貨的生產因素彈性亦高。第二，在生產過程中，若此一生產因素很容易由其他生產因素所取代，亦卽他種生產因素與此一生產因素之間替換彈性很高，則對此一生產因素的需求彈性亦高。 反之， 若此一生產因素， 在生產過程中不易爲他種生產因素所取代，其替換彈性甚低，則對此一生產因素的需求彈性亦低。例如在生產過程中，若勞動很易爲機器所取代，則對勞動的需求彈性卽高。反之，若勞動不易爲機器所取代，則對勞動的需求彈性卽低。第三，若此一生產因素的費用，在產品的總成本中所占之比例很小，則對此生產因素的需求彈性卽低；反之，若此一生產因素的費用，在產品的總成本中所占的比例甚大，則對此生產因素的需求彈性卽高。例如鈕扣的費用在衣服的總成本中所占的比例甚小，因此對鈕扣的需求彈性便甚低。

二、邊際產值與邊際收益生產量

生產者對生產因素的需求既是一種引申需求，則站在個別生產者的立場，在不同的生產因素的價格之下，如何決定其對各種生產因素的需求量？因爲生產者從事生產的目的是爲了獲取最大的利潤，因此其對生產因素的需求，自亦以是否能使其獲得最大利潤而決定。生產者在僱用生產因素時，一方面需要支出代價，此構成其成本的一面，另一方面，使用生產因素後所製成的產品或勞務，在市場銷售後，能增加生產者的收益，此構成生產因素貢獻的一面。生產者對生產因素的需求量，自亦視此二因素的比較而定。簡言之，卽使得此二數量之間的差額爲最大，則生產者在僱用此生產因素時其利潤可爲最大。

但是生產因素對生產者的貢獻如何計算？爲了計算生產因素對生產者的貢獻，在此吾人將介紹兩個名詞，卽邊際產值 (value of marginal product) 與邊際收益生產量 (marginal revenue product)。所謂邊際產值，卽某一生產因素之邊際實物生產量（marginal physical product）與此一生產因素僱用後所生產產品的市場價格之相乘積。以符號表示之，卽

$$VMP_A = P_X \times MPP_A \qquad (14\text{-}1)$$

所謂生產因素 A 的邊際實物生產量，吾人在第六章生產理論中已說明過，卽生產技術不變，其他生產因素的數量不變，而生產因素 A 所使用的數量每增加一單位時，總生產量的增量。此邊際實物生產量最初可能是遞增的，但當生產因素 A 使用量到達某一水準後，再增加其使用量，則其邊際實物生產量卽開始遞減。以圖形表示之，卽如圖 14-2 所示，圖中橫座標表生產因素 A 使用的數量，縱座標表實物生產量，MPP_A 曲線，卽表生產因素 A 的邊際實物生產量曲線。此一曲線最初遞增，但當 A 的使用量等於 N 時，此曲線到達最高點，使用量超過 N 時，曲線便向下延伸，表示邊際實物生產量開始遞減。圖中的另一根曲線 APP_A，卽 A 的平均實物生產量曲線，因其與吾人目前的討論無關，因此吾人暫時不管它。

邊際實物生產量曲線是以實物單位表示的，無法與貨幣單位的成本相比較，因此吾人須將其轉換成貨幣單位，換成貨幣單位最簡單的方法，是把邊際實物生產量以產品的市場價格相乘，其結果卽是邊際產值，卽是以貨幣單位所表示的了。不過在此地吾人尚須注意者，卽該生產者的產品市場是完全競爭市場還是不完全競爭市場？因爲縱然生產因素的邊際實物生產量相同，因爲產品市場不同，其邊際產值也會不同的。因爲如果產品市場是完全競爭市場，則不論此一生產者的產量爲若干，市場價格爲一固定常數，不因此一生產者銷售量的增加而降低。亦卽不論此一生產者對生產因素的僱用量增加到什麼數量，產品的市場價格不會變動，因此生產因素 A 的邊際產值曲線在形式上與其邊際實物生

產量曲線完全一樣，不過縱座標被一固定的數字加以調整而已。如圖
14-3 所示，曲線上任何一點的縱座標對圖 14-2 中對應的一點的縱座標
的比值為一固定常數，因為它是由圖 14-2 中將每一有關縱座標，乘以
一固定常數得來的。但是假如產品市場為不完全競爭市場，不論其為獨
占、寡占、或獨占競爭市場均屬一樣，當此生產者的產量增加時，其市
場價格亦將隨銷售量的增加而下跌，不再是一固定常數。因此，當此一
生產者對生產因素 A 的使用量增加時，一方面其邊際實物生產量發生變
化，另一方面其產品的市場價格亦將下跌。為求其邊際產值，其邊際實

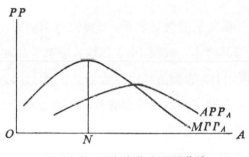

圖 **14-2**　邊際實物生產量曲線

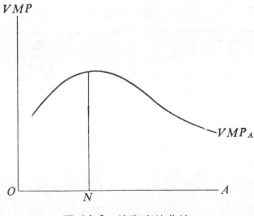

圖 **14-3**　邊際產值曲線

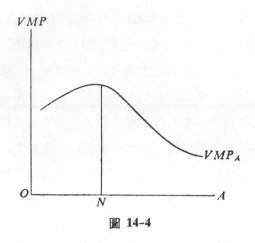

圖 14-4

物生產量須與一不斷降低的價格相乘，其邊際產值曲線如圖 14-4 所示，
此圖由左向右其遞減的速度較圖 14-3 爲快，雖然它同樣是由圖 14-2 引
申出來的。其與圖 14-2 的關係可得而說者是，圖 14-4 邊際產值曲線上
每一點的縱座標，對圖 14-2 中邊際實物生產量曲線的對應點的縱座標
的比值，愈向右則愈小。因爲這是將圖 14-2 中的曲線繼續乘以一不斷
降低的數字而產生的。此種差異，試以下列數字舉例說明之。

表 14-1

生產因素 A 的使用量 (1)	邊際實物生產量 MPP_A (2)	完全競爭市場的價格 P_x^c (3)	不完全競爭市場的價格 P_x^m (4)	完全競爭市場的邊際產值 VMP_A^c (5)	不完全競爭市場的邊際產值 VMP_A^m (6)
1	10	2	3	20	30
2	15	2	2.8	30	42
3	19	2	2.6	38	49.4
4	23	2	2.4	46	55.2
5	24	2	2.2	48	52.8

6	21	2	2	42	42
7	19	2	1.9	38	36.1
8	16	2	1.8	32	28.8
9	14	2	1.7	28	23.8
10	12	2	1.6	24	19.2
11	10	2	1.5	20	15
12	9	2	1.4	18	12.6

表 14-1 中第一縱行爲生產因素所使用的數量，其他的生產因素使用的數量假定不變。第二縱行爲生產因素 A 的邊際實物生產量，最初隨 A 的使用量的增加而增加，當 A 用到五個單位時，邊際實物生產量爲最高，當 A 所使用的數量再增加時，其邊際實物生產量便遞減。第三縱行爲假定產品市場爲完全競爭，故其價格固定，不論銷售量爲若干，產品的單位價格總等於 2 ，第四縱行爲假定產品市場爲不完全競爭，故其價格隨銷售量的變化而變化，本表中中最高爲 3 降低到最低爲 1.4。第五縱行爲第二第三兩縱行的相乘積，表示產品爲完全競爭市場時生產因素 A 的邊際產值。第六縱行爲第二第四兩縱行的相乘積，表示產品市場爲不完全競爭市場時生產因素 A 的邊際產值。須注意者，此表中生產因素 A 的邊際實物生產量相同，而邊際產值因產品市場結構不同而發生差異。

　　其次，吾人要說明生產因素 A 邊際收益生產量（MRP_A）的意義。所謂生產因素的邊際收益生產量，即此生產因素的使用量增加一單位時，生產者在銷售產品以後總收益的增量。換一種說法，亦即是生產因素的邊際實物生產量與產品的邊際收益的相乘積，以公式表示之，即

$$MRP_A = MR_X \times MPP_A \tag{14-2}$$

　　在計算生產因素的邊際收益生產量時，亦須分別產品市場爲完全競爭還是不完全競爭。若產品市場爲完全競爭，因爲價格固定，故邊際收

益等於價格，因此生產因素的邊際產值 (VMP_A) 與其邊際收益生產量 (MRP_A) 相等，此由以下公式即可看出

因 $VMP_A = P_X \times MPP_A$

       $MRP_A = MR_X \times MPP_A$

而 $MR_X = P_X$

所以 $MRP_A = VMP_A$ (14-3)

但是如果產品市場為不完全競爭，則因為在不完全競爭市場中產品的邊際收益小於其價格，故生產因素的邊際收益生產量小於其邊際產值，此由下列公式可以看出

因 $VMP_A = P_X \times MPP_A$

       $MRP_A = MR_X \times MPP_A$

因為 $MR_X < P_X$

所以 $MRP_A = MR_X \times MPP_A < P_X \times MPP_A = VMP_A$ (14-4)

由圖形的意義言之，邊際收益生產量曲線在產品市場為完全競爭時，與邊際產值曲線兩者完全一致。在產品市場為不完全競爭時，兩者不一樣，而邊際收益生產量曲線當其由左上方向右下方傾斜時，其遞減的速

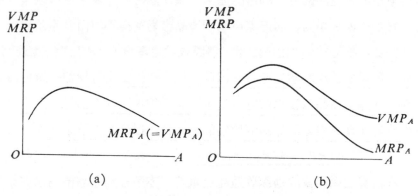

圖 **14-5** MRP_A 與 VMP_A 的關係

度比邊際產值曲線爲快。圖 14-5(a) 表示產品爲完全競爭市場時兩曲線合而爲一的情況。圖 14-5(b) 則表產品市場爲不完全競爭時，邊際收益生產量曲線位在邊際產值曲線之下，亦卽其遞減的速度較快。

　　產品爲不完全競爭市場時，邊際收益生產量的變化及其與邊際產值的關係，亦可以表 14-2 數字說明之。

表 14-2

生產因素A的使用量 (1)	生產因素A的邊際實物生產量 MPP_A (2)	產品的價格 P_x (3)	生產因素A的邊際產值 VMP_A (4)	生產因素A的總產量 TPP_A (5)	產品的總收益 TR_x (6)	生產因素A的邊際收益生產量 MRP_A (7)
1	10	3	30	10	30	30
2	15	2.8	42	25	70	40
3	19	2.6	49.4	44	114.4	44.4
4	23	2.4	55.2	67	160.8	46.4
5	24	2.2	52.8	91	200.2	39.4
6	21	2	42	112	224	23.8
7	19	1.9	36.1	131	248.9	24.9
8	16	1.8	28.8	147	264.6	15.7
9	14	1.7	23.8	161	273.7	9.1
10	12	1.6	19.2	173	276.8	3.1
11	10	1.5	15	183	274.5	− 2.3
12	9	1.4	12.6	192	268.8	− 5.7

表 14-2 中第一、第二、第三、第四縱行乃由表 14-1 中的第一、第二、第四、第六縱行移抄過來的，第五縱行表生產因素A的總生產量，乃是將第二縱行累加而得。例如使用兩個單位生產因素A時，總產量爲第一單位的邊際產量加第二單位的邊際產量，故爲 25 單位。使用到第三個

生產因素的單位時，總產量則須加上第三個生產因素的邊際產量 19 個單位，故總產量爲 44 單位，餘類推。第六縱行爲產品的總收益，卽第五縱行與第三縱行的相乘積。第七縱行卽表示生產因素 A 的邊際收益生產量，是由第六縱行每一數字減去其上一位的數字而得。例如在第六縱行中，使用到第六個單位生產因素時，總收益爲 224，而使用到第七個單位的生產因素時，則總收益爲 248.9，故生產因素 A 第七個單位的邊際收益生產量卽等於

$$248.9 - 224 = 24.9$$

其餘各單位的邊際收益生產量的數字依此類推。將第七縱行與第四縱行相比較，可看出其中的每一個數字都比第四縱行中對應的數字爲小。

三、生產因素市場爲完全競爭時個別生產者 對生產因素的需求曲線

生產因素的邊際收益生產量，是使用生產因素時，生產因素對生產者的貢獻。依據邊際收益生產量，生產者如何決定其對某一生產因素的需要量？當然，這除了考慮生產因素對收益的貢獻外，還需要考慮爲僱用生產因素時所引起的成本支出；比較了這兩個因素才能決定生產者對某一生產因素的需求量。爲便於分析起見，先假定其他的生產因素的數量爲固定，生產者僅需要一種生產因素，設爲勞動，並假定個別生產者，其生產因素市場爲完全競爭的市場，卽在此市場中，生產因素的出售者與購買者人數均甚多，每一購買者所購買的數量在全部生產因素中所占的比例甚小，因此不足以影響生產因素的市場價格。換言之，此生產因素的市場價格，是由市場供需關係決定的，在市場所決定的價格下對此個別的生產者，生產因素的供給曲線爲一平行於橫座標的直線，其

與橫座標之間的距離，即等於市場價格。在這一條件下，生產者對此一生產因素的需求量如何決定？ 此一問題， 吾人可以圖形說明之。 在圖 14-6 中，MRP_A 為生產因素 A 的邊際收益生產量曲線，VAP_A 為生產因素 A 的平均產值，即產品的市場價格與生產因素的平均實物生產量的相乘積，即表示生產因素的使用量發生變化時，平均每一生產因素單位對生產者貨幣收益的貢獻， 此曲線的作用，在以下將有說明。WW' 為生產因素 A 的供給曲線，因假定此一生產者在生產因素市場為一完全競爭者，故供給曲線為一平行於橫座標之直線，OW 等於此一生產因素的市場價格。依據生產因素 A 的邊際收益生產量曲線， 及其供給曲線，生產者即可決定其對生產因素 A 的需求量。此數量決定於此二線的交點，即 K 點所決定的數量，由橫座標知 K 點所決定的需求量為 ON，即生產者對 A 的需求量必為 ON。何以知道必為 ON？因為生產者的僱用量若為 ON 時，此時為僱用最後一單位的生產因素，所增加的成本等於 KN，而此最後一單位的生產因素對其貨幣收益的貢獻，亦為 KN，因其邊際收益生產量等於 KN。生產者對 A 的僱用量如大於或小於 ON，對生產

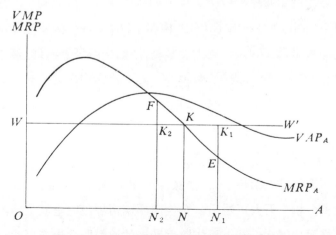

圖 14-6　生產者對生產因素需求量的決定

者均爲不利。例如，若僱用量大於 ON，而爲 ON_1，此時爲僱用最後一單位生產因素所增加的成本爲 K_1N_1，而此最後一單位生產因素對生產者的貨幣收益僅增加 EN_1，低於 K_1N_1，顯然生產者減少 A 的僱用，可以減少損失，對其較爲有利。同樣，若生產者對 A 之僱用量低於 ON，而爲 ON_2，此時爲僱用最後一單位生產因素，生產者的成本支出增加 K_2N_2，而此最後一單位生產因素對生產者的貨幣收益却能增加 FN_2，大於 K_2N_2，故生產者增加生產因素的僱用量爲有利，因此時能使生產者的貨幣收益增加也。依據以上分析，若生產者僅僱用一種生產因素，而此一生產因素的市場對此生產者爲完全競爭，則此一生產者對此一生產因素的需求量決定於此生產因素的邊際收益生產量等於生產因素市場價格的一點，以公式表示之，卽

生產因素的邊際收益生產量＝生產因素的價格

或 　　　　$MRP_A = P_A$

但是，如果此一生產因素的市場價格發生變化，則生產者對此生產因素的需求量將受到何種影響？如圖 14-7 中，MRP_A 仍爲生產因素 A 的邊際收益生產量曲線，VAP_A 爲平均產值曲線，若最初生產因素的價格爲 OW，由圖中可看出由 WW 線與 MRP_A 曲線的交點 K 決定生產因素 A 的需求量爲 ON。如果由於某種原因，生產因素 A 的價格下跌至 OW_1，則由 W_1W_1 線 MRP_A 曲線的交點 E 決定對生產因素 A 的需求量增加至 ON_1。亦卽生產因素的價格下跌時，其他條件不變，對其需求量會增加。反之，若生產因素 A 的價格上漲爲 OW_2，則由 W_2W_2 線與 MRP_A 曲線的交點 F 決定對生產因素 A 的需求量爲 ON_2，較 ON 爲少，亦卽生產因素價格上漲時，其他條件不變，則對生產因素的需求量減少。由此項分析，吾人可看出，在生產因素市場爲完全競爭時，若生產因素的價格發生變化，吾人可依據生產者的邊際收益生產量曲線，決定

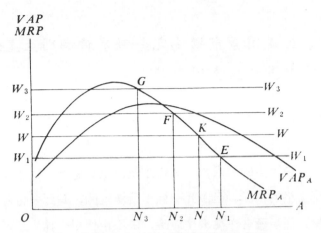

圖 14-7　生產者對生產因素的需求曲線

生產者對此一生產因素的需求量的變化，如圖 14-7 中 MRP_A 曲線上 F、K、E 各點所表示者。因此吾人可以推論在此一情況下，生產因素的邊際收益生產量曲線可能構成生產者對生產因素的需求曲線。吾人說可能，因為有例外情形存在。由圖 14-7，假定生產因素的市場價格上漲至 OW_3，此時由 W_3W_3 線與 MRP_A 曲線的交點所決定的需求量，似乎應該為 ON_3，但吾人由圖形中看出，當生產因素的僱用量為 ON_3 時，雖然其邊際收益生產量等於生產因素的市場價格，但是其平均產值低於生產因素的市場價格。換言之，此時平均每一生產因素單位對生產者收益的貢獻低於其平均成本，生產者僱用 ON_3 單位的生產因素後，其總收益低於總成本，不但無利可圖，而且遭致損失，因此生產者將停止生產，不再僱用生產因素。由此一說明，吾人可以獲得此一結論，<u>即當生產因素的市場為完全競爭時，生產因素的邊際收益生產量曲線在平均產值曲線以下的部分，為生產者對此一生產因素的需求曲線。</u>

四、生產因素市場為完全競爭時個別生產者
對多種生產因素的需求

以上的分析是假定其他生產因素的數量不變,生產者僅購買一種生產因素,因此由此一生產因素的邊際收益生產量及生產因素的價格,即可決定此一生產因素的需求量,其需求量決定於邊際收益生產量等於生產因素市場價格的一點。但由此一條件所決定的,是此一生產因素所使用的絕對量,而生產者在從事生產時,決不止使用一種生產因素,必同時對若干種生產因素有所需求;因此,生產者為獲取最大利潤,對各種生產因素均有所需求。其對各種生產因素使用的比例如何決定?要解答此一問題,吾人可將第六章生產理論中所獲得之結論,稍加補充,即可說明。在第六章的說明中,吾人已知生產者為使生產成本為最低,必使各生產因素的使用量達到下列條件

$$\frac{MPP_A}{P_A} = \frac{MPP_B}{P_B} = \cdots\cdots \tag{14-5}$$

亦即,任何一生產因素的邊際實物生產量對其價格的比值,均屬相等。而每一個比值,其本身亦含有特殊意義,因為每一比值的倒數,即表示產品的邊際成本,因以生產因素的價格除以其邊際實物生產量,即表示每一單位產品花在此一生產因素上的邊際成本也。因此上述比值可寫為

$$\frac{MPP_A}{P_A} = \frac{MPP_B}{P_B}\cdots\cdots = \frac{1}{MC_X} \tag{14-6}$$

MC_X 表產品的邊際成本。生產者若希望獲得最大利潤,必須使其產品的邊際收益等於其邊際成本,而邊際收益依據生產者在產品市場為完全競爭者還是不完全競爭者,分別等於或小於產品的市場價格。因此上列

連等式進一步可寫爲

$$\frac{MPP_A}{P_A} = \frac{MPP_B}{P_B} \cdots\cdots = \frac{1}{MC_X} = \frac{1}{MR_X} \geqq \frac{1}{P_X} \qquad (14\text{-}7)$$

卽，如果生產因素市場爲完全競爭，產品市場爲不完全競爭，生產者爲獲取最大利潤，對各生產因素的僱用，必須合乎此連等式的條件，惟最右一項爲不等式。如果在產品市場亦爲完全競爭，則最右一項亦取等式。

五、生產因素市場爲完全競爭時產業對生產因素的需求曲線

生產因素市場爲完全競爭時，吾人已知個別生產者對生產因素的需求曲線，爲邊際收益生產量曲線在平均產值曲線以下的一段。由這一曲線，吾人很容易進一步求出全產業對此一生產因素的需求曲線。因爲一產業包含若干個個別生產者，吾人只要將每一個別生產者的需求曲線水平相加，卽可獲得產業對此一生產因素的需求曲線。如圖 14-8 所示，

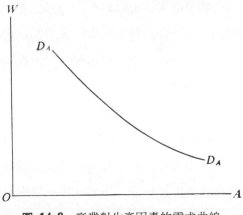

圖 14-8　產業對生產因素的需求曲線

D_AD_A 線卽將全部個別的對生產因素的需求曲線累加而得。因爲個別的邊際收益生產量曲線僅有在平均產值曲線以下的一段有效，其最初遞增部分不包含在有效需求之內，因此由此求出之產業之需求曲線，卽是一般的由左上方向右下方延伸的一根曲線。不過在作成此一曲線時，吾人有一項隱藏的假定，卽假定不論生產因素的僱用量如何變化，此產業所生產的產品，其市場價格不變，因此每一生產者對生產因素的需求曲線不會變。但事實上產品的價格是會隨生產因素僱用量的增加而降低的，因爲產品的供給量必將增加。當產品的價格發生變化時，其對生產因素的需求曲線也發生變化，全部分析的過程便變得較爲複雜。因此爲簡單起見，吾人在本節中假定產品的價格不變。

六、生產因素市場爲不完全競爭時個別生產者對生產因素的需求

以上所分析之情況，爲生產者在生產因素市場爲完全競爭，假如生產因素的市場爲不完全競爭，生產者對生產因素的需求將如何決定？所謂生產因素的不完全競爭市場，可以簡單的分爲三種情況：第一種情況爲買者獨占 (monopsony)，此市場中生產因素的購買者僅有一人，而生產因素的銷售者可能有很多人，或少數幾個人，或僅有一人，最後一種情況，卽所謂雙邊獨占 (bilateral monopoly)，買者獨占的情況，例如某一市鎭僅有一家工廠提供勞動的就業機會，對於此一市鎭及其附近的勞動者而言，此一工廠卽構成對勞動力的買者獨占。在本省如菸酒公賣局，對菸葉的購買卽爲一買者獨占。第二種情況爲買者寡占 (oligopsony)，對生產因素的購買者僅有少數幾家，任何一家在總購買量中均占有一很重要之比例，因而能充分影響生產因素之市場價格。買者寡占的實例，

如美國香煙製造商對煙葉的購買, 即爲一例。 第三種情況, 爲獨占競爭, 此時購買生產因素的人數甚多, 但對於每一單位的生產因素, 不同的生產者均認爲其有若干差異存在,其相互之間的替換彈性並非無限大。這三種情況, 分別類似於產品市場的獨占、寡占與獨占競爭等三市場。此三種不完全競爭的生產因素市場, 有一共同的特色, 即生產因素的供給曲線, 皆不是一彈性爲無限大而平行於橫座標的一根直線, 而是一根由左下方向右上方延伸的曲線。換言之, 生產者若希望多購買若干單位, 則其所支付的生產因素的價格必須提高。唯有提出更高的價格才能引起更多的供給量。這一種性質, 對於買者獨占的市場很容易了解, 因爲此時生產因素的需求者祇有一家, 生產因素對個別生產者的供給曲線, 也就是生產因素對整個產業的供給曲線, 故具有一般供給曲線的形態。買者寡占與獨占競爭的情況亦然, 因爲生產者對不同單位的生產因素並無完全的替換性, 要想多購買, 即必須提高價格。在圖 14-9 中,

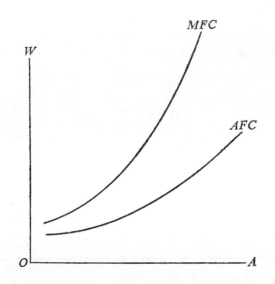

圖 14-9 生產者的平均因素成本與邊際因素成本曲線

AFC 曲線卽是生產因素爲不完全競爭市場時， 個別生產者所面對的生產因素供給曲線。此曲線因爲同時亦是表示，對生產因素不同的僱用量平均每單位所須支付的報酬， 故亦得稱爲平均因素成本曲線 (average factor cost curve)，所購買的單位愈多時，所須支付的價格愈高。由這一平均因素成本曲線，吾人可進一步引申出邊際因素成本曲線 *MFC*。所謂邊際因素成本，卽生產因素的購買量每增加一單位時，對此生產因素所支付的總成本的增量。當平均因素成本遞增時，邊際因素成本必大於平均因素成本，而且亦爲遞增，因爲每增加一單位的僱用量，總因素成本的增量，不僅是最後一單位生產因素的價格，還要加上過去各單位亦不得不以較高價格購買時所須增加的支出，因此必較平均因素成本爲高。 平均因素成本曲線與邊際因素成本曲線兩者間的關係， 與第七章所分析的平均成本與邊際成本之間的關係相同，以下試以數字擧例說明之。

表 14-3

生產因素的供給量	平均因素成本	總 成 本 支 出	邊際因素成本
1	10	10	10
2	11	22	12
3	12	36	14
4	13	52	16
5	14	70	18
6	15	90	20
7	16	112	22

　　由上表，邊際因素成本，高於平均因素成本。

若生產者在生產因素市場爲不完全競爭，則其對生產因素的需求量如何決定？兹先研究僅需求一種因素的情況，而假定其他條件不變。生產者在考慮其需求量時，所考慮之因素，與生產因素市場爲完全競爭時相同。卽一方面考慮該生產因素的僱用對他的收益所產生的貢獻，亦卽生產因素的邊際收益生產量；另一方面則考慮僱用生產因素時所引起的成本的增加。不過此時所考慮的成本因素，不是平均成本，而是邊際因素成本，因爲這代表總因素成本的增加量。在圖 14-10 中，MRP_A 表生產因素 A 的邊際收益生產量曲線，AFC_A 表示 A 的平均因素成本曲線，MFC_A 表 A 的邊際因素成本曲線。由此圖可看出生產者對生產因素 A 的需求量決定於 MRP_A 曲線與 MFC_A 曲線相交的一點 E，由 E 點知其對生產因素的需求量爲 ON 單位，因爲唯有僱用到 ON 單位時，生產因素 A 的邊際收益生產量等於其邊際因素成本。不過此時所支付的生產因素的價格不是 EN，而是由 AFC_A 曲線所決定之 KN。此一決定生產因素的需求量的條件，吾人用公式可表之如下：

生產因素的邊際收益生產量＝生產因素的邊際因素成本

或 $MRP_A = MFC_A$ (14-8)

此處吾人須特別注意者，生產因素市場爲不完全競爭時，生產者決定其生產因素的需求量時，須同時考慮生產因素的供給條件，而其最後所決定者，僅爲圖形上的一點，而此一表示價格與需求量的一點，並不在邊際收益生產量曲線之上，而實際上生產者對生產因素的需求量與其價格是同時決定的，故生產因素市場若爲不完全競爭，生產者實際上並沒有一根能表示對生產因素的需求曲線，就如同產品市場若爲不完全競爭時，生產者並無一產品的供給曲線一樣。此時邊際收益生產量曲線雖然能用來決定生產因素的需求量，但是他本身不是一根對生產因素的需求曲線。

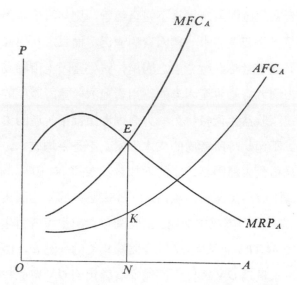

圖 **14-10** 不完全競爭市場對生產因素需求量的決定

七、生產因素市場為不完全競爭時個別生產者對多種生產因素的需求

以上是說明生產者在生產因素市場為不完全競爭時，對一種生產因素需求量的決定法則，其他生產因素的數量均假定不變。如果該一生產者對多種生產因素均有所需求，而生產者在此多種生產因素的市場均為不完全競爭，則生產者一方面為求生產成本之最低，另一方面為獲取最高利潤，則其對各種生產因素所僱用的絕對數量，以及各生產因素間配合使用的相對數量，如何決定？關於這一點，吾人僅須將前節所分析的生產因素市場為完全競爭時的條件，加以修正，即可獲得，因各生產因素之僱用，顯然須合於下列條件，即

$$\frac{MPP_A}{MFC_A} = \frac{MPP_B}{MFC_B} = \cdots\cdots = \frac{MPP_N}{MFC_N} \qquad (14\text{-}9)$$

各生產因素的邊際實物生產量與其邊際因素成本之比率，均應相等。而此一比率之倒數，吾人知道為支用於該生產因素的產品的邊際成本。為了能使生產者的利潤為最大，必須使產品的邊際收益等於邊際成本，將此一因素加進上一公式，得

$$\frac{MPP_A}{MFC_A} = \frac{MPP_B}{MFC_B} = \cdots\cdots = \frac{1}{MC_Y} = \frac{1}{MR_X} \geq \frac{1}{P_X} \quad (14\text{-}10)$$

若生產者在產品市場為完全競爭，則最右端取等號，因此時產品的邊際收益等於市場價格。若產品市場為不完全競爭，最右端則取不等號，因此時產品的邊際收益小於產品的價格，故邊際收益的倒數必大於價格的倒數。

　　當生產因素市場為不完全競爭時，吾人知

$$MFC_A > AFC_A = P_A \qquad (14\text{-}11)$$

將此一因素亦加進上一公式，則

$$\frac{MPP_A}{P_A} \geq \frac{MPP_A}{MFC_A} = \frac{1}{MC_X} = \frac{1}{MR_X} \geq \frac{1}{P_X} \qquad (14\text{-}12)$$

此一公式為一般性的情況，左右兩端究竟取等號還是不等號，全看生產因素市場與產品市場為完全競爭還是不完全競爭而定。若產品市場為完全競爭，則最右端取等號，因此時產品的邊際收益等於產品的市場價格也；反之，若為不完全競爭市場，則取不等號。另一方面，如果生產因素的市場為完全競爭，則最左端取等號，因此時生產因素的價格等於其邊際因素成本也；反之，若為不完全競爭，則取不等號，此時生產因素的價格小於其邊際因素成本。

八、生產因素市場為不完全競爭時對生產因素就業量及價格的影響

若生產因素市場為不完全競爭，其對生產因素就業量及其價格的影響如何？關於這一點，由以上的分析，吾人可獲得此一結論，即生產因素的市場為不完全競爭時，生產因素的就業量比完全競爭市場為少，而其價格，亦即平均每一單位所能獲得之報酬，亦比完全競爭市場的報酬為低。其所以致此之原因，吾人可以圖形說明之。在圖 14-11 中，MRP_A 為生產因素 A 之邊際收益生產量曲線，AFC_A 及 MFC_A 分別為生產因素 A 之平均因素成本及邊際因素成本曲線。若生產因素市場為完全競爭，則由 MRP_A 曲線及 AFC_A 曲線的交點決定其價格及就業量，此時所決定之價格為 $P_A{}^c$，就業量則為 N^c。若生產因素市場為不完全競

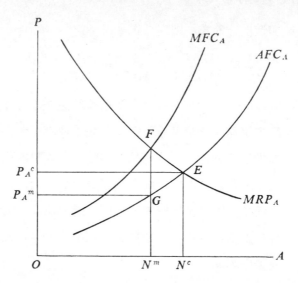

圖 **14-11** 不完全競爭市場對生產因素就業量與價格的影響

爭，則由 MRP_A 曲線與 MFC_A 的交點決定其就業量，而由 AFC_A 曲線上對應的一點決定其價格，此時其就業量 N^m，比完全競爭的市場要來得少，而其價格則爲 $P_A{}^m$，亦較完全競爭時爲低。因此，站在經濟福利的觀點言，對生產因素的市場若爲不完全競爭，一般對生產因素的所有者是不利的。

九、生產因素的供給

以上已對生產因素的需求情況，加以簡單的分析，如果吾人進一步能了解生產因素的供給情況，則依據生產因素的供需關係，卽可決定生產因素的價格。可是生產因素的供給，在不同的生產因素間，性質上亦有很大的差異，並不能以一項一般性的原則予以說明。例如勞動的供給情況與土地的供給情況卽不一樣，而土地的供給情況與資本的供給情況又有差異，未可一概而論。因此要分析生產因素的供給情況，必須就個別的生產因素分別考察，無共同的原則可循。而在考慮個別的生產因素時，又須分別就其是否爲屬於吾人自身的生產因素，還是外在的生產因素；是供給固定的生產因素，還是供給不固定的生產因素；是可以再生產的生產因素，還是不能再生產的生產因素。同時並須就長期觀點，與短期觀點分別觀察，才能充分了解生產因素供給的情況。本章不準備作一般性的討論，以下各章分別就不同的生產因素分析其供給的情況，並說明該生產因素價格決定的法則。

十、摘　　要

生產者對生產因素的需求是一種引申需求，是透過生產因素能幫助生產最後財貨而產生的，故對生產因素需求的大小決定於生產因素的邊際生產力，最後財貨的價格及生產因素本身的價格。

產品的價格乘以生產因素的邊際實物生產量，稱爲生產因素的邊際產值。產品的邊際收益乘以生產因素的邊際實物生產量，稱爲生產因素的邊際收益生產量。如果生產者在財貨市場爲完全競爭的供給者，則其產品價格等於其邊際收益，故其生產因素的邊際產值等於生產因素的邊際收益生產量。如果生產者在財貨市場爲不完全競爭的生產者，則其產品的邊際收益低於其平均收益，即低於其價格，故生產者其生產因素的邊際收益生產量低於其邊際產值。

生產者在生產因素市場如爲一完全競爭的購買者，則其僱用量不會影響生產因素的價格，該生產因素的價格必由市場供需關係決定，對此一生產者言，生產因素的平均因素成本必等於其邊際因素成本，所謂邊際因素成本，即增加僱用生產因素一單位，對該生產因素所支出的總成本的增加量。如果生產者在生產因素市場是一不完全競爭的購買者，則其購買量將會影響生產因素的價格，在此情況下，生產因素的邊際因素成本必將高於其平均因素成本。

個別生產者對生產因素的僱用，必將僱用到該生產因素的邊際收益生產量等於該生產因素的邊際因素成本。因此如果生產者在生產因素市場爲一完全競爭的購買者，則其對生產因素的需求曲線，便是其生產因素的邊際收益生產量曲線在平均產值最高點以下，橫座標以上的一段曲線。將所有個別生產者對生產因素的需求曲線相加，便得到市場對生產因素的需求曲線。如果生產者在生產因素市場不是一完全競爭的購買者，則其對生產因素只能決定一需求量，而無整個的需求曲線。

生產因素的供給，隨不同的生產因素而具有不同的特色，難於作一般的說明。

重 要 概 念 與 名 詞

引申需求　　　　　　生產因素的需求彈性

邊際產值　　　　　　邊際收益生產量

平均因素成本　　　　邊際因素成本

買者獨占

雙邊獨占

買者寡占

第十五章　工資理論

　　在所有生產因素中最重要的一種，便是勞動，因此所得項目中最重要的一項，便是工資。所謂勞動，就是勞動者爲生產目的所提供的勞務，而工資即是這種勞務的代價。在任何國家，工資所得占總所得的比例，常在三分之二左右，因此木章先研究工資水準決定的法則。

　　工資水準的決定，亦如其他生產因素一樣，是決定於勞動的市場供需關係。關於勞動的需求，根據上一章的分析，已知道決定於勞動的邊際收益生產量，因此吾人若能知道勞動的供給，理論上即能求出工資水準的決定法則。所謂工資水準，事實上不止一個水準，而是有若干個水準，不僅不同社會、不同地區、不同職業，其工資的水準有差異，而且在同一地區、同一職業中，亦有若干種不同的工資水準存在。爲分析的方便起見，吾人先假定只有一個工資水準，研究此一工資水準在完全競爭條件下是如何決定的？爲研究此一工資水準的決定，吾人不得不進一步假定所有勞動的品質都是劃一的，沒有任何先天的或後天的差異。當此一工資水準的決定法則獲得後，吾人將進一步研究工資率的差異因何發生，換言之，放棄勞動品質劃一的假定，研究實際上不同的工資率是如何決定的。

現代在經濟較爲進步的國家，工資率事實上不是由完全競爭決定，而是通過工會及雇主以集體議價的方式決定的，則在集體議價方式下工資率如何決定？其與競爭方式下決定的工資率有何不同？此一問題，本章亦將予以分析。

一、個別勞動者勞動的供給

分析某一地區，或某一種職業的勞動供給時，顯然其供給量決定於勞動者的人數及每一勞動者在一定時間內所願意提供的勞動的時數，而實際等於此兩個數量的相乘積，因此爲決定勞動的供給，首先先研究個別勞動者對勞動的供給。

所謂個別勞動者勞動的供給，卽在不同工資水準下，個別勞動者所願提供出售的勞動時數爲若干。此一個別的勞動供給曲線，吾人可用勞動者對勞動的偏好曲線以說明之。茲假定工資率以每小時爲單位，同時勞動者對其每日工作的時數有完全的支配權，不受工會或有關法令的限制，而勞動以外的時間則作爲休閒活動之用。圖 15-1 中橫座標 OT 表示每天的時數，最大爲 24 小時。縱座標 OW，則表示工資收入。圖中曲線 I_1、I_2……I_6 則爲勞動者的勞動偏好曲線。例如 I_1 曲線表示偏好較低的曲線，其上任何一點所代表的勞動與工資收入的組合，與另外一點所代表的勞動與工資收入的組合，偏好完全一樣。例如在 I_1 上的 A 點，表示 10 小時的勞動能獲得 OA' 單位的工資收入，其偏好與另外一點 B 所代表的 15 小時的勞動與 OB' 單位的工資收入完全一樣，而 OB' 大於 OA'。此一偏好曲線由左下方向右上方延伸，其原因很簡單，因爲若增加勞動者工作的時數，要保持勞動者的偏好不變，則非同時增加勞動者的工資收入不可。並且此曲線愈向右延伸愈近於垂直，因爲每天的時間

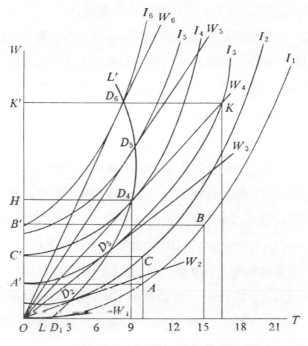

圖 15-1　勞動者的偏好曲線

最多只有二十四小時，而二十四小時之內除休息及從事其他活動等的時間以外，由於個人體力的限制，能從事勞動的時間有一最大限度，因此不論工資收入多麼高，勞動者爲保持同一偏好所願提供出售的勞動時數必有最大的極限，此所以偏好曲線其斜率不僅爲正，即由左下方向右上方延伸，而且愈向右上方延伸，其形態愈近於垂直故也。

此偏好曲線，不止一根，實際上吾人由任何一點開始，均可引伸出一條偏好曲線，而愈向左上方，其在勞動者心目中偏好愈高。例如 I_2，即較 I_1 曲線的偏好爲高，例如 I_2 曲線上的 C 點，即表示同樣 10 小時勞動而能獲得 OC' 單位的工資，其工資收入較 OA' 爲高，故 C 點所代表的偏好較 A 點爲高，亦即 I_2 曲線的偏好高於 I_1。同理 I_3 的偏好高於

I_2，而 I_4 的偏好又高於 I_3……，以下依此類推。

　　根據此一勞動的偏好曲線，吾人可以求出個別勞動者勞動的供給曲
線。在圖 15-1 中吾人假定由 O 點畫一向右上方傾斜的直線，此直線的
斜率不但固定，同時並代表一定的工資率，因為此直線上任何一點的縱
座標表示工資收入，橫座標則表示勞動時數，其斜率即等於工資收入與
勞動時數的比率，亦即每小時的工資率。同時所畫直線的斜率愈大表示
工資率愈高。而此一表示一定工資率的直線，與勞動偏好曲線的關係有
三種可能，即相交於兩點，相切於一點，或根本不相交，亦不相切。而
相切的那一點，則表示在此一固定的工資率下，此一勞動者所能達到的
偏好最高的一點，由這一點可看出勞動者在此一工資率下所願意提供的
勞動時數，及其收入的工資總額。例如在圖 15-1 中，OW_4 線與 I_4 相
切於 D_4 的一點，由 D_4 知此一勞動者在 OW_4 所代表的工資率下，願意
提供每天九小時的勞動，而其所能獲得的全部工資為 OH。OW_4 與 I_3 亦
相交於 K，而由 K 知勞動時數為 16 小時，工資收入為 OK'，雖然 OK'
較 OH 為大，可是此一勞動者不會選擇 K 點以決定其勞動的供給量，因
K 點所代表的偏好較 D_4 所代表者為低也。

　　在圖 15-1 中吾人畫出了六根工資率直線，OW_1、OW_2……OW_6，
每一直線均與一無異曲線相切，吾人將有關切點連結起來，獲得一 LL'
曲線，由此曲線的形態，吾人即可了解在不同工資率下，勞動者所願
意提供的勞動的時數。吾人很明顯的可以看出，當工資率較低時，隨工
資率的增加，勞動者所願供給的勞動量亦隨之增加，但當工資率達到
某一水準以後，仍然繼續增加時，勞動的供給量不但不增加，反而減少
了。

二、工資率增加的所得效果與替換效果

在圖 15-1 中，縱座標所表示的，是工資收入額而不是工資率，工資率僅間接的能由工資率直線的斜率測得之；若吾人將圖 15-1 中的 LL' 曲線轉換到另外的一個座標制中去，其橫座標仍為勞動時數，而縱座標改為工資率，則此一勞動供給曲線的形式更為顯著。圖 15-2 即是由圖 15-1 移轉過來的。例如在圖 15-1 中當工資率等於 OW_3 線的斜率時，勞動的供給量為 7 小時。在圖 15-2 中，在縱座標 W_3 一點即表示工資率為 OW_3，由橫座標則其勞動的供給量為 7 小時。同理，圖 15-1 中的 D_4、D_5、D_6 各點，亦分別移轉到圖 15-2 上的 D_4、D_5、D_6 各點上來了。此二圖形在形式上雖差不多，而實際上兩個圖形的縱座標的意義並不一樣。像這種工資率愈高曲線愈向縱座標接近的勞動供給曲線，吾人一般可稱為後彎的勞動供給曲線(backward sloping supply curve of labour)。

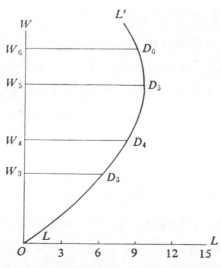

圖 15-2　個別勞動者對勞動的供給曲線

由圖 15-2 中的這一後彎的勞動供給曲線，吾人可看出，當工資率低於 W_5 時，此個別勞動者勞動的供給量，隨工資率的增加而增加，但當工資率上漲至 OW_5 時，此時勞動的供給量最高，爲 10 小時。若工資率大於 OW_5 時，此時勞動的供給量不但不隨工資率的增加而增加，反而隨工資率的增加而減少了。勞動的供給何以會有這種隨工資率增加反而減少的現象？ 關於這一問題， 吾人可用所得效果與替換效果解釋之。

所謂替換效果，卽是當工資率上漲時，勞動者每日勞動一小時，所獲得的收入增加，亦卽勞動價格提高，因此爲獲得更多的收入起見，勞動者寧願犧牲休閒生活，以增加勞動的供給量。因爲休閒生活是無從獲得收入的，休閒生活的本身對勞動者雖有效用，却無貨幣價值。這種以減少休閒生活的時數以增加勞動供給量的現象，卽是工資率增加的替換效果。所謂所得效果，卽是當工資率增加後，勞動者以同樣的工作時間可以獲得更多的貨幣收入，其基本生活所需必能獲得更滿意的解決。基本生活旣獲解決，其休閒生活對他便顯得格外重要，格外有意義。當工資水準甚低時，也許勞動者從來未考慮過從事休閒生活，但當工資水準已經很高時，休閒生活便有很大的效用，而有很重要的意義。因此當工資水準再上漲時，也許減少一點勞動時間，不會使收入減少，而却能增加休閒生活的時間，於是此時勞動者便考慮減少勞動的供給量而增加工餘休閒生活了。這種隨工資率的上漲，勞動供給量反而減少的現象，可稱之爲所得效果。在圖 15-2 中，當工資率低於 OW_5 時，工資率上漲的替換效果大於工資率上漲所得效果，故勞動的供給量隨工資率的上漲而增加。但當工資率增加超過 OW_5 時，則工資率上漲的所得效果大於其替換效果，故隨工資率的上漲，勞動的供給量反而減少了。今日在世界上若干經濟進步國家， 例如北美、北歐諸國，由於生活水準之提高，及工資水準之高，已充分表現出隨工資率提高後，個別勞動者勞動供給量減少之現象。

三、特定職業及特定地區勞動的供給及工資率的決定

由上述對個別勞動者勞動供給的分析，吾人將進一步分析對某一特定職業，例如煤礦工人，或對某一特定地區，例如某一城市勞動的供給情況，並分析此一特定職業或此一特定地區的工資率是如何決定的。當然吾人從事此項分析時，仍是假定在此職業中，或在此一地區內所有勞動者的品質都是劃一的，沒有任何先天或後天的差異，當然其工資率也只有一個。

一特定職業或一特定地區，勞動的供給決定於該一職業或地區內勞動者的人數，及每一勞動者在不同工資水準下所願意提供的勞動量。在短期間內勞動者的人數个全有很大的變化，因此勞動的供給大部分取決於每一勞動者在不同工資水準下所願提供的勞動量；而在長時期內，勞動者的人數則可以變化，因此吾人分析勞動的供給情況時，可分為短期觀點，與長期觀點兩種情況分別討論之。

先就短期情況說明。如上所述，在短時期內，由於其他職業及其他地區的勞動者不易移轉到此一職業或地區中來，而此一職業或地區的勞動者亦不易移轉到其他職業或其他地區中去，因此勞動者的人數是相當固定的。此時決定勞動供給量的，大部分取決於每一勞動者在不同工資水準下所願意提供的勞動量。而由上一節已知個別勞動者對勞動的供給曲線可能是一根向後彎的供給曲線，將個別勞動者勞動的供給量相加，吾人卽可獲得短期情況下特定職業或地區的勞動供給曲線。此供給曲線

將如圖 15-3 所示，是一根彈性較低的供給曲線 $S_L S_L'$。因隨工資率之
上漲，勞動者的人數不可能大量增加也。如果吾人進一步知道此一特定
職業或一特定地區對勞動的需求曲線，則理論上吾人卽可決定此一特定
職業或特定地區的工資率。設勞動的需求曲線為 $D_L D_L'$，則由圖 15-3，
此二曲線相交於 E 點，由 E 點可以決定此一特定職業或特定地區的工資
率將為 OW_0，而勞動的就業水準將為 OL_0。

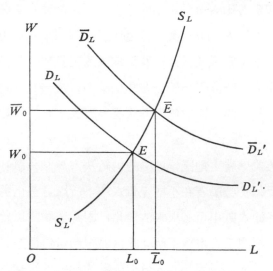

圖 15-3 短期間特定職業或特定地區工資率的決定

如果由於生產技術的提高，或其他生產因素使用量的增加，使對勞
動的需求增加，卽勞動的需求曲線向上移動到 $\overline{D}_L \overline{D}_L'$ 的位置，則短期間
對工資率及就業水準的影響將如何？由圖 15-3 知新的市場均衡點為 $\overline{E}$，
由 $\overline{E}$ 知在短期間內，若對勞動的需求增加，則將促成工資率的上漲，工
資率由 OW_0 上漲到 $O\overline{W}_0$，而對增加就業量的影響比較小，此時就業量
由 OL_0 增加到 $O\overline{L}_0$。

其次，吾人分析長期情況。在長期情況下，由於時間相當長，不但

可以容許其他職業或地區的勞動者，以轉移、重行自我訓練等方法，由
其他職業或地區移轉到此一職業或地區中來，並且此一特定職業或地區
的勞動者亦可移轉到其他地區或其他職業中去。例如原來充當礦工者由
於其他職業中高工資的吸引，可以改行充任汽車司機，或鄉村勞動者由
於都市高工資的吸引，可以由鄉村流入都市。不僅此也，由於時間相當
長，新的一代勞動者，在選擇職業準備進入勞動市場時，亦會由於工資
率的差異，而設法進入高工資的職業中去。因此由長期觀點，特定職業
或地區勞動者的人數是可以變化的。因而在長期觀點下，特定職業或特
定地區勞動的供給曲線彈性較大。如圖 15-4 所示，圖中 $S_L S_L'$ 為勞動
的供給曲線，工資率增加後，勞動的供給量增加較大。此時如果吾人知
道勞動的需求情況，卽可從而決定長期工資率。在圖 15-4 中，設 $D_L D_L'$
為勞動的需求曲線，則由供給曲線需求曲線的交點 E，知長期工資率為
OW_0，而長期就業量則為 OL_0。

　　如果長期間對勞動的需求增加，勞動的需求曲線由 $D_L D_L'$ 的地位移
動至 $\overline{D_L} \overline{D_L}'$ 的位置，由圖 15-4，知新的均衡點為 $\overline{E}$，由新的均衡點，

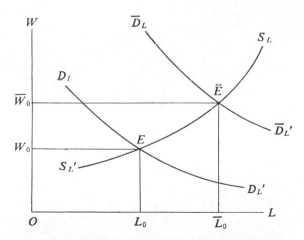

圖 15-4　長期間特定職業或特定地區工資率的決定

知道當勞動的需求增加時，長期間對就業量所發生的影響可能較大，就業量由 OL_0 增加到 $O\bar{L}_0$，而對提高工資率所生的影響可能較小，工資率由 OW_0 上漲到 $O\overline{W}_0$。

由以上對特定職業或地區勞動供給情況，及工資率決定法則的分析，吾人可以進一步了解，何以不同職業或不同地區之間，工資水準會有顯著的差異。例如計程車司機的工資與一般醫生的工資便相差很大。而鄉村偏僻地區理髮師的工資與大都市理髮師的工資相差也很大。此中原因，皆可以用勞動的供需關係說明之。例如就都市中計程車司機的工資與醫生的工資而論，對前者勞動的需求低而勞動的供給大，因此所決定的工資率便低。如圖 15-5(a) 所示，$D_L D_L'$ 爲對計程車司機勞動的需求，而 $S_L S_L'$ 則爲計程車司機勞動的供給，由此一供需關係所決定的計程車司機的工資水準便爲 OW_0，相對的低。至於醫生的情形則不同。圖 15-5(b) 中，$D_L D_L'$ 表示對醫生勞動的需求，此需求相當高，而 $S_L S_L'$ 則表示醫生勞動的供給，此供給則相當低，由此一供需關係所決定的醫生的工資率則爲 OW_1，相對的比計程車司機的工資率爲高。

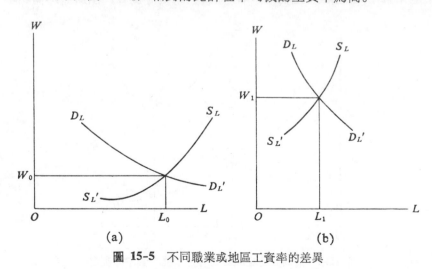

圖 **15-5** 不同職業或地區工資率的差異

至於何以不同職業或不同地區間勞動的供需關係有差異，因而工資率亦有差異？甚至同一職業或同一地區之間，不同的勞動者其工資率亦有差異？這一點留待以下工資的差異一節中討論。

四、一特定社會或一國家勞動的供給及一般工資水準之決定

如果吾人不考慮一特定社會或一特定國家中工資率差異的一面，而僅考慮其平均工資率水準，則一特定社會或一特定國家其工資率水準是如何決定的？原則上，一特定社會或一特定國家工資率的水準仍決定於其勞動的供需關係。茲分別說明其供需情況如下：

先就對勞動的需要來說，一國或一社會對勞動的需要仍決定於勞動的邊際收益生產量。而就一國或一社會的觀點，其勞動的邊際收益生產量則決定於該社會資本的數量、自然資源的數量、一般生產技術的水準，及社會一般經濟組織的形態等因素。若一國的資本數量很大，自然資源很豐富，生產技術的水準很高，同時一般經濟組織的形態有利於一般生產活動，則該社會勞動的邊際收益生產量即大，換言之，對勞動的需求即大。例如美國、加拿大、澳洲等國家，資本多、自然資源豐富、生產技術高、經濟組織合於現代化，其勞動者所能使用的資本及自然資源的數量大，因此其邊際收益生產量即高。反之，若一國的資本少、自然資源很貧瘠、生產技術落後，而一般經濟組織亦不利於從事經濟活動，則該社會的勞動的邊際收益生產量即小，換言之，對勞動的需求即低。例如印度、巴基斯坦等國家，相對於其人口言，資本量甚少、自然資源也不豐富、生產技術落後、經濟組織亦復不利於從事經濟活動，其勞動者所能使用的資本量及自然資源甚少，因此其生產力低，對勞動的

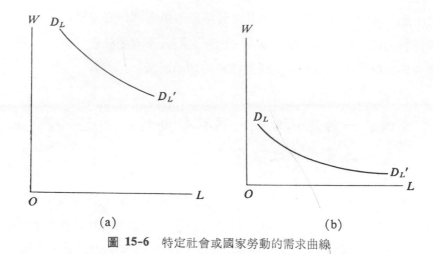

圖 15-6　特定社會或國家勞動的需求曲線

需求卽低。圖 15-6(a) 中，曲線 $D_L D_L'$ 可表示前一社會對勞動的需求
比較高的勞動需求曲線，而圖 15-6(b) 中曲線 $D_L D_L'$，則表示後一種社
會對勞動的需求比較低的勞動需求曲線。

　　其次分析一國或一特定社會勞動的供給。此亦可就短期觀點及長期
觀點說明之 。 在短期分析的情況下 ， 一國的人口以及勞動力可視爲固
定，因爲短期內人口數量不易變動，而其他國家的勞動者亦不易移入，
故勞動的供給主要決定於每一勞動者在不同的工資水準下所願意提供的
勞動量。而個別勞動者的勞動供給曲線由以上的分析爲一向後回彎的曲
線，故短期間內一國或一特定社會勞動的供給曲線可能如圖 15-7 所示，
亦爲一向後回彎的曲線。當工資率低於 OW_0 時，隨工資率之上漲，勞
動的供給量亦因之增加，其增加的原因，一方面可能是因爲每一勞動者
隨工資率的增加，而增加其勞動的供給量，另一方面則可能由於工資率
的增加， 使願意提供勞力的人數亦增加 。 例如家庭婦女由於工資率之
高， 可能暫時加入勞動者的行列； 可以退休的勞動者， 此時延緩其退
休；年輕的勞動者，可能提前參加勞動的行列。總之就全社會言，在此

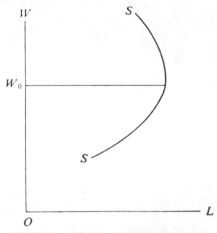

圖 15-7　短期間一國勞動的供給曲線

一工資率的範圍內，工資率增加的替換效果大於其所得效果，因而工資率增加後，勞動的供給量亦增加。但是當工資率超過 OW_0 時，則工資率若繼續提高，此時勞動的供給量不但不增加，反而趨於減少。其原因一方面固然由於隨工資率的提高，個別勞動者因為工資率提高的所得效果大於替換效果，勞動的供給量可能減少。另一方面，由於工資率的提高，若干勞動者可能退出市場，因而使勞動的人數減少。例如，由於家庭中的家長收入增加，妻子不必勞動仍能維持舒適的生活時，妻子即可能由勞動市場退出。同樣，由於家長的收入增加，其子女受教育的年限可能增加，因而延遲其加入勞動市場的時間。由於以上兩種原因，當工資率超過 OW_0 時，勞動的供給曲線向縱座標回彎，表示勞動的供給量反而減少。

在短期情況下，若已知一國對勞動的需求，及其勞動的供給，即可從而決定該國的一般平均工資率。如圖 15-8 中，$D_L D_L'$ 為勞動的需求曲線，$S_L S_L'$ 為勞動的供給曲線，其交點 E 表示均衡點。由 E 知平均工資率為 $O\overline{W}$，而勞動的就業水準則為 $O\overline{N}$。

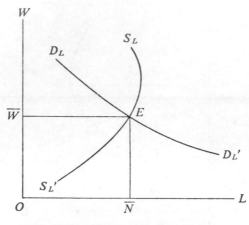

圖 **15-8**　短期間一國工資率的決定

由短期分析中工資率的決定法則,可以說明不同國家的工資水準何以會有很大差異,同時這種差異能繼續維持。例如我國的工資水準若與經濟已非常進步的國家如美國相比較,比美國相差仍遠,其原因可用圖 15-9 說明之。(a) 圖表示我國勞動的供需情形。我國由於資本及土地數量相對稀少,故對勞動的需求低,而勞動的供給很大,由供需法則所決定的工資水準爲 OW_C,相當低。(b) 圖可以說明美國的情形。美國由於資本及土地相對的豐富,故對勞動的需求大,在一定勞動的供給下,所決定的工資水準爲 OW_A,比左圖中 OW_C 高得多。我國與美國的工資水準雖然相差懸殊,但由於勞動的移動,在國與國之間並不自由;雖然美國工資水準高,中國勞動者想進入美國勞動市場,由於美國對移民的限制,中國勞動者是無法大量向美國移居的。故中美兩國如此懸殊的工資水準仍將繼續維持,而短期內不至變更。

其次研究在長期分析情況下,一國平均工資水準是如何決定。就勞動的需求言,在長期中,由於一國資本的不斷累積,生產技術不斷的進步,對勞動的需求將不斷提高。但就勞動的供給言,在長期分析下勞動

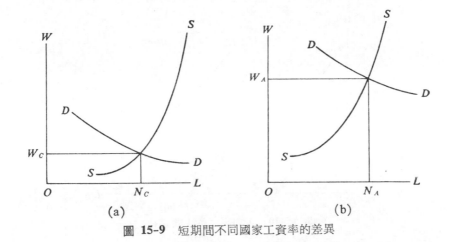

圖 15-9 短期間不同國家工資率的差異

的供給將如何決定，吾人無從說明。因為在長期情況下，勞動的供給直接決定於勞動者的人數，即決定於人口的數量，然而長期中人口的數量是如何決定的，此一問題相當複雜，目前尚沒有能令人滿意的理論提出。因為長期間決定人口數量的因素，不僅有經濟因素，如所得水準、消費水準等，而主要為非經濟因素所決定，如人類學的、歷史文化的、社會政治等的因素對人口數量的影響均很大，而這些因素均超出經濟學的範圍，吾人無從分析。因此在長期情況下，一國勞動的供給曲線，將是怎樣的形態，吾人無所置喙。供給情況既難於說明，因而長期情況下工資水準的決定法則，亦無法提出。

五、古典學派的人口理論與工資鐵律

但是十八、十九世紀的古典學派，依據生產因素的報酬遞減法則，及馬爾薩斯的人口理論，認為勞動的長期供給，在最低生活費的工資率水準下其彈性為無限大；亦即如圖 15-10 所示，若最低生活費的工資率

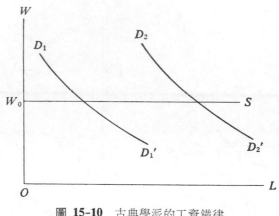

圖 15-10   古典學派的工資鐵律

為 OW_0，而勞動的長期供給曲線卽是由 W_0 開始的一條平行於橫座標的直線。其所以如此者，依據古典學派馬爾薩斯的人口理論，人口數量的增加受糧食的限制，而人口的增加以糧食的增加爲先決條件。若一國的工資率高於當時社會最低生活費用，則勞動者的生活改善，勞動的人口將逐漸增加，由於勞動人口的增加，工資率將恢復到最低生活費的水準。反之，若工資率低於最低生活費之下，則勞動者的生活困苦，因之勞動者的人數必將逐漸減少，由於勞動人口的減少，工資率將再度恢復到最低生活費水準。換言之，就長期看工資率僅能等於最低生活費用，若不等時必將引起勞動者數量的變化，而迫使其恢復到最低生活費的水準。就另一個觀點，亦卽在最低生活費的工資率水準下，勞動的供給彈性爲無窮大。

既然長期情況下，勞動的供給在最低生活費水準下其彈性爲無窮大，則不論勞動的需求情況如何，長期的工資率僅能等於最低生活費。例如，在圖 15-10 中，不論勞動的需求曲線爲 D_1D_1' 還是 D_2D_2'，工資率總是決定於 OW_0 的水準，所不同的，僅是在兩種不同的對勞動的需求情況下，就業水準有所差異而已。這一工資法則可稱爲工資鐵律。

因爲古典學派對工資率抱着這樣一個悲觀的看法，似乎勞動者的前途毫無改善的希望，因而使經濟學獲得了一個 "喪氣的科學"（dismal science）的頭銜。當然由今天的觀點，我們知道古典派的理論並不完備，首先決定勞動者的人數的，決不只糧食一個因素，亦不純粹決定於經濟因素，而影響勞動者的人數，並直接影響人口數量的，大部分爲人類學的、社會文化的、歷史地理的，及政治方面的因素等。而這些因素的考慮不但不在經濟學的範圍之內，而這些因素與人口之間的關係究屬如何，目前還沒有令人滿意的理論可供參考。因此吾人認爲古典學派對人口所持的見解，目前似已不能說明事實。

不過，吾人仍須特別指出者，對於若干經濟落後或正在開發中的國家，人口現象與糧食之間，確有着非常密切的關係。食糧充裕時，人口增加得很快，食糧不足時，人口又迅速減少，古典派對於人口的理論，在此處似乎仍能適用。而由於這種人口現象的存在，乃產生了在經濟開發過程中的所謂 "人口陷穽" 及 "人口爆炸" 的問題，這一點吾人將留待經濟發展一章去討論。

六、工資率的差異及其原因

在以上的分析中，吾人均假定勞動的品質是劃一的，因此在同一職業或同一地區中，工資率均是相等的，甚至在一特定國家，吾人亦假定有一共同的工資水準。吾人所以這樣假定，是爲了便於分析，但實際上吾人知道，勞動的品質並不劃一，任何兩個勞動者之間，在本質上均有差異，因此不但在不同職業或地區之間，其工資率有差異，卽在同一職業或同一地區之間，其工資率亦有差異。吾人所接觸的，不是少數幾個典型的工資率水準，而是有無數的不同的工資率水準。以上吾人已對決定同一工資水準的法則，有所說明，以下將進一步說明工資率所以發生差異的原因。

吾人知道勞動者在選擇職業並就業地區以提供其勞力時，不僅關心貨幣收入的高低，同時還要考慮貨幣利益以外的其他非貨幣的因素。此種非貨幣性利益的因素包括職業的社會地位、勞動的安全性、社會對該項職業的評價、升遷的機會以及可以從事勞動的年限等。如果兩種就業機會，其他的非貨幣性利益均相同，則勞動者顯然必將選擇貨幣利益較大的那一職業。同理，如果兩種職業的貨幣利益相同，則勞動者必將選擇非貨幣性利益較大的那一職業。因此，如果兩種職業需要同樣的才能，而其中一種的非貨幣性利益較另一種職業爲大，如果兩種勞動的工資率相同，則顯然勞動者必將選擇非貨幣性利益較大的那一項職業，而不願意選擇非貨幣性利益較少的那一職業。爲了補償目的，使勞動者對這兩種職業無分彼此起見，必須使非貨幣性利益較高的那一職業，其貨幣性利益將較低，卽工資率將較低，而使非貨幣性利益較低的那一職業，其貨幣性利益較高，卽工資水準將較高。亦卽原則上要使得第一種職業的非貨幣性利益加上其貨幣性利益應等於第二種職業的非貨幣性利益加上其貨幣性利益之和。此一法則可稱爲利益均等法則，而不同職業或同一職業之中工資率之所以發生差異者，卽由於此利益均等法則之作用。

非貨幣性利益所包含之因素甚多，吾人試略舉數項，並說明其與工資率之關係。

以職業受社會尊敬的程度而論，有些職業非常受社會的尊重，而有些職業則不受社會之尊重，相反的常受到社會之鄙視。如果其他條件相同，則受社會尊敬之職業，其勞動的工資率低，而不受社會尊敬之職業，其勞動的工資率即相對的高。今天在中國社會充當公教人員，尤其在學校充當教員者，一般都爲社會所尊敬，因此其勞動的收入即相對的低，教員之所以淸高者，其原因可以說一部分在此。

以職業的安全程度而論，有些勞動其工作環境非常安適，絕無意外發生之可能，因此安全無虞，而另有些工作，工作環境極不安全，可能隨時有意外發生，則其他情況相同，有安全保障的勞動其工資率較低，而缺少安全保障的職業，其工資率即高。

以職業升遷的可能性及機會而論，有些職業升遷的可能性很大，而且易於升遷，但有些職業升遷的可能性極小，則其他條件相同，凡升遷機會大的職業其工資率必較低，而升遷機會小的職業，其工資率必較高。

以擔任該項職業所能延續任職的時間而論，有些職業一旦從事以後，可以長期任職，不受年齡的限制，甚而至老死方休，但有些職業，一旦從事以後，其任職的時期，甚爲短促，或由於體力的限制，或由於生理的條件無法繼續任職，則其他條件相同，能長期任職的職業，其工資率必低，其不能長期任職的職業，其工資率必高。前者如大學教授，通常不十分受年齡的限制，有些學術部門，年齡愈高，見解才愈成熟，雖年老不妨礙其繼續任敎，故其報酬，一般都較低。後者如職業運動員、職業球員、職業舞蹈家等，超過一定的年齡後，由於體力或生理的關係，即不能繼續任職，因此其工資率較高。

就職業所需特殊才能而論，有些職業需要有特殊才能的人始能擔任，而這種才能常不是靠後天的敎育或訓練所能養成，而主要是由於先天的秉賦。而另有些職業則不需要有特殊天賦的才能。前者難求，供給稀少，故其工資率高，如電影名演員、名音樂家、歌唱家等是。後者到處皆有，故其工資率低。

就從事一項職業所須接受教育或訓練的程度而論，有些職業，其從事的人必須接受長期教育與訓練始克勝任，而有些職業，其從事的人不需要接受長期教育與訓練，有普通智識程度，即可勝任，則其他條件相同，前者的工資率高，而後者的工資率低。前者如名律師、醫師及名會計師是，後者如一般的非技術勞動者是。

除了上述幾項非貨幣性利益的因素，會產生工資率的差異外，另外尚有幾項原因亦會產生工資率的差異。這些原因如勞動者對就業機會及地區的無知，勞動的移動性的不完全，勞動者不能適應社會情勢的變更等皆是。所謂勞動者對就業機會與地區的無知，乃是在某一職業中或某一地區，由於對勞動需求的減少，使勞動的工資率降低，但在其他職業或地區中可能有很有利的就業機會，而却不為這些日趨困境的勞動者所知悉，因此其工資率雖可望由於改變職業或就業地區而改善，但由於無知而無法改善，工資率遂始終維持一很低下的水準。其次，勞動者可能知道較佳就業機會的地區，但由於勞動的移動性的不完全，亦無法接近新的就業機會或地區。這種移動性的缺乏，或者是由於政治性的，例如向他國移民，往往受到他國移民法的限制；或者是由於經濟性的，例如勞動者缺少移動費用，因而不能成行；或者是由於社會心理性的，例如勞動者不願遷出其素所熟悉的環境，而遷向一完全陌生的環境；在原來的環境，有他原來的親戚朋友，平時能互相幫助扶持，有他熟悉的語言及風俗習慣，主要有他所習慣的生活方式，而遷入一新環境之後，可能這些都要全部放棄而重新適應其新環境，因為恐懼於這種調適，遂不願移動。最後勞動者所具有的惰性，往往亦限制勞動的移動性。勞動者可能知道新就業機會的存在，亦沒有人為的或自然的限制，限制其移動，亦不缺交通費用，但僅只是由於一種惰性而不願移動，寧願停留於原來地區而不願更張，因而其工資率亦將維持於很低的水準而無法提高。

　　總之，基於以上的分析，不同職業間非貨幣性利益的差異總是存在的；勞動者本身的無知，及勞動的移動性的缺乏，總難望完全消失，因此工資率的差異，總是會長期存在。政府可以使用種種方式，直接的，間接的，以減少此種差異的存在，如對勞動者不斷提供就業機會的情報，協助勞動者從事移動；推動再訓練再調適的計劃，以重行安置被移位的勞動者。但是工資率的差異仍將不會完全消失。

七、集體議價的工資率

　　以上的分析，乃假定勞動市場是一完全競爭市場，勞動的供給者與勞動的購買者，人數都很多，沒有任何一個或少數勞動的購買者或供給者，能影響勞動的價格，即工資率。工資率是由市場供給及市場需求所決定的，而對某一類勞動也只有一個工資率。但是實際上勞動市場並不是一完全競爭的市場，在工會組織比較強大的國家，工資率都是透過集體議價的方式而決定的。所謂集體議價的方式，並不是個別的勞動者與個別的僱主透過勞動的供需關係而決定工資率，而是由工會代表勞動者與僱主的代表用會議方式，協議工資率，如此所決定的工資率，爲工會的全體會員所接受，勞動者既不得以低於協議的工資率接受僱用，僱主亦不得支付較集體議價所協議爲低的工資率。

　　在集體議價方式下所決定的工資率，比理論上由完全競爭市場所決定的工資率，爲高抑爲低？一般情況下，由集體議價方式所決定的工資率都較由完全競爭所決定的工資率爲高。因爲工會代表勞動者的利益，在集體議價時，總希望能獲得最高的工資率，並且在集體議價過程中，除協議工資率外，一般還爭取工作時間的減少、工作條件的改善，以及勞動者福利的增進等。在僱主一方，則目標相反，總希望工資率不要上漲得太快，至少不要超過勞動生產力增加的速度，否則工資增加太多，成本提高，會引起產品價格的增加，而影響生產者的銷路。

在集體議價時，工會與僱主雙方都有保留的最高工資率與最低工資率的界限，在僱主方面，如果工會的要求超過此一最高的保留工資率，僱主方面，往往寧願停止生產，而不願承認工資率的讓步。在工會方面，如果僱主所承認的工資率低於其最低保留工資率，工會方面是寧願實行罷工，而不願接受較低工資而工作。因此，在議價時，如果僱主方面的最高保留工資率，仍低於工會方面的最低保留工資率，則集體議價的工作無法完成，必致工會方面繼續罷工，而僱主方面則繼續停業。但是如果僱主方面的最高保留工資率高於工會方面的最低保留工資率，則集體議價可能達成一項協議，決定一為雙方所共同接受的工資率，而此一工資率亦必介於僱主方面的最高保留工資率與工會方面的最低保留工資率之間。但是最後的工資率究竟是近於僱主的最高保留工資率水準，還是近於工會方面最低保留工資率的水準，則視雙方參加議價代表個人之才能，僱主及工會對勞動生產能力增加之估計，工會所保有的福利基金的數量，以及當時一般經濟情況為繁榮或蕭條而定。如果工會代表的個人能力強，議價技術高明，同時工會福利基金雄厚，足以支持長時期的罷工而有餘，並且社會一般經濟情況欣欣向榮，則所協議之工資率，常常能較近於工會的要求。反之，當工會代表的議價能力低，工會的福利基金少，不足以支持長時期大規模的罷工，而一般經濟情況亦現萎縮，則所議之工資率，常較工會所想望者為低，究竟相差多少，則須視實際情況而定。

在集體議價所協議的工資率下，對勞動的供給與需求將發生何種影響？對於就業水準是否會有所變動？此一問題，吾人可用圖 15-11 說明之。圖中 $D_L D_L'$ 為勞動的需求曲線，$S_L S_L'$ 為完全競爭時勞動的供給曲

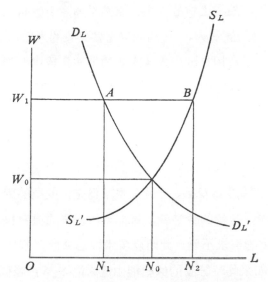

圖 **15-11**　集體議價的工資率對就業的影響

線；若勞動市場爲完全競爭，則由勞動的供需關係，工資率必決定於
OW_0 的水準，而就業水準必爲 ON_0。今如透過集體議價，工資率定於
OW_1 的水準，則在工資率低於此一水準時，勞動的供給量必爲零，而
工資率等於此一水準時，勞動的供給量必爲 ON_2，唯有當工資率高於此
一水準時，隨工資率的提高，勞動的供給量可望提高，因此此時勞動的
供給曲線由 $S_L S_L'$ 變爲 $W_1 A B S_L$，而勞動的需求曲線仍爲 $D_L D_L'$。但
由 $D_L D_L'$ 曲線當工資率爲 OW_1 時，對勞動的需求量僅有 ON_1，而此時
勞動的供給量却有 ON_2，因此除 ON_1 人數的勞動者能獲得就業機會外，
其餘 $N_1 N_2$ 人數的勞動者必不能獲得就業的機會而成爲失業。此時吾人
須注意者，當工資率定於 OW_1 時，失業者的人數不是 $N_1 N_0$，即完全競
爭時就業人數與實際就業人數之差，而是 $N_1 N_2$，較 $N_1 N_0$ 爲大，因爲在
較高的工資率下，勞動的供給量增加了。

　　由於集體議價的結果，使工資率提高，但另一方面却也使勞動者失

業的人數增加了，站在工會的立場，當然不願意有大量失業的勞動者存在。 爲維持工會的號召力， 必須減少這些失業的人數， 最好能使失業者根本不存在。工會用來減少失業人數的方法，或則透過減少勞動的供給， 或則設法增加對勞動的需求。 如果其他條件不變， 而勞動的供給減少，或對勞動的需求增加，則可望在集體議價的工資率下維持充分就業。這一點可由圖 15-12 來說明。圖中 $D_L D_L'$ 及 $S_L S_L'$ 表原來對勞動的需求曲線及勞動的供給曲線，如勞動市場爲完全競爭，則工資率將爲 OW_0，而就業水準將爲 ON_0，此就業水準爲充分就業的就業水準，因爲在此工資率下願意勞動的勞動者，皆能獲得就業的機會也。若工資率爲 OW_1，而對勞動的需求不變，此時就業水準必降低至 ON_1， 而失業人數爲 $N_1 N_2$，但是如果此時勞動的供給能由原來的 $S_L S_L'$ 降低至 $S_{LO} S_{LO}'$，則在工資率爲 OW_1 時，勞動的供給量與需求量相等，就業人數爲 ON_1，失業現象即不存在。 或者此時如果對勞動的需求能由 $D_L D_L'$ 增加至 $D_{LO} D_{LO}'$， 則在工資率爲 OW_1 時， 勞動的供給量與就業量仍然相等，

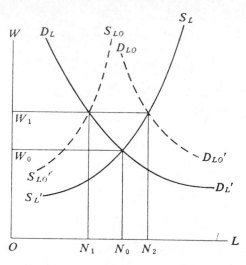

圖 15-12 集體議價下減少失業的方法

就業水準爲 ON_2，失業現象亦不存在。

　　工會爲減少失業所採取減少勞動供給的方法有多種，例如提高勞動者參加工會時的入會費，使部分經濟能力差的勞動者無法成爲會員；或則故意提高會員所必須具備的技術水準，使技術較差者亦無法取得會員的資格；或則延長學徒或訓練的年限，使其不能迅速的升爲正式會員，此數種方法皆能使某一特定工會勞動者的人數減少。在增加對勞動的需求方面，工會可能採取正當合理的方式以達到目的，亦可能採取不正當或不合理的方式，以達到其目的。在正當而合理的方式方面，如工會協助僱主促進政府提高該項商品的進口關稅，如此則該產品的銷路增加，價格上漲，可能增加對勞動的需求。或則協助僱主改進生產技術，加強推銷活動，降低成本，增加銷路。由於產品的銷路增加，間接對勞動的需要亦增加。在採用不正當或不合理的手段方面，例如限制勞動者的工作量或工作時間，使生產者不得不增加對勞動的需求；或硬性規定某一職位所需的勞動者人數，縱然該一勞動者的勞動已成多餘。前者的情形，如油漆業工會限制油漆時所用刷子的寬度，泥水匠工會限制每一勞動者每天所砌磚的數目是。後者的例子如，美國的鐵路公會規定路局方面必須僱用司爐，雖然大部分的火車已電氣化，或使用內燃機，已不再燒煤，但工會仍必須保留司爐名額。此數種方法，雖在短時間內能增加對勞動的需求，然而就長時間看，是否眞能增加，仍屬疑問，而且就長期看，對工會本身的前途亦至爲不利。

八、摘　　要

　　個別勞動者勞動的供給決定於市場工資率，一般的工資率愈高，勞動的供給量愈大，不過當工資率超過某一水準以後，勞動的供給可能有減少的現象，此卽個別勞動者勞動的供給曲線是向後囘彎的，此由於隨工資率的增加，其所得效果可能超過其替換效果，故勞動的供給量反而減少。

將同一職業或同一地區個別勞動者的勞動的供給相加，卽得某一職業或某一地區勞動的供給，由於短期間勞動者在不同職業及不同地區間之移動性較低，而在長期間其移動性較高，故同一職業或同一地區短期間勞動的供給彈性較小，而在長期間則其供給彈性較大。由同一職業或同一地區勞動的供給及勞動的需求，可以決定其工資率。

將一國或一經濟體系個別勞動者勞動的供給相加，卽得一國或一社會勞動的供給，理論上由一國勞動的供給及勞動的需求，卽可決定一國短期工資水準。至於長期間，因爲一國勞動的供給決定於人口因素，而人口因素非經濟現象，故一國的長期工資水準無法說明，惟古典學派根據馬爾薩斯的人口論，認爲長期間工資水準僅能決定於最低生活費，而提出所謂工資鐵律。由現代經濟發展的情況，已證明此一理論不能成立。

實際上工資率是有差異的，其所以有差異的原因，乃是勞動者除考慮金錢的利益外，還考慮非金錢的利益，任何一種職業其非金錢的利益高時，透過利益均等化法則，其金錢的利益必較低，工資僅代表金錢的利益，故僅由工資來看，便有所差異。

現代各國的工資率多透過工會與僱主間的集體議價而決定，集體議價所決定的工資率往往比完全競爭所決定的工資率來得高，因此勞動者之間非自願性失業的人數可能增加，工會爲減少失業會員的人數，常採取限制勞動供給，或增加勞動需求的方法，以達到目的。

重 要 概 念 與 名 詞

勞動的偏好曲線　　　　　工資率增加的替換效果

後彎的勞動供給曲線　　　工資鐵律

工資率增加的所得效果　　利益均等法則

集體議價　　　　　　　　喪氣的科學

第十六章　地租理論

　　勞動以外，次一重要的生產因素，即爲土地。經濟學上所謂土地，較一般所了解的土地的意義，要來得廣泛，其意義實際包含一切自然資源而言。不僅包含狹義的地面，亦包含地下及地上的空間，以及自然界的一切能力而言。土地與其他的生產因素不同，它是不能以人力予以再生產的，其數量由自然所決定，因此經濟學中常將土地與勞動稱爲基本的生產因素，而將資本財，即一切能以人力增加生產的生產工具稱爲中間性的生產因素。因爲土地有此種特質，所以因使用土地勞務而支付的報酬，亦早已成爲經濟學上所研究的一個重要問題。使用土地勞務所支付的報酬即地租。本章將研究經濟地租何以會發生、差別地租的意義、地租與地價的關係，以及地租與生產成本的關係等問題。

一、土地的特性

　　地租是使用土地勞務的報酬，因此要研究地租何以會發生，必須先知道土地所具有的特性。一般的土地所具有的特性有下列數種：第一，不增性。所謂土地的不增性，即土地的數量，因爲是由自然所決定，所以其數量是固定的，一般的不能因人力而予以增加，當然也不能因人力而減少，故不增性實亦含有不減性在內。當然由於自然力量的變化，海邊、河口常有新生地出現，由於地殼的變動、地震等的天然災害，也可能有若干土地陸沉，甚至地球上的少數國家，如荷蘭，以人力填海，企圖增加陸地的使用，但這一切與全球土地的面積相比較，實微不足道。唯此地所須注意者，所謂土地的不增性，仍是指全地球的土地面積而言者，並非指某一特定產業所得使用的土地的面積不能增加。任何一產業所能使用的土地的面積，可能因透過其他產業土地的移轉而獲得更多可用的土地。因此對某一特定產業言，其所能使用的土地的數量並不是固定的。 <u>第二，不能移動性。</u> 土地的位置是固定的，不能用人力予以移動，這是一有目共睹的事實。都市中對土地之需要雖高，但他處的土地却無法搬運到都市中來，以減少土地需求的壓力，否則地租問題便不會這樣嚴重了。正因爲土地有不能移動性，其位置的便利與否，關係於土地的收益，影響甚大，故在李嘉圖差別地租的理論中，土地位置的便利與否，也是產生差別地租的原因之一。<u>第三，土地具有生長力與負載力。</u>凡植物的生長都需要依附於土地之上，凡動物或人類之生活，均須依賴由土地所生長而供應之植物。不僅此也，人類居住運動，亦需要土地來承載，房屋道路必須建於土地之上，海洋中之輪船，天空中之飛機，似乎不須土地承載，其實稍一深思，即可了解，海洋與空間，實亦土地之一面也。土地的這種生長力與負載力，非其他任何因素所能取代。

　　正因爲土地具有生長力與負載力，所以人類爲了生活的需要，不得不使用土地。但若土地可自由移動，其數量可無限制增加，則亦不會發生問題。無奈土地位置不能移動，其數量亦復不能增加，由於土地的不增性及不能移動性，人類對土地的需要便不能滿足，因爲互相競爭的結果，地租因以產生。因此簡言之，地租之所以產生，實由於土地的供給固定所造成之土地的稀少性。至於土地稀少，何以會產生地租，吾人可用一個假想的簡單情況說明之，這一假設雖然表面上與現實相差甚遠，但其意義却足可說明地租所以產生之根本原因。

二、地租的產生

在說明地租如何發生以前，吾人須要進一步強調者，所謂地租僅指使用天然物土地的勞務所支付的代價而言，至於在土地中所已投放的資本所產生的利息收益則不包括在內。實際現代的任何土地已無一塊沒有經過人類的投資，在土地中已含有資本因素在內，原始形態的土地根本早已不存在了。因此現代社會為使用土地所支付的地租，其中實亦包含投資的利息在內，而吾人所研究的純粹地租，是指扣除這種資本的利息以後所剩餘的部分而言。

假設在靠近亞洲大陸的太平洋上有一島嶼，島上的土地品質相同，肥沃的程度亦相同，同時任何一處其便利的程度亦相同，並且假定島上並無人居住，與外界亦不發生經濟關係。今假設島外人口陸續向島上移居，因與外界無貿易關係，故移民的食糧必須由本島生產供給。若最初移民的人數甚少，所需的糧食有限，故只須耕種少數土地卽可供給，此時糧食的價格由於供需關係，必等於其生產的邊際成本及最低平均成本；耕種者由生產糧食所獲得之總收益，只夠支付生產時的總成本，沒有剩餘，故沒有地租亦不需要支付地租，此時土地仍為自由財，因其供給量大於需求量也。如果移民不斷增加，對糧食的需求亦增，祇要仍有未耕種的土地可予使用，糧食的價格不會上漲，因為此時對於增加的糧食需要，將不會在已耕種的土地上增投勞資，以增加產量，而必將繼續使用尚未被耕作的土地，故生產的最低成本不會變化，糧食的價格亦不會變化，當然地租仍舊無從發生，亦無人能索取地租。這種情況，只要土地尚未被完全使用盡，不論移民數如何增加，將繼續維持不變。但移民不斷增加以後，土地終有被完全使用的一天。如果土地已被完全置於耕作之下，人口仍增加不已，對糧食的需求將不斷提高，透過市場供需關係，糧食價格必將上漲，最後將超過生產的最低平均成本。糧價超過生產的最低平均成本以後，生產者卽可增加單位土地面積上勞力資本的使用量，以增加產量。依據吾人對完全競爭市場個別生產者的分析，此時生產者必將產量增加到邊際成本等於市場價格的一點，其情況可如圖16-1 所示。當移民數甚少，土地尚未被完全使用時，糧食的價格由供需關係決定，等於 OP_1，而此一價格亦等於每一生產者的最低平均成本，因爲這兩者是互爲決定的。每一單位土地面積的生產者其生產量必決定於最低平均成本的一點，亦卽圖形中的 OQ_1，此時所花勞資的總成本爲 OQ_1EP_1，而總收益亦爲 OQ_1EP_1，故無剩餘以支付地租。隨人口的增加，土地的繼續被使用以至於被完全置於耕作之下，若人口仍增加不已，則透過市場供需關係，糧食價格將慢慢上漲，假定最後漲至 OP_2。這一價格已大於單位土地面積上使用勞資時的最低平均成本，生產者面對着此一高價，爲獲取更大的收益必將增投勞資，擴大產量，最後生產量決定於平均收益等於邊際成本的一點，卽圖 16-1 中的 F 點。由 F點知此一產量的平均成本爲 Q_2G，故總成本爲 OQ_2GH，而此一產量的平均收益則爲 Q_2F，總收益爲 OQ_2FP_2，大於總成本，其超過部分爲 $HGFP_2$，爲支付勞動與資本的成本以後的剩餘。如果此土地爲耕作者所自有，則此剩餘爲耕作者所獲得，如果此土地另有主人，則地主此時卽可對耕作者提出取得此剩餘的請求權，而成爲地主的地租。因爲如果耕作者不支付地租，地主可將此土地收回，而租給肯支付此地租的耕作

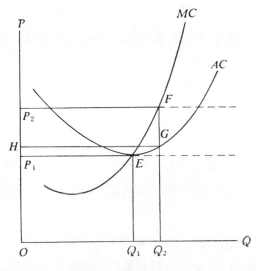

圖 16-1　地租的產生

者耕作。由這一分析，可看出地租之發生，非由於土地的私有制度，而
是由於土地的供給有限，具有相對的稀少性，因而不能滿足對土地的需
求，透過糧食的供需關係而造成糧價的上漲，因此而產生地租。所以由
社會的觀點，地租是一種剩餘，其產生直接是由於糧價的上漲，超過土
地生產的平均成本，其間接的原因則是由於土地的稀少性。此一剩餘不
論地主是否有請求權，總是客觀存在的。

　　以上的分析，初視之似乎不切實際，事實上不可能有這一理想的情
況以供吾人決定地租如何產生。然而吾人若稍一深思，即可知道實際上
雖然並無此一理想狀況，而地租產生的根本原因，確是如此一假想情況
所表現的，並非如過去若干學者所認為的，地租的產生是由於土地私有
制、土地收益有遞減的現象，以及土地的品質有等差等，而真正地租產
生的原因則是由於土地的稀少。

三、地租產生的另一分析法

由上所說，似乎地租的發生，與土地在生產中所表現的功能無關。同時由引申需求原理，吾人已知對生產因素的需求決定於其邊際收益生產量，以上的說明，似乎亦未提到與土地的邊際收益生產量的關係。事實上並不如此。對上節的分析，吾人若採取另一分析法，即可看出地租的產生與土地在生產中的功能，以及與土地的邊際收益生產量之間的關係。

為決定某一特定面積土地的地租，吾人假定在此一面積上繼續增加勞動與資本的使用，為便於分析起見，並假定勞動與資本按一定比例結合，而形成一複合的勞資單位，對於此一定的勞資單位，有一定的市場價格。今在此一定面積的土地之上，增加此勞資單位的使用量，其邊際收益生產量曲線可以求出，在圖 16-2 中，KEF 即為使用於此一定面積土地之上的勞資單位的邊際收益生產量曲線。若勞資單位的市場價格

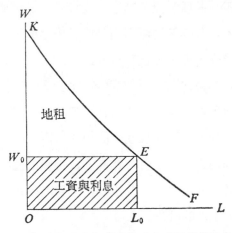

圖 16-2 由勞資單位的邊際收益生產量曲線決定地租

為 OW_0，則依據供需關係，此土地上所使用的勞資單位，其數量必為 OL_0，而此土地的總收益必為 OL_0EK，假定此邊際收益生產量曲線與縱座標相交於 K，在此總收益中，支付予勞資單位的總報酬則為 OL_0EW_0，其剩餘部分即 W_0EK 當為土地所應得之報酬，即為地租。

圖 16-2 仍然不是由土地的邊際收益生產量曲線的觀點所分析，而是建立於勞資單位的邊際收益生產量的曲線之上。若吾人已知使用於此土地面積之上的勞資單位為 OL_0，吾人假定此固定數量的勞資單位，與不同數量的土地相結合，則吾人可獲得建立於此固定數量勞資單位之上的土地邊際收益生產量曲線。圖 16-3 中，曲線 NHM 即是這樣的一根曲線。此特定土地的面積為固定，在圖 16-3 中，設為 OA_0，其供給彈性為零，由土地的需求曲線及土地之供給，單位土地之地租率為 A_0H，而此特定面積之全部地租額當為 OA_0HR_0。然而在此土地面積上之全部收益量為 OA_0HN，支付地租以後的剩餘部分 R_0HN，即用以支付勞資單位的報酬，亦即工資與利息。圖 16-2 與圖 16-3 分析的基準雖然不同，一在土地，一在勞資單位，然而其結果是一樣的。圖 16-2 中的

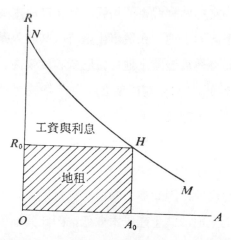

圖 16-3 由土地的邊際收益生產量曲線決定地租

W_0EK 應等於圖 16-3 中的 OA_0HR_0，而圖 16-2 中的 OL_0EW_0 應等於圖 16-3 中的 R_0HN，這兩個圖形不過由不同角度分析同一對象而已。但由圖 16-3 中却可明顯看出土地的邊際收益生產量對決定地租額所發生的作用，而圖 16-3 與圖 16-1 雖表面上似有不同，而實際上所獲得之結論實亦是相同的。

四、差別地租的產生

以上是假定土地的品質相同，其便利的程度亦相同，而由於對食糧需要的增加，促使糧食價格上漲，超過糧食的生產成本，因而產生地租。但是實際上土地的品質是不會相同的，由於土壤的結構、雨量、陽光的差異，土地的肥沃程度亦因此而有差異，而且土地便利的程度亦各不相同，由於交通的進步，人類居住的集中，有些土地交通甚為方便，而有些則交通至為不便。因此地租理論的提出，最早乃是以差別地租的形態出現的。李嘉圖的地租理論，即是差別地租的理論，認為土地由於肥沃程度的不同，交通便利與否的差異，其生產成本亦有差異，肥沃程度最低，交通最不便的土地，在從事生產時，其收入僅夠維持成本，故不能支付地租，此可稱為邊際土地；但肥沃程度較高、交通較便利的土地，其生產成本較低，其生產所獲之收益，除支付勞動與資本之成本外，尚有剩餘，此剩餘即成為地租之來源，而地主即可要求獲得其所有權，否則地主可以收回土地而轉租他人耕種，而耕作者支付地租耕種此種土地，與不支付地租而耕種邊際土地，其收益相同，均能收回其所支付勞動與投資的代價，因此亦不會拒絕支付地租。而土地肥沃程度愈高、交通愈便利之土地，其生產成本愈低，因此其地租亦必愈大。以上所述，即為差別地租理論之內容。

差別地租之理論以現代分析的方法說明之，可分析如下。設有肥沃程度、交通便利程度均不相同的三塊土地，其每塊土地用於生產時其生產成本如圖 16-4 所示，其中 (a) 圖表最肥沃土地之成本結構，其平均成本與邊際成本均最低；(b) 圖表肥沃程度次之的土地之成本結構，其邊際成本及平均成本均較 (a) 圖為高；(c) 圖則表示肥沃程度最低土地之成本結構，其平均成本及邊際成本均為最高。此處所謂平均成本，僅包含勞動與資本的費用在內。此時若市場農產品的價格，透過市場供需關係，僅等於 OP_1，即等於最肥沃土地耕種時之最低平均成本，則此時 (a) 地被用於耕種，而 (b) 及 (c) 地因農產品價格低於其最低平均成本，故不會用於生產，事實上由於對農產品之需求甚低，亦不需要耕作 (b) 及 (c) 地。而耕作 (a) 地時，其生產量由圖 16-4(a) 則決定於邊際成本等於市場價格的一點，亦即等於最低平均成本之一點，其產量為 Oq_1。此時生產者的總收益等於其總成本，沒有任何剩餘可以用於支付地租，故 (a) 地即為邊際土地，不須支付地租。如果由於人口的增加，對農作物的需要增加而引起農作物價格的上漲，農產品的價格高於 OP_1 時，此時在 (a) 地的投資將增加，其產量依邊際成本等於市場價格的法則，亦將隨之增加。若農產品的價格最後為 OP_2，等於 (b) 塊土地最低平均

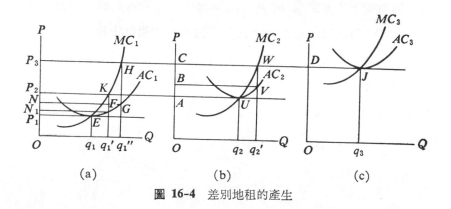

圖 **16-4**　差別地租的產生

成本，此時 (b) 地加入生產，其邊際成本等於市場價格及最低平均成本，故其產量為 Oq_2，在此產量下，其總收益僅足支付勞動與資本的費用，無剩餘以支付地租，故 (b) 地為邊際土地，不須支付地租。而 (a) 地由於農產品價格的上漲，其產量則由於投資的增加，將擴張至 Oq_1'，在此產量下，其平均成本為 $q_1'F$，而平均收益為 $q_1'K$，總收益則為 $Oq_1'KP_2$，而總成本則為 $Oq_1'FN_1$，總收益與總成本的差額為 N_1FKP_2，此即生產後的剩餘，構成地主所可能要求之地租。此地租即是因為土地肥沃程度不同所產生之差別地租。若吾人再進一步假定，人口繼續增加，農作物的價格繼續上漲，則 (a)(b) 土地之上的投資均將增加，而產量亦將提高，設最後農產品之價格漲至 OP_3，等於 (c) 地之最低平均成本，此時 (c) 地將開始加入生產，其產量為 Oq_3，在此產量下，其總收益等於總成本，不發生任何剩餘，故不能支付任何地租，而成為邊際土地。當農產品價格為 OP_3 時，(a) 地的生產量增加到 Oq_1''，此時其總收益為 $Oq_1''HP_3$，而總成本則為 $Oq_1''GN$，總成本與總收益的差額 $NGHP_3$，即構成生產的剩餘，成為地主的地租，此一地租已隨農作物價格之繼續上漲而提高。而 (b) 地的產量，由於價格上漲至 OP_3，其產量亦提高到 Oq_2'，在此產量下，總收益為 $Oq_2'WC$，而總成本為 $Oq_2'VB$，總收益與總成本的差額為 $BVWC$，亦構成生產後的剩餘，成為地主的地租，故 (b) 地此時由邊際土地遞升而為支付地租之土地。此時若農產品的價格由於需求的增加再繼續上漲，而超過 OP_3，則不僅 (a)(b) 兩地的地租將繼續增加，而 (c) 地亦將由邊際土地而升格為須支付地租之土地了。到此一階段，吾人在上一節所應用之分析法在此亦可以適用了。

五、地租與成本

由以上之分析，地租之產生，不但是由於土地本身能發揮其生產的功能，主要是由於土地所具有之特性，即由於自然條件的限制，其供給為一定，故相對於人類的需要，土地相對的稀少，因此當人類對土地的勞務需要日增，而其供給無法增加，透過農作物價格的上漲，地租因而產生。顯然地租的產生是由於農產物價格之上漲，農產物價格上漲是因，地租的出現是果，而農產物價格之上漲，則由於對農產物之需求不斷增加，但由於土地之有限，農產物之供給却無法對應增加。既然如此，地租便不是農產物的成本因素，而是一種生產的剩餘。然而就個別的耕作者，或個別廠商來看，當其使用土地時，必須支付地租，而其產品的價格，除支付工資與利息外，其剩餘如不足支付地租，則其生產必遭遇損失。同時他如不能支付地租，地主亦必將收回土地而轉租他人使用，如此，對個別生產者或廠商，地租乃成為成本因素之一。前面既說地租不是成本因素，而此處又說地租是成本因素，兩者之間是否有矛盾？過去，因若干學者，不明個體現象與總體現象之差異，因而對這一矛盾，無從解釋，而現代則由於經濟分析的進步，知道同一因素，在個體現象與總體現象中，因為所取的觀點，以及現象的背景不一樣，所以其意義亦不一樣。例如貨幣就個別生產者言，可得視為資本，因為個別生產者貨幣增加，即可以之到市場購買各種生產財從事生產，故貨幣即可視為資本；但就總體觀點，就全社會看，貨幣數量增加，並不表示社會的各項生產財同時增加，社會的生產設備及生產能量並不因單純的貨幣數量的增加而增加；故由總體的社會觀點，單純的貨幣不是資本。地租現象，亦是如此，由社會總體觀點，土地除供生產使用外，其機會成本等於零，而由於農產品價格上漲後，地租才出現，所以地租不是成本因素。 但對於個別的生產者看， 使用特定土地時， 該土地的機會成本不是零，其機會成本等於次一個願意使用該土地的人所願支付的地租額， 生產者若不能支付地租， 即不能使用該土地， 因此地租成為成本因素之一。其意義的差別可用下列圖形表示之。在圖 16-5 中，AC_1 及 MC 表在一定土地上從事生產時， 不包含土地因素在內的平均成本曲線及邊際成本曲線。 若農產品的市場價格為 OP_1， 則生產者的產量為 OQ_1，此時不包含土地因素在內的平均成本為 Q_1F，平均收益為 Q_1E，因此其單位地租為 EF，而地租總額為 $GFEP_1$，此地租額乃是由農產物價格決定的。但由此個別生產者言，他若不支付此地租，即不能使用此土地，為計算生產成本，他必須支付此地租，如果把地租也算在內，則此一生產者的平均成本增加至 AC_2，因此此時產量為 OQ_1 時，包含地租因素在內的平均成本曲線便變成 AC_2 了。由這一分析，吾人可知，地租是否為成本因素，全看我們究竟是由那一個觀點來看，由社會觀點

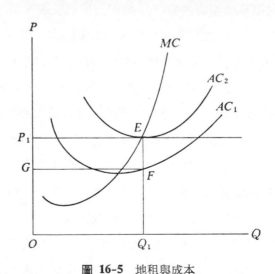

圖 16-5 地租與成本

來看，地租不是成本因素，但由個別生產者或特定產業來看，地租顯然是一成本因素。

六、準租 (quasi rent)

地租之產生，乃是由於土地先天所具之稀少性之特性，故與其他生產因素不同，而地租與其他生產因素的報酬亦因此不同。不過在生產因素中，有一種生產因素的報酬，在短期內與土地的報酬，十分相似，因此吾人亦可用租之一字以稱呼之，此即準租是也。所謂準租，即短期間內使用固定資本財的報酬。固定資本財原為資本財之一部份，是可以透過生產而予以增加的。但就短期看，短期間內所增加的固定資本財的數量，與已有的固定財資本相比較，所占的比例很小，不足以顯著的影響固定資本財的數量。故短期間，固定資本財的數量，可看作是固定的，因此使用固定資本財的長期報酬為利息，而短期報酬則可視作與地租相同，而稱之為準租 (quasi rent)。此一概念是馬夏爾所首先採用的。

七、生產者剩餘 (Producer's surplus)

由準租的概念，吾人可進一步研究生產者剩餘的意義。所謂生產者剩餘，即生產因素的所有者，因為生產因素的市場價格祇有一個，因而在其供給生產勞務時，心理上所獲得之利得而以貨幣表示者。亦即生產因素的所有者實際所獲得之收益，與其供給價格總和兩者之間之差額。試舉例以說明之，設某一勞動者其勞動的供給表如下：

表 16-1

每小時工資率	勞動的供給量
20元以下	0
20元	6 小時
25元	7 小時
30元	8 小時

由表知此一勞動者當工資率低於 20 元一小時時，其勞動的供給量爲零，若工資率等於或高於 20 元時，其供給量如表所示。設市場的工資率爲 30 元，顯然此勞動者每天勞動的供給量爲 8 小時，其總所得爲 30 元×8 ＝240元。但吾人知此勞動者供給價格之總和爲 20×6＋25＋30＝175元，其意義爲對於最初六小時勞動，其供給價格的總和爲 120 元，而對第七小時勞動的供給價格則爲 25 元，對第八小時勞動的供給價格則爲 30 元，其供給價格之總和爲 175 元，與其實際所獲報酬總額之差額爲 240－175 ＝65 元，此 65 元即生產者剩餘。此意義亦可以用圖形說明之。圖 16-6 中 SS 表勞動者的勞動供給曲線，OW_0 爲市場實際工資率，此時勞動者

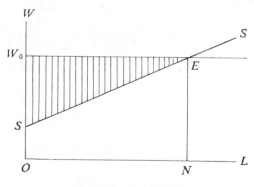

圖 16-6 生產者剩餘

的供給量爲 ON，其所獲報酬之總和爲 $ONEW_0$，而其供給價格之總和則爲 $ONES$，其與 $ONEW_0$ 之差額，卽 SEW_0，卽表示此一勞動者之生產者剩餘。生產者剩餘不但會發生於勞動者之間，對任何生產因素的所有者，祇要其供給價格爲遞增，而該生產因素的市場價格僅有一個，則生產者剩餘均可發生。

八、地價與地租

以上所討論者，爲使用土地勞務時所支付的代價，卽地租。但在現代私有財產制之下，土地亦像其他財產，不但可以私有，而且亦可以買賣，因此土地本身亦有市場價格，卽所謂地價。土地價格與其他財產之價格有一顯著不同之點，卽土地價格相互之間相差極爲懸殊，同一面積之土地，若位於都市中之繁華地段，則其價格奇昂，例如臺北市之西門町、衡陽路、延平北路等一帶，每坪土地動輒數十萬元。而在窮鄉僻壤地區，則土地價格甚廉。土地價格何以會有如此之差異？欲明瞭此現象，必須了解土地價格究屬如何決定。

由於土地所具有之供給量固定、不能移動性，及不能消滅性之特性，顯然其價格之決定，不同於其他財產之受生產成本之影響。土地因其可以永久存在，因此可視作爲一永久性之資產，而永久性資產之價格決定於其收益能力，而土地之收益能力決定於其地租，因此土地之價格，乃地租收入按市場利率之還原價格。要說明此一還原價格之意義，可設一數字之例以說明之。設有一永久可獲得收入而不能還本之證券，其持有人每年可獲得六元之收入，若市場一般利率水準爲 6％，則此永久證券之市場價格必爲一百元。因以一百元購買此證券，每年可獲六元之收入，而以此一百元投放於他處，亦可獲六元之收入也。若此證券之價格超過一百元，設爲一百二十元，則支付一百二十元，每年可獲得六元之收入，而將此一百二十元投於他處，每年之收入將爲七元二角，則一般人必將資本投於他處而不予購買此證券，此證券之價格必將下跌。反之，若此證券價格爲八十元，則支付八十元每年可獲六元之收入，而八十元投於他處，每年僅能得四元八角之收入，一般投資者必將羣趨於購買此證券，其價格必上漲，因此若市場利率爲 6％，則此證券價格必等於一百元。 當然若市場利率變更， 而永久證券之收入不變， 則證券價格亦將隨之變化。例如在上例中，若市場利率降至 5％，則其他情況不變，永久證券之價格必將上漲至一百二十元左右。同理，若市場利率上漲，則其價格必跌。土地之情形亦復如此，地租是土地之收益，一般購買土地者之主要目的，乃希望由土地獲得收益，若同一代價由土地所獲得之收益超過其他投資之收益，則資金將羣趨於土地；反之，若由土地所獲得之收益不如在其他投資方面之收益，則資金必將由土地離去。由於這種作用，最後同一資金投於土地所能獲取之收益必大致等於投於其他方面所能獲取之收益，故土地價格與地租之關係，可以用下列公式表示之，卽

$$土地價格 = \frac{地租額}{利率}$$

設某塊土地之地租額爲每年六千元，而市場利率爲年利六厘，則此土地之地價大致爲十萬元。實際上或稍高，或稍低，視其他因素而定；如土地市場是否爲一完全市場？社會對地主階級之評價？社會上其他投資機會之有無等。若社會尊重地主階級，並且其他投資機會不多，則地價比較高， 可能超過十萬元。 反之， 若社會其他投資機會甚多， 地主階級在社會中並無特殊地位，則地價比較低。前者如過去我國一般地價均甚高，後者如多數經濟已開發國家地價則相對的低。

　　由於土地所具有之特性，及一般經濟落後國家工商事業不發達，社會生產事業不多，投資機會甚少，使資金集中於土地，造成地價高漲，土地集中等分配不均的現象，引起歷史上的所謂土地改革運動、單一稅運動，以及　國父所倡導的平均地權的學說等。臺灣自光復以後，亦曾實施過三七五減租、公地放領、耕者有其田等政策，這些政策都著有成效，這些成效，一方面固然是政策執行者之貢獻，另一方面也未始不是經濟發展所產生之影響。如果吾人了解地租產生的原因，地價與地租的關係，以及一般經濟發展由農業向工商業演進的趨勢，即不難推斷，在經濟充分發展的社會，由於土地在整個經濟活動中所占比重的降低，地租在所得分配中比例的減少，以及工商業中投資機會的衆多，資金必逐漸由土地移向其他方面，而所謂土地分配問題，亦必自然逐漸喪失其重要性，而歸於自然解決，而所謂土地分配問題，亦必逐漸由所謂土地利用問題取代之矣。

九、摘　　要

　　土地因爲是自然產物，與其他生產因素在性質上有所不同，一般的土地具有三種特質，即不增性、不能移動性、具有生長力與負載力。因爲土地具有這三種特性，而隨人口的增加，對土地的需求也不斷增加，在同一土地上往往增加勞動與資本的使用數量，在土地收益中扣去其他成本因素後，往往有剩餘，此剩餘即構成地租。

　　就社會的觀點，地租不是一成本因素，而是一項剩餘，但是就個別生產者的觀點，地租也是成本因素之一，因爲如果他不能支付地租，即不能獲得土地的利用。這一總體與個體不一致的現象，很容易引起觀念上的混亂。

　　固定資本財雖與土地不同，但在短期間固定資本財的數量亦可視爲固定，故其短期間的報酬可視作與地租相似，而稱爲準租。一般的就一切生產因素來講，如果生產因素的市場價格僅有一個，生產因素的所有者提供生產因素時，其實際所獲得之收益，與其所顧意接受的最少收益兩者之間的差額，稱爲生產者剩餘。

　　土地因爲不能透過生產過程而增加，故土地的價格乃是一種還原價格，其與該土地的地租有一定的關係，如市場長期利率爲一定，則土地價格大體上等於地租除以市場利率之商數。當然實際地價還受其他因素的影響。

重 要 概 念 與 名 詞

差別地租　　　　　　　準租

生產者剩餘　　　　　　還原價格

邊際土地

第十七章　利息理論

一、問題的發生及其複雜性

生產因素除勞動與土地外，第三種便是資本。勞動與土地的價格，即工資與地租，在前兩章中已有說明，本章將討論資本的價格，即利息，以及決定利息高低的標準，利率。

要分析資本的價格，便首先遭遇到一困難的問題，即何謂資本？所謂資本僅是一個泛指的名詞。由生產的觀點，所謂資本，實際僅指資本財 (capital goods) 而言，亦即在生產過程中能幫助生產的各種工具，如廠房設備、機器原料、車輛及存貨等。在生產過程中若沒有這些工具的協助，生產活動是無法進行的。但是像這樣的資本財，種類很多，品質不一，要分析其在生產過程中所獲得之報酬，至為不易。同時吾人了解，一般所謂利息，並不是指這種生產工具在生產過程中所獲得之報酬，而是指生產者在生產過程中所使用的貨幣資本的報酬。旣然如此，資本是不是指貨幣而言？則又不盡是如此。因為由社會的觀點，貨幣不是資本，因為一社會所保有貨幣的數量並不能代表其生產能量或生產設備，而貨幣數量的增加並不代表社會生產能量的增加也。可是由個人觀點，　保有貨幣，　則可透過市場購買或支配各種資本財，　以增加生產設備，保有貨幣就等於控制資本財。因此貨幣由社會觀點不是資本，而由個人觀點，則成爲資本，此中差異，完全是由於透過市場貨幣可以交換生產財而產生的。利息論所研究的正是對於使用這種貨幣資本的勞務，其價格如何決定。

由於貨幣資本具有此種特性，由來利息理論非常分歧，目前利息理論大體可以分爲兩大派別：一派是實質因素的利率理論，認爲利息的高低，決定於非貨幣的實質因素，例如，社會節儉的傳統、投資的生產力等，　與貨幣現象無關；而另一派則爲貨幣因素說的利息理論，　認爲利息純然是一種貨幣現象，利率的高低也決定於貨幣因素，與實質因素無關。　在這兩大派的理論中，　復可依據重點的不同，　分爲若干更小的派別，然而這些理論上派系的劃分愈複雜，愈使人對利息理論的內容，不易了解。

上面吾人已說過，　由個別生產者的觀點，　有貨幣就等於有了資本財，就可以從事實際的生產活動，因此由個體立場，不能說利息的決定與實質因素，如資本財的生產力、社會的儲蓄等無關；但貨幣就社會觀點，不是資本，因此就社會觀點，利息現象不能不說是一貨幣現象。這種看似矛盾的說法，實際上是一致的，不過由於吾人觀點的不同，一由個體觀點，一由總體觀點分析而已。因此吾人認爲利息現象在個體是受實質因素所影響，在總體則是貨幣現象。以下的分析，則是基於這一觀點的說明。

二、利息的意義與幾項假定

本章所謂利息，乃是指在資本市場使用貨幣資本的勞務所支付的報酬而以貨幣表示者。利息數額對資本總額的比率，以百分率表示之，則稱為利率。 如借用貨幣資本一萬元， 每年付報酬六百元， 則年利率為 6％，利率亦可以月或日為單位，不同的借貸行為常以不同的利率表示之。但吾人須注意者，在一般所謂利息之中，除純粹利息 (pure interest) 外，尚包含其他因素在內。例如資金貸出，常不能保證必能收回，而中途不致發生欺詐、背信、貸款無法收回之事件，因此而常有風險，為補償此種風險起見，一般所謂利息中，便常含有對此種風險補償的部分在內。 其次， 資金之借貸， 常須經過一定的手續與程序，為完成這種手續，常產生一定的手續費，而這種手續費亦常包含於一般利息之內。最後，一國貨幣的價值， 常不穩定，時高時低，特別是具有長期貶值的趨勢，資金貸出以後，等收回時，同樣數量的資金，其價值已比貸出時為低，為補償貨幣貶值起見，在普通利息中亦包含有此種補償因素在內。因此普通所謂利息之中，除純粹利息外，尚包含風險的補償、手續費、貨幣價值貶損之補償等因素。 而本章所指之利息， 則僅指純粹利息而言，不包括其他因素。

市場利率，常不止一個水準，不僅長期利率與短期利率不同，即同為短期利率，亦因風險程度的大小，貸出數額的差異，資金使用目的的不同，而有所分別。為便於分析起見，吾人假定市場利率只有一個，吾人的目的，即分析此一利率水準是如何決定的。

在一般情況下，資本市場並不是一完全競爭的市場，無寧是一寡占市場，凡貸款者之信用愈好，貸款之數量愈大之貸款，其利息條件往往最優厚。小貸款者一方面因爲信用未立，他方面因貸款數額甚小，往往不易取得貸款，或縱能取得貸款，其條件亦很不利。唯本章爲便於分析起見，仍假定資本市場爲完全競爭之市場。其所獲之結論，經適當修正，並考慮不完全競爭之情況時，當亦能適用於不完全競爭之市場。

三、早期的利息學說

在未分析現代利息學說之前，先略述早期的利息理論：

（一）**時間偏好說** (time preference theory)　主張時間偏好說者認爲，人類的生命有限，而未來之情況不可期，一切均不能確定，因此吾人對於目前所具有之財貨之評價，遠較將來所能具有之同一財貨之評價爲高，即人類均重視現在之財貨，認爲現在所有之財貨價值大。而借貸行爲，等於是以現在財貨交換將來財貨，因此除非將來所收回之財貨其數量較現在爲多，而其現值至少等於現在財貨之價值，則當事人多不願進行此一交換行爲。此一時間偏好率，即決定利息之高低。若時間偏好率大，則利率高，若時間偏好率低，則利率小，而利息即對時間偏好之補償也。

（二）**忍慾說** (abstinence theory)　主張忍慾說者認爲，在借貸行爲中，貸款者所以有貨幣資金以供貸出，乃由於其犧牲了當前的消費，而以其節省之所得，供貸款之用。但吾人減少消費，即等於犧牲當前慾望的滿足，有慾望而不能滿足，必有痛苦，而利息即對忍受慾望所生痛苦之報償。忍慾過程中所產生之痛苦愈大，則利息愈高，痛苦小，則利息低。但亦有若干學者認爲，能有貨幣資金貸出者，必爲所得甚高之人，這些人不必忍受慾望不能滿足之痛苦，即有剩餘的資金可供貸出。但在貸出時，即準備等待將來獲得其應有的報酬，因而把"等待"看作是經濟活動中的一重要因素，視利息爲等待的報酬。這種觀點尤以新古典學派諸學者主張者爲多。

（三）**迂廻生產說**（roundabout method of production）　奧國學派的學者認爲，現代的生產方法是迂廻的生產方法，即先生產生產工具，再以生產工具生產最後財貨。現代社會所以採取迂廻生產的方法，是因爲這種生產法，生產力比較高。而且生產的方法愈迂廻，其生產力愈高。但迂廻的生產方法能夠被採用，必須有一條件，即在從事生產工具的生產時，必須存儲有足夠的生活資源，供生產者消費，使其能夠有充裕的時間，完成其迂廻的間接生產。而貨幣資金之借貸，卽能使得未存儲生活資源者，亦可以存儲生活資源，以延長其迂廻的生產方法，因而提高其生產力。貨幣資金的借貸，旣有提高生產力之功能，因此卽須獲得其應有之報酬，此報酬卽爲利息，而利息之高低，則決定於迂廻生產法生產力提高之程度。

（四）**投資與儲蓄說**（investment and saving theory）　新古典學派認爲，利息是對儲蓄的報酬，而利率的高低，則決定於投資與儲蓄相等的一點。換言之，新古典派認爲投資是利率的函數，利率愈低則投資量愈大，反之，利率愈高，則投資量愈小。而儲蓄亦爲利率的函數，利率愈高，則儲蓄愈大，反之，利率愈低，則儲蓄愈少。而利率必決定於此一水準，卽能使社會投資量等於儲蓄量者。如圖 17-1 中，SS 爲儲蓄函數，II 則爲投資函數，其交點 E，決定市場均衡利率爲 i_0。因爲在 i_0 的利率水準下，投資量能等於儲蓄量，就好像供需法則之下，市場價格決定於需求量與供給量相等的一點一樣，市場均衡利率決定於投資量等於儲蓄量的一點。

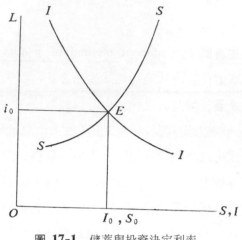

圖 17-1　儲蓄與投資決定利率

四、可貸基金之需求

　　利息旣是使用貨幣資金的報酬，則在貨幣資金的借貸過程中，一方面必有貨幣資金的需求者，另一方面必有貨幣資金的供給者，此供借貸之貨幣資金，吾人可稱之爲可貸基金 (loanable fund)。因爲並非所有的貨幣都是可供借貸之用的，能供借貸的貨幣僅是貨幣中的一部分，利息卽是此種可貸基金的價格，其高低則決定可貸基金的供給與需求。因此要分析利率的高低如何決定，先須分析構成可貸基金的供給及需求的因素爲何，玆先分析對可貸基金的需求。

　　構成對可貸基金的需求者，可能來自於三方面，卽家計單位、企業單位，及政府機構。此三方面之所以需要可貸基金，其理由並不一樣。在家計單位方面，其所以需要可貸基金，主要是爲了消費之需，尤其是在購進耐久性消費財時，更爲明顯。因爲家計單位對於經常性的消費支出，多以經常性的所得支付之，但對於非經常性的消費支出，如對耐久性消費財之購置、臨時性之意外支出等，必須以借貸方式以支付之。在現代分期付款購物制度非常流行之社會，此種借貸行為，常不須家計單位自行出面，而僅透過財貨的銷售者向金融機構融通消費者信用而完成之。家計單位雖不須自行出面，而對此種可貸基金之需求，則是來之於家計單位的。至於家計單位對可貸基金之需求與利率的關係如何？則難於確定。一般的，當利率甚高時，利息的負擔大，家計單位對可貸基金的需求可能減少；而利率低時，其利息的負擔小，故對可貸基金的需求大。但不是沒有例外，例如，若家計單位計劃在未來蓄積一定數量之資產，而於每期所得中儲蓄一定數量以完成之，若利率高，則每期所須儲蓄之數量可減少，因此其消費支出可增加，很可能其對可貸基金之需求亦大。反之，若利率低，則其每期所應儲蓄之數額必大，而消費支出即須減少，因而可能其對可貸基金之需求亦少。不過，一般說來，家計單位對可貸基金之需求，隨利率之上升而減少，而隨利率之下降而增加。

構成對可貸基金需求的第二個方面，來自於企業界。企業界之所以需要可貸基金，則是為了投資。但企業界為了進行投資，究需要多少投資基金，吾人須加以進一步的分析。首先就個別的企業家而論，其所以進行投資從事生產，其目的是為了賺取利潤，因此如果賺取利潤的機會愈大，則企業家願意從事投資的數目亦愈大；反之，如果賺取利潤的機會小，則企業家願意從事投資的數目便小。而投資利潤的大小，一方面取決於投資所引起的成本支出，另一方面則決定於投資後企業家所能獲得之淨收益的數額，如果此兩者之間的差額大，即表示投資的利潤高，反之，即表示利潤小。至於投資成本的高低，則決定於市場利率；利率高，即表示投資的成本大，利率低，則表示投資的成本低。因為企業家投資基金的來源，可能有二，一是向他人借貸，如果向他人借貸，勢須支付利息，因此利率的高低，直接決定成本的大小。另一個來源，即是企業家動用自己的投資基金。企業家在動用自己的資金時，表面上似乎沒有任何成本支出，但實際上動用自己的基金有機會成本。因為企業家若自己不運用自己的資金，他可以在資本市場貸放給旁人使用，而收取利息，此利息卽構成其機會成本，而不得不加以考慮。至於投資後所獲得之收益，則取決於企業家由投資行為所生產之產品，預期銷售後所能獲得之淨收入。所謂淨收入，卽從產品出售後之總收入中扣除其他生產因素的報酬以後的剩餘。為便於比較起見，往往將這種淨收益按照投資額計算其收益率，或計算投資的邊際效率（投資的邊際效率的意義，留待以後討論）。不過吾人須注意者，此投資的收益率，乃是企業家由市場情況的觀察而主觀上預期能發生的一種數額，不是實際出現的收益率，因為這是他在投資以前所必須估定的。由企業家的立場，如果其預期的投資收益率不變，顯然市場利率愈低，則表示其與預期的投資收益率之間的差額愈大，企業家必願意增加投資，因而其對可貸基金的需求量便大。反之，若市場利率甚高，則表示其與預期的投資收益率之間的差額便小，企業家必將減少投資額，因而其對可貸基金的需求量便減少。換言之，企業家對可貸基金的需求，是利率的函數；利率高，則對可貸基金的需求量少，利率低，則對可貸基金的需求量大。個別的企業家如此，集合全部企業家，亦卽就企業界全體看，亦必然如此，卽全部企業界對可貸基金的需求為利率的函數。當投資的收益率固定，而市場利率低時，則對可貸基金的需求量大，而市場利率高時，則對可貸基金的需求量小。

構成對可貸基金需求的第三個方面，則是各級政府。政府之需要可貸基金，則是為了兩個目的，或是為了平衡財政收支，或是為了進行投資活動。就平衡財政收支的一點言，政府的財政收入，未必能經常與財政支出相平衡；如果由於財政支出暫時的超過財政收入，預算上發生了赤字，　通常都是以公債或透支的方式，　向金融市場舉債，　其對可貸基金需求的數量則取決於財政預算上赤字的大小，而財政上赤字何以會發生，赤字的大小如何決定，則多取決於政治因素，因此對可貸基金的需求亦多取決於政治考慮，而與利率的高低無關。其次政府爲投資目的而對可貸基金的需求，其性質則稍有不同。這方面的投資，包括政府對道路的修築、港灣的建設、公用事業的營建、水利的開發等，其性質同於私人投資，最後皆能產生收益。因此在從事投資時，不得不計算成本因素，此成本因素卽利率。若市場利率高，政府爲舉債所須負擔的利息卽重，因此將會減少投資。反之，若市場利率低，則政府爲舉債所須負擔的利息卽輕，因而願意增加投資。尤其在經濟萎縮時期，市場利率低，失業人口多，政府往往透過公共投資支出的增加，以刺激經濟活動。故政府對可貸基金的需求，除基於政治因素的考慮不計外，仍可視爲是利率的函數；利率高，對可貸基金需求的數量少，利率低，則對可貸基金需求的數量多。

　　將以上所分析的構成對可貸基金需求的三方面，卽家計單位、企業單位，及各級政府，加以合計，卽構成對可貸基金的總合需求。此總合需求，以圖形表示之，可如圖 17-2 所示。圖中縱座標表利率，橫座標

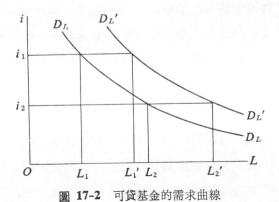

圖 **17-2**　可貸基金的需求曲線

表對可貸基金的需求量，則曲線 $D_L D_L$ 卽表示可貸基金的需求曲線。此曲線由左上方向右下方延伸，表示利率高時，需求量少，而利率低時，需求量多。如利率爲 i_1 時，需求量爲 L_1，而當利率降至 i_2 時，則需求量增加爲 L_2。當然此需求曲線，是假定家計單位對所得的預期不變，企業單位對投資收益率的預期不變，而政府的財政政策經濟政策亦不變時的需求曲線。如果上述各項預期因素均變更，則需求曲線亦將變更，而爲另一條需求曲線。例如當企業家的預期收益率增加時，可能此曲線會向右移動，而爲 $D_L' D_L'$ 曲線；由此曲線，利率爲 i_1 時，對可貸基金的需求量不爲 L_1 而增加爲 L_1'；當利率爲 i_2 時，其需求量不爲 L_2，而爲 L_2' 了。同樣如預期收益率看低，則需求曲線可能向左移動，在各種利率水準下，對可貸基金的需求量，可能都將減少。其他可能發生的情況，可依此類推。

五、可貸基金的供給

就可貸基金的供給而論，構成可貸基金供給的來源亦有三，卽家計單位、企業單位，與政府。

家計單位對可貸基金的供給，來自於儲蓄 (savings)。所謂儲蓄，卽是所得中未消費的部分。不過家計單位的儲蓄不一定卽能成爲可貸基金供給的來源；因爲家計單位如果將其儲蓄以現金形態呆藏，則此一儲蓄卽無法供他人使用，必須家計單位將其儲蓄，以流動資產的形態，出現於資金市場，才能構成可貸基金的供給。因此由家計單位所供給的可貸基金，必須經過兩種決定；第一種決定卽家計單位如何將其所得分配於消費及儲蓄。如果家計單位將其全部所得用之於消費，則可貸基金卽無法出現，如果家計單位決定其儲蓄所應占所得的比例，則形成可貸基金的供給，尚須透過另一種決定，即以何種資產形態保存此一儲蓄。家計單位保有此一儲蓄的方式，可以用現金形態呆放於保險箱，可以用銀行存款方式儲存於銀行，亦可以去證券市場購買證券，唯有存放於銀行或購買證券，才能構成可貸基金之供給，若呆藏於保險箱，則不能形成可貸基金，供他人使用。

　　由家計單位的全體看，其可貸基金供給的數量如何決定？顯然，因爲儲蓄是所得中未消費的部分，因此其儲蓄數量直接決定於其所得水準，所得水準高，其儲蓄數量多，可貸基金供給的數量大；反之，所得水準低，則其儲蓄數量少，可貸基金供給的數量亦少。但若其所得水準爲一定，則可貸基金供給的數量與利率的關係如何？關於這一點，吾人只能說，其與利率之間，可能有某種關係存在，隨利率水準之變化，可貸基金供給之數量亦可能發生變化。但基金變化的方向與利率水準變化的方向是否一致？還是相反？吾人則難於確定。因爲若利率水準發生變化時，個別家計單位儲蓄的數量，可能增加，亦可能減少，全視各家計單位儲蓄的動機而定。若家計單位儲蓄的動機是爲了預防意外的需要，或積蓄資產，則當利率水準上漲時，獲利的機會增加，則家計單位可能增加儲蓄。但如家計單位儲蓄的動機，是爲了累積一定數量的基金，或爲了分期購置不動產，則因爲利率上漲，每期所須支付的金額減少，因此反而可能使其減少儲蓄數量，以改善目前的消費。利率水準下降時，情況相似，個別家計單位可能減少儲蓄，亦可能增加儲蓄。因此就全體家計單位看，其儲蓄的數量，連帶其可貸基金供給的數量是增加，還是減少，很難確定。不過就一般經驗而論，儲蓄數量的變化與利率水準變化的方向相同之可能性較大，即利率水準高，儲蓄數量大，利率水準低，則儲蓄數量少。

　　可貸基金第二個供給的來源，是企業單位。企業單位構成可貸基金供給的來源，亦是企業單位的儲蓄。因爲企業單位爲了能維持其生產設備的不斷更新，或不斷能擴充其生產規模，對於其生產設備，必須每年提存折舊基金，此折舊基金在設備未達更新時期時，不能動支，卽形成企業單位的儲蓄。不僅此也，爲了企業擴充起見，企業單位尚多保留未分配之紅利，或提存公積金，此未分配之紅利及提存之公積金，在未有有效利用的機會以前，亦是以流動資金之形式保存的。由這幾種來源所形成之儲蓄，企業單位本身若不須使用，而條件有利，亦可提供他人使用，收取利息。不過就全體企業單位看，構成此一可貸基金供給的爲企業界全體合計之淨儲蓄數量，卽在總儲蓄中扣除個別企業單位已經使用的部分。此淨儲蓄數量，如以流動資產的形式進入資金市場，卽構成可貸基金供給的一部分。

由企業單位所產生之可貸基金之供給，其與利率之關係爲如何？在一般情形下，與家計單位同，卽利率水準變化時，其供給量可能增加，亦可能減少。惟就一般趨勢論，供給量隨利率之上漲而增加，隨利率之下降而減少之可能性較大，故亦可看成是利率之增函數。

可貸基金供給的第三個來源是政府。政府構成其可貸基金供給的來源的，則是其能增加貨幣供給量或減少貨幣供給量的權力，而政府運用此種權力的動機，是完全基於其貨幣政策的需要。政府爲了穩定國民經濟，並促進國民經濟的發展，有隨時調節貨幣供給量的必要。如社會利率過高，投資支出減少，政府爲了降低利率，促進投資，常增加通貨的供給量。反之，如利率過低，社會投資支出太多，政府爲了提高利率，常減少貨幣的供給量，以限制投資。由於政府對貨幣供給量的控制，可貸基金的供給量，亦因此而發生變化。由政府這一面言，可貸基金的供給是利率的增函數，卽市場利率高時，政府增加貨幣的供給量，故可貸基金的供給量亦增加。反之，市場利率低時，政府減少通貨的供給量，可貸基金的供給量亦將減少。至於政府以何種方式，調節其貨幣的供給量，留待以後討論到政府的貨幣政策時，再予分析。

關於可貸基金的供給曲線，可如圖 17-3 所示，圖中縱座標表示利率，橫座標表示可貸基金的供給量，$S_L S_L$ 曲線即為可貸基金的供給曲線。此曲線由左下方向右上方延伸，即表示可貸基金的供給量隨利率之增加而增加。例如，當利率為 i_1 時，基金的供給量為 L_1，但當利率上漲至 i_2 時，基金的供給量增加至 L_2。此可貸基金的供給曲線，可能有一特性，即當利率水準高到某一程度時，其彈性為無限大。例如在圖 17-3 中，若利率水準高達 i_3 時，曲線向水平延伸，表示供給量為無限大。其所以有此現象的原因，是現代各國政府，皆不願市場利率水準高到超過某一程度，因此當利率到達此一水準時，往往會無限制的增加貨幣供給量，因此可貸基金的供給量亦近於無窮大，利率水準便不可能再上漲。

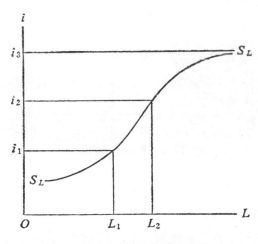

圖 17-3 可貸基金的供給曲線

六、利率水準的決定

由以上對可貸基金需求及供給的分析，吾人可進一步分析利率水準的決定。圖 17-4 中，$D_L D_L$ 爲可貸基金的需求曲線，$S_L S_L$ 則爲其供給曲線，此二曲線相交於 E 點，由 E 點可看出此時均衡利率水準爲 i_0，而市場可貸基金的供給量及需求量均爲 OL_0，市場達到均衡。若市場利率高於 i_0，則供過於求，將促使利率水準之下跌；若市場利率水準低於 i_0，則求過於供，必將促使利率水準之上漲。

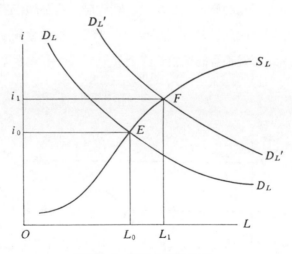

圖 17-4 利率水準的決定

如果由於市場情況的變化，投資的預期收益增加，或由於戰爭，使政府對資金的需要增加，則均將促使可貸基金的需求增加，此時 $D_L D_L$ 曲線向右移動到 $D_L' D_L'$ 的位置，如果可貸基金的供給曲線不變，則此時新的需求曲線與原來的供給曲線相交於 F 點，新的利率水準將上漲到 i_1，而可貸基金的供給量與需求量亦增加到 OL_1。同樣，如需求曲線不變，而供給曲線變化，例如政府採取放鬆信用政策，或供給曲線與需求曲線皆發生變化，則利率水準的變化，可依同樣方法求得。

七、利率與證券價格

可貸基金的供給與需求，常透過對證券的需求與供給而表現之；卽可貸基金的供給，常表現於對證券的需求，而對可貸基金之需求，則常表現於對證券之供給，因而由於證券價格之變動，而達到證券供需關係的均衡，亦卽可貸基金供需關係的均衡。但以上吾人之分析，說明可貸基金供需關係的均衡，是透過利率的變動而達成的，現在又說明可貸基金供需關係的均衡，可透過證券價格的變動而達成，此兩種說法是不是一樣？吾人如仔細考慮一下，此兩種說法實際是一樣的，因爲利率與證券價格之間，有一定的關係存在。換言之，證券價格決定於證券之獲利能力與市場利率，若其他因素不考慮，設證券價格以 P 表示，其獲利能力以 R 表示，市場利率以 i 表示，則此三者之間的關係可用下列公式表示，卽

$$P = \frac{R}{i}$$

若市場利率爲百分之六，而某一證券之獲利能力設預期爲每年六十元，則此證券價格約爲一千元。因爲必如此，投資於證券之收益才能與投資於其他途徑之收益相等也。如果此證券之價格不爲一千元，而爲一千五百元，則以一千五百元購買此證券，每年僅能獲得六十元的收益，但如將此一千五百元按市場利率貸出，則可獲得每年九十元，顯然一般投資者必不願投資於證券，而投資於其他方面，證券因購買者少，出售者多，其價格必將下跌。反之，若此一證券價格僅爲五百元，則以五百元購此證券後，每年可獲得六十元的收益，而將此五百元按市場利率貸

出，每年僅能獲得三十元之收入，因此，社會投資大衆，必爭相購買證券，證券因購買者多，而出售者少，其價格必將上漲，故若市場利率水準不變，此證券之價格必將固定於一千元左右。因而無論由利率水準的變動觀察，由或證券價格的變動觀察，皆可以看出可貸基金供需關係變動的情況。

八、摘　要

利息是使用貨幣資本所支付的報酬而以貨幣表示者，利息數額對資本額的比率而以百分率表示者則爲利率。早期的利息學說有下列幾種：時間偏好說，認爲人類對財貨有一定的時間偏好率，時間偏好率的高低決定利率的高低。忍慾說則認爲利息是對忍受慾望所生痛苦之報酬。迂廻生產說認爲貨幣資金的使用，可延長迂廻的生產方法，提高生產力，其報酬卽利息。投資與儲蓄說則認爲利率的高低決定於社會投資等於社會儲蓄的一點。

現代的可貸基金說，則認爲利率的高低決定於社會可貸基金的需求與供給。可貸基金的需求來自於三方面，卽家計單位、企業單位與政府，可貸基金的供給亦來之於三方面，也是家計單位、企業單位與政府。可貸基金的需求一般的是利率的減函數，而可貸基金的供給則爲利率的增函數，市場均衡利率卽決定於兩者相等的一點。

重 要 槪 念 與 名 詞

純粹利息	儲蓄
時間偏好率	證券
迂廻生產方法	利率
可貸基金	獲利能力

第十八章　利潤理論

在現代私有財產制的社會中，生產者所以願意從事生產，其目的是在追求利潤，故獲取利潤為現代一切生產活動的動機。但利潤究竟是什麼？利潤是對那一種生產因素的報酬？利潤的高低是如何決定的？凡此種種問題，到目前為止還沒有一項令人滿意的解答。本章僅能就此有關諸問題，作一概略的說明。

十九世紀的古典派經濟學者，對利潤與利息兩個所得因素，未能加以區別，其原因是彼時資本家與企業家的任務，尚未劃分。十九世紀一般的情形是，資本家出資創辦企業並自己經營之，其身分是資本家同時又是企業家，其收入包括利息收入與利潤收入在內，然而無法加以區分，因此古典派學者在理論上亦未予以區別。但自二十世紀以後，由於大規模企業的所有權與經營權已經分開，所有權屬於資本家的股東，經營權則屬於企業家的經理人員，企業家已成為一特殊階級，而與資本家的職能分開，因此利潤亦由利息分出，將利息看作是資本的收益，而將利潤看作企業家的收入。

一、純粹利潤與商業利潤

在未分析利潤產生的原因以前，吾人必須說明，本章中所指之利潤乃指純粹利潤（pure profit）或經濟利潤（economic profit）而言，與一般所瞭解之商業利潤（business profit）不同。一般所了解之商業利潤中，往往含有純粹利潤以外的其他所得因素在內，如工資、利息、地租等。因為普通商場中計算利潤時，往往僅從總收益中減去契約性的成本支出，如勞動者的工資、借入資本的利息、租用土地的地租，以及購買的各項原料、工具等的費用，其差額即看作利潤；對於企業家自己所提供的勞務，自有的資本或土地，所應該獲得的報酬，往往未予減除。其實在計算純粹利潤時，應該將這種隱藏性的成本（implicit cost）亦應扣除，其最後的剩餘，才是純粹利潤。因為企業家自己所提供的勞務、資本與土地，若不用於自己的企業，亦可以提供於其他生產事業使用，在這種情況下，即能獲得其應有的報酬，現在如果為他自己的生產事業服務，即喪失了獲得這種收入的機會，故在計算其生產活動的淨利潤時，必須將這些可能的收入扣除，其剩餘才是淨利潤。因為這種原故，在計算普通商業利潤時，其數額可能為正數，但扣除了隱藏性的成本後，其純粹利潤可能為負數了。也因為這種原故，純粹利潤可能較商業利潤之數額為小。

二、利潤的各種學說

為解釋利潤何以產生，有各種不同的學說，其主要者有下列數種，茲簡單介紹如下：

（一）**利潤爲負擔風險（risk）的報酬**　　以美國乃特（Frank H. Knight）教授爲代表的新古典學派的諸學者，認爲利潤是企業家在生產過程中擔當風險的報酬，因而應爲企業家所獲得。根據這些學者的看法，認爲吾人對於未來市場的情況，都是不能確定的（uncertainty），因而在進行生產活動時，必定含有若干風險。這種風險，僅能由企業家擔當。企業家預測未來市場情況而從事生產，幸而預測正確，即能獲得額外收入，以作爲其負擔風險的報酬；但不幸預測錯誤而遭致損失，這種損失，也只能由企業家擔當，因而企業家的利潤便是負數了。至於由於未來情況不確定而產生之風險，可分爲兩類：一類風險雖不能完全預測，但由於機率因素的作用，其出現的或然性則是可以確定的，因此這種風險，往往可以藉保險法則，將損失由多數人分擔而避免個別企業的損失。例如火災、海難事件、交通失事等，此種風險既經由保險原則由多數分擔，自然不須由企業家獨立承擔。另一種風險，則不但不能預測，而且其發生亦無法經由多數人承擔其損失，以保險法則予以減免的。例如市場消費者偏好的趨向、生產技術的改進、競爭者的出現，以及其他無法測知的因素等，這些風險只要企業家決定從事生產，便必須由企業家自己承擔。若企業家承擔後，所預期的風險並未出現，則企業家即可透過商品價格的提高而獲得其利潤。不幸若此種風險竟而成爲事實，所生產的商品不得不低價出售，企業家的利潤便成爲負數。這種將利潤解釋爲企業家承擔風險的報酬，就好像古典派學者將利息看作是提供“等待”（wait）此一勞務的報酬一樣。

（二）**利潤是對勞動者所創造的剩餘價值的剝削**　　馬克思（Karl Marx）根據其錯誤的勞動價值論，認爲唯有勞動能創造價值，而資本家僱用勞動者，所支付給勞動者的報酬，僅是勞動者所創造的價值的一部分，另一部分即爲資本家所占有，此即構成資本家之利潤，因此資本家的利潤實是剝削勞動者的剩餘價值而成。馬克思這種剝削理論，早經奧國學者予以駁斥，依據現代經濟分析之觀點，固早已不能成立矣。

（三）**利潤是一種獨占所得** 若干學者認爲利潤是一種獨占所得，在完全競爭市場，利潤是無法存在的。由前幾章中吾人對各種市場結構的分析，知道在完全競爭市場中，長期均衡時，個別生產者的平均成本等於其平均收益，因而產品銷售以後，並無任何利潤存在。但在獨占市場，則由於獨占因素的存在，個別生產者的最適度生產量決定於邊際成本等於其邊際收益的一點，此時其平均成本小於其平均收益，因此其產品銷售後，卽有剩餘，成爲生產者的利潤，實際此卽是生產者的獨占所得。只要獨占市場不因競爭而消失，則獨占所得常能存在，而利潤亦必常能存在。

三、創新說的利潤理論

除以上各種學說以外，熊彼德 (J. Schumpeter) 提出了一種創新理論 (innovation theory)，以解釋利潤之發生，其內容較以上各種學說爲深刻，玆簡單說明如下：

熊彼德認爲在一個靜態社會，利潤是不可能發生的。因爲在一個靜態社會中，人口數量與結構均已固定，生產技術不再進步，消費者的偏好不再改變，對各種財貨所需要的種類及數量皆已固定，而不再變動，因此對於未來情況可以完全確定，生產者只要按照以往生產的過程繼續並重複生產卽可，生產的項目及數量均不必變更，因爲沒有新的生產方法及新產品出現，淨投資已不需要，因而淨儲蓄亦等於零，社會總投資僅是更換損耗的原有設備而已。在這樣的環境中，生產者對其所生產的財貨，不可能要求較其平均成本爲高的價格，因爲消費者皆知道生產情況，若價格較平均成本爲高，消費者將不予購買，生產者將遭受損失，生產者僅能以平均成本決定其售價，因此沒有任何利潤可賺，但也不致賠本。但是熊氏認爲這種靜態的社會，實際上是並不存在的，實際的社會，則是一動態的社會；在動態的社會中，人口數量與結構，不會固定，生產技術不斷進步，消費者的偏好不斷變更，因而新的產品不斷出現，新的生產方法不斷被採用，生產者對於未來的情況，並不能完全確定，因而爲應付動態發展的需要，社會淨投資爲正數，而社會儲蓄亦爲正數。對於這種動態的社會，熊彼德認爲有一種人，其貢獻最大，此即熊氏所重視的企業家（entrepreneuer），熊氏所謂的企業家與一般所了解的企業家不同，一般所了解的企業家，僅是企業的主持人，而熊氏所謂的企業家，則是一個創新者，是能發現創新機會並推動創新的人，而所謂創新現象，正是動態社會所表現的特質。創新並不是創造或發明，創造或發明可能僅是科學上的成就，而創新則是能將科學上的創造或發明予以商業的利用而能成功者，而企業家正是推動這種創新的人。史梯文遜發明火車，他僅是一個發明家，但第一個築成商用鐵路的，則是一創新者。創新一般的可包含下列數種活動：（一）新產品的發明；（二）新生產方法的應用；（三）新市場的開拓；（四）新的原料取給地的發現；（五）對生產因素新組合的應用。企業家在從事一項創新活動時，不論是屬於上述五項中的那一項，或則能使生產成本降低，而市場價格不變，或爲新產品的發明，則在其他生產者尙未能模仿前，能以高於成本的價格出售；無論是那一種情形，企業家均能以高於成本的價格銷售其產品，因而能獲得淨收益，此淨收益即是企業家的利潤。故利潤是創新活動的結果，是對企業家從事創新活動的報酬。但熊氏又認爲，企業家對於這種利潤，並不能永久維持，因爲創新的才能雖然只有少數的企業家具有，但大部分的生產者均有模仿的能力，一旦創新出現以後，必然會引起其他生產者的模仿，當模仿的生產者一多時，財貨的供給量必將增加，若市場需求不變，透過市場供需法則，財貨的價格必將下跌，其價格與成本間的差額，必將逐漸消失，亦卽原來創新者所能獲取之利潤，因模仿之出現而消失。因此，利潤不是永久的現象，而僅是在模仿出現前臨時的現象。然而在動態社會中，創新是不會停止的，一項創新逐漸消失後，他項創新必又出現，因而利潤又再度出現，故利潤不會從社會消失，只要動態社會仍維持其動態的特質，並未轉變成靜態社會，利潤仍是繼續存在的。以上簡單的說明，卽是熊彼德創新理論的內容。

四、利潤的性質

以上介紹了幾種說明利潤發生的理論，然而利潤究竟是什麼？是對於何種生產職能的報酬？由這幾種學說，吾人很難作一抉擇，因為吾人無法根據實際的資料作一番驗證。因而由社會的觀點，吾人只能這樣認為，利潤本身是一種剩餘，他之產生，或則是由於企業家對未來情況的不確定所承擔風險的報酬；或則是發生於獨占市場獨占者的所得；或則是由於生產因素市場為不完全競爭，對生產者剩餘的一項保留；或則是由於企業家創新活動的報酬。無論是由於何種原因，他與其他三種生產因素的報酬不同，其他三種生產因素的報酬，在生產程序完成以前即須支付，而且不可能為負數，但利潤必須在生產完成以後，透過交換行為才能出現。並且由於市場情況的變化，利潤不但可能為正數，有時亦能為負數，由這一點，吾人可確定其必為一項剩餘。

五、利潤在現代經濟生活中的功能

利潤雖然是一種剩餘，但在現代經濟社會中却是一項不可少的動力，不但在各自由經濟的國家，承認利潤的存在爲必要，即統制集權經濟的國家，如蘇聯，過去曾痛詆利潤之罪惡，並從而要消滅資本家階級及私營企業者，近年以來，由於經濟上之大失敗，而不得不承認利潤對促進經濟活動的作用，而被迫放棄過去的路線，而重行拾取資本主義社會所採行的方式。吾人分析利潤在現代經濟社會所擔當的功能，大概有下列兩項：

（一）**利潤是刺激生產活動的誘因**　在現代社會承認追求利潤是從事生產活動的主要動機之一。生產者因爲能獲取利潤，才願意從事生產活動。如果生產者從事生產活動後，不能享有其利潤，則生產者從事生產活動的動機即喪失，社會經濟即無法望其進步，消費大衆的物質慾望便也無法滿足。

（二）**利潤是一切投資基金的來源**　依據若干學者的分析，其他的所得項目，尤其勞動所得的工資，大部分均被消費，唯有利潤所得，則大部分被儲蓄而用於投資。由過去的歷史顯示，一社會中利潤在所得中所占之比例愈高者，其投資的數量亦愈大，資本形成的速度亦愈快，經濟成長的速度亦愈高。反之，若利潤所得在所得中所占之比例小，其投資的數量亦少，經濟的發展亦較遲緩。

由於利潤在現代經濟社會有上述兩種功能，站在經濟落後國家的立場，爲加速經濟發展，吾人對於利潤所持的觀念，應該有較冷靜而客觀的看法。

六、摘　要

利潤是企業家完成生產以後，在總收益中扣除成本以後的剩餘，屬於企業家的報酬。利潤有純粹利潤與商業利潤之分，商業利潤中除包含純粹利潤外，尚包含有其他隱藏性的成本因素在內。

利潤何以會發生？在理論上有數種不同的學說；有認為利潤為企業家在生產過程中負擔風險的報酬，有認為利潤是一種獨占所得；也有認為利潤是企業家對勞動者所創造的剩餘價值的剝削。而熊彼德則提出創新學說，認為利潤乃是企業家從事創新活動的報酬。實際上利潤可能是由多種因素所產生，上述各種因素皆有關係。

利潤雖然是一種剩餘，但在現代經濟社會中却是一項不可少的動力，因其具有兩大功能，第一，利潤是刺激生產活動的誘因，生產者因為能獲取利潤，才願意從事生產活動。第二，利潤是一切投資基金的來源，因利潤大部分被儲蓄而用於投資。

重 要 概 念 與 名 詞

純粹利潤	創新活動
商業利潤	企業家
隱藏性成本	動態社會
風險	

第十九章 方法論上的幾個基本概念

以上各章，吾人對於價格理論的分析，是採取靜態的部份均衡分析的方法。亦即認為每一種財貨或生產因素市場價格的決定，僅決定於其本身的供需關係，而與其他財貨或生產因素無關，因此吾人在進行分析時，常假定其他條件不變。同時吾人在分析每一市場時，只研究均衡條件，而不研究如何達成均衡的過程。換言之，吾人並未將時間因素，同時考慮在內。吾人所以採取這樣的方法與態度，是因為這種方法比較簡單，便於初學者的應用。但實際上任何一種財貨或生產因素的市場，與其他財貨或生產因素的市場，均是息息相關的，任何一種財貨，其市場情況發生變化時，不但影響到該一財貨的市場供需關係及價格，並且亦必同時連帶影響到其他財貨或生產因素的供需關係與價格。同時，市場達成均衡的條件，對吾人固然重要，而如何達成均衡的過程，對吾人更為重要。因此經濟學方法論上有許多概念與問題，對吾人進一步從事經濟分析時，非常重要。本章將對幾個較為普通並重要的方法與概念，加以簡單的說明。

一、部分均衡與一般均衡
(partial equilibrium and general equilibrium)

　　如上所述，吾人在分析任何一種財貨或生產因素價格的決定法則時，是假定其他條件不變的，而這些不變的條件，亦包含此一財貨或生產因素的價格，不受其他財貨的價格的影響，同時亦不影響其他財貨的價格。換言之，各種財貨的價格都是單獨，並且互相獨立而決定的，這種分析的方法卽是所謂部份均衡分析的方法。但事實上，實際的經濟現象並不如此，任何一種財貨的需求與供給，不僅是其本身價格的函數，也受其他多種因素的影響，如吾人在第三章中所已經說明者，尚須視其他財貨的價格，消費者個人的所得，以及生產因素的價格而決定，因爲消費者的所得是決定於其所保有的生產因素的數量與價格的。不僅此也，任何一種財貨需求或供給的變化，不僅影響其本身的價格與交易量，亦將影響其他財貨或生產因素的價格與交易量。對於這種互相關聯的性質，吾人可設一簡單的例證以說明之。

　　例如，由於科學的進步，某種人造纖維的發明出現，其品質較一般的棉花與羊毛爲優，則其對市場所引起的反應是，消費者對這種紡織品的需求增加，而其供給亦會隨時間的經過而增加，在一定價格下，這種紡織品有一定的交易量。但是其影響尚不以此爲限，由於對這種紡織品的需要增加，對棉織品及毛織品的需求必將減少，因此如果棉織品或毛織品的供給不變，棉織品或毛織品的市場價格必下跌，其交易量必減少。由於對棉織品及毛織品的需要減少，因此對製造棉織品或毛織品的生產因素的需求便將減少，此種生產因素的價格將降低，僱用量將減少，這兩種產業的勞動者將遭遇失業，收入減少，部份土地亦將不用以生長棉花，或作爲牧場；但另一方面，因爲對人造纖維紡織品需求的增加，對有關各生產因素的需求，如勞動、資本設備及土地的需要將增加，其生產因素所有人的所得亦將提高。當然，很可能棉織品或毛織品中被釋出之生產因素可能移轉到人造纖維紡織品的產業中來，但在一般情況下，不可能完全移轉，縱能移轉，亦必須經過一調整過程，因爲棉毛織品中的勞動者，未必具有人造纖維織品中所需要的技術，而棉毛織品中所使用的生產設備，未必能移供人造纖維紡織品的使用也。不僅此也，由於對各生產因素的需求發生相對的變化，如各生產因素的供給不變，各生產因素的價格必發生變化，而社會的所得水準及結構，亦必然會產生相對的變化。因爲所得結構發生變化，則對各種最後產品的需求亦必發生變化，於是透過各種最後產品的市場，各種產品相對價格的結構亦將發生變化。由上面這一簡單的敍述，可見由於某一種財貨供給條件的變化，會連帶引起一切財貨及一切生產因素之市場供需關係及價格的變化，因此若將其影響僅局限於原來該一財貨的市場，顯然是不正確的，也顯然部份均衡分析的方法，不能解釋實際的市場現象。

因爲部份均衡分析法不能說明市場價格決定法則的眞象，於是另有一般均衡分析法的提出。一般均衡分析法最早由法國學者瓦拉斯（Leon Walras）所提出並採用，而部份均衡分析法則爲古典學派及新古典學派所採用。一般均衡分析法認爲個別財貨的價格非單獨決定，而是各種財貨與生產因素的價格與交易量乃是相互共同決定的。因此要了解價格現象，必須就此一互相關聯的各種財貨與生產因素的市場，全盤分析；然而同時要分析多種財貨與生產因素的供需法則，以文字說明，至爲冗贅，所以由瓦拉斯開始，採用一般均衡分析的方法者，多應用數學中聯立方程式的方法以資說明。例如某一經濟體系，若不考慮其對外貿易關係，設有 n 種財貨，m 種生產因素，並設其生產技術固定，則此經濟體系卽

有 n 個財貨的價格, m 個生產因素的價格, n 個財貨的交易量及 m 個生產因素的交易量, 共有 $2n+2m$ 個變數有待決定。爲決定其 $2n+2m$ 個數值, 吾人可假定此 n 個財貨需求函數之形態爲

$$q_1{}^D = f_1(P_1, P_2, \cdots\cdots P_n, W_1, W_2, \cdots\cdots W_m)$$
$$q_2{}^D = f_2(P_1, P_2, \cdots\cdots P_n, W_1, W_2, \cdots\cdots W_m) \qquad (19\text{-}1)$$
$$\cdots\cdots\cdots\cdots\cdots\cdots\cdots\cdots\cdots\cdots$$
$$q_n{}^D = f_n(P_1, P_2, \cdots\cdots P_n, W_1, W_2, \cdots\cdots W_m)$$

其 n 個供給函數則爲

$$q_1{}^S = g_1(W_1, W_2, \cdots\cdots W_m)$$
$$q_2{}^S = g_2(W_1, W_2, \cdots\cdots W_m) \qquad (19\text{-}2)$$
$$\cdots\cdots\cdots\cdots\cdots\cdots\cdots\cdots\cdots\cdots$$
$$q_n{}^S = g_n(W_1, W_2 \cdots\cdots W_m)$$

而 m 種生產因素的需求函數則爲

$$n_1{}^D = h_1(W_1, W_2, \cdots\cdots W_m, P_1, P_2 \cdots\cdots P_n)$$
$$n_2{}^D = h_2(W_1, W_2, \cdots\cdots W_m, P_1, P_2 \cdots\cdots P_n) \qquad (19\text{-}3)$$
$$\cdots\cdots\cdots\cdots\cdots\cdots\cdots\cdots\cdots\cdots$$
$$n_m{}^D = h_m(W_1, W_2, \cdots\cdots W_m, P_1, P_2 \cdots\cdots P_n)$$

其供給函數則爲

$$n_1{}^S = k_1(W_1, W_2, \cdots\cdots W_m)$$
$$n_2{}^S = k_2(W_1, W_2, \cdots\cdots W_m) \qquad (19\text{-}4)$$
$$\cdots\cdots\cdots\cdots\cdots\cdots\cdots\cdots\cdots\cdots$$
$$n_m{}^S = k_m(W_1, W_2, \cdots\cdots W_m)$$

在以上各函數中, $P_1, P_2 \cdots\cdots P_n$ 分別表 n 種財貨的價格, $q_1{}^D, q_2{}^D \cdots\cdots q_n{}^D, q_1{}^S, q_2{}^S \cdots\cdots q_n{}^S$ 則表示 n 個需求量及供給量, $W_1, W_2 \cdots\cdots W_m$ 表 m 種生產因素的價格; $n_1{}^D, n_2{}^D \cdots\cdots n_m{}^D$ 及 $n_1{}^S, n_2{}^S \cdots\cdots n_m{}^S$, 則表示 m 個需

求量及供給量。依據均衡時各財貨及生產因素的供給量必須等於其需求量，即

$$q_1{}^D = q_1{}^S$$
$$q_2{}^D = q_2{}^S$$
$$\cdots\cdots\cdots\cdots$$
$$q_n{}^D = q_n{}^S \qquad\qquad (19\text{-}5)$$
$$n_1{}^D = n_1{}^S$$
$$n_2{}^D = n_2{}^S$$
$$\cdots\cdots\cdots\cdots$$
$$n_m{}^D = n_m{}^S$$

表面上變數的個數有 $3n+3m$ 個，而實際上僅有 $2n+2m$ 個，方程式的個數表面上有 $3n+3m$ 個，而實際上亦可歸併成 $2n+2m$ 個，因最後之 $n+m$ 個方程式，僅是表示均衡條件也。方程式的個數旣與變數的個數相等，若其間並無矛盾或不獨立之現象，則此聯立方程式有解，而所解出之根，卽在均衡狀態時各財貨及生產因素之市場均衡價格，及其市場均衡交易量。由這一方法或理論模型，各財貨及生產因素的價格，不是單獨決定，而是共同決定的，這種分析的方法，卽是一般均衡分析法。這種方法在現代，尤其在較深入的經濟分析中，應用甚爲廣泛，因此吾人必須了解其基本觀點。

二、靜態、比較靜態與動態分析 (static, comparative static and dynamic analysis)

在以上各章有關價格理論的分析中，吾人所研究的，是均衡狀態，是達成均衡所應具的條件，而對於如何達成均衡的過程，以及原來的均

衡若由於某種原因而被破壞時，如何向一新的均衡位置移動，均未予注意，這種分析的方法，即所謂靜態分析的方法。因為僅重視均衡條件，因此在這種分析法中，不考慮時間因素。若以照相之事作譬，吾人之活動原為連續不斷，例如跑路，必賴兩腳交互支持身體，才能維持身體之平衡並向前移動，而吾人全部過程，即為一時間累積之活動過程。若吾人就吾人之活動，作一快照，則照得之影像，為吾人活動時瞬間之靜止狀態，由此相片，吾人可看出身體各器官之相關位置，但對於全部活動及過程，則無法顯現。此種以快照就活動之瞬間所作成之相片，即靜態分析之方法。故以上各章，吾人研究市場價格之決定法則時，僅說明均衡價格決定於市場供給量與市場需求量相等之一點，至於如何始能達成此均衡，則並不關心；而此一均衡被破壞時，如何向另一均衡移動，亦不研究。但在實際經濟生活中，均衡現象並不常有，而均衡地位不斷變化，並且不斷由原來均衡地位向一新的均衡地位移動的現象，則屬經常出現，因此僅研究均衡條件的靜態分析，無助於吾人對經濟事象之了解，吾人於靜態分析之外，尚須進一步從事比較靜態及動態之分析。

所謂比較靜態分析，即就不同時間的兩個不同的均衡狀態，所作的比較研究。再以上述快照為例，若吾人就全部活動中兩個不同時點，所攝取的快照，加以比較，則在此二個快照中，其瞬間的靜止狀態，當屬完全不同。例如在前一時點所攝取之快照，尚屬準備跳水之姿態，後一時點所攝取之快照，則為已跳入池面之姿態，兩者之關係位置全不相同，但其皆屬於瞬間靜止狀態，而並不能顯示全部跳水活動之過程則屬相同。以價格決定之法則而論，在原來之市場需求與市場供給下，有一均衡價格存在，如圖 19-1 中，DD 為原來之市場需求曲線，SS 為原來之市場供給曲線，在此一供需關係下，市場有一均衡價格 P_0 及一均衡交易量 Q_0。若現在市場需求不變，而由於生產技術之進步，供給增加，

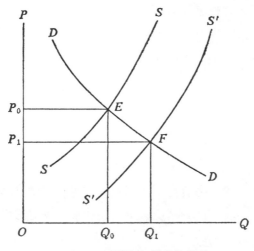

圖 **19-1**　不同均衡狀態的比較

供給曲線由 SS 移至 $S'S'$ 位置，由此一新的供給與原來的需求，乃決定一新的均衡價格 P_1 及均衡交易量 Q_1。以此新的均衡點 F 與原來的均衡點 E 相比較，則新的均衡價格較原來的均衡價格爲低，而新的均衡交易量則較原來的均衡交易量爲大。此種對不同均衡狀態的比較研究，而並不關心其中間變化的過程，則爲比較靜態分析之方法。

　　如果吾人不僅關心不同時點均衡狀態之差異，而且亦關心其如何演變，如前述快照之例，如吾人不僅關心其準備跳水時之姿態，及進入水中之姿態，而注意其整個跳水之動作，則此時在不同時點所攝得之瞬間靜止狀態之快照，已不足滿足吾人之要求，吾人必須將其攝成連續影片，而後放映之，則其連續性跳水之全部活動，可映現於吾人之目前。在上述價格決定之法則中，如吾人不僅關心 E 點及 F 點有何不同，而且關心如何始能由 E 點演變至 F 點，同時，是否能演變至 F 點，則比較靜態分析法，亦不能滿足吾人之要求，而必須求之於動態分析。

　　因爲動態分析研究經濟事象演進的過程，故時間因素甚爲重要，而動態分析實際即研究經濟變量在不同時點之間的相互關聯也。其一般性質究屬如何？試以市場分析之蛛網理論（cobweb theory）說明之。

在農產品之市場中，市場需求量常決定於當期之價格，而市場供給量則往往由於農產品受自然條件之影響，有一定的生產期，因此當期之價格僅能影響下一期之供給量，而本期之供給量則決定於上一期之價格。因此就當期言，供給量爲一固定數量，與當期之價格無關，而此一固定之供給量與當期之市場需求，決定當期之價格，此一價格則又轉而影響下一期之供給量，由於此一市場供需特性，而蛛網理論於是出現。爲便於說明起見，吾人假定市場需求函數爲當期價格之函數，即

$$q_t{}^D = f(P_t) \tag{19-6}$$

而市場供給函數爲上一期價格之函數，即

$$q_t{}^S = g(P_{t-1}) \tag{19-7}$$

在圖 19-2 中，DD 爲原來之需求曲線，而 SS 爲原來之供給曲線，其均衡點爲 E，均衡價格爲 P_0，均衡交易量爲 q_0。如果其他條件不變，此均衡價格與均衡交易量能繼續存在，市場經常保持均衡。如果現在由於需求條件發生變化，例如消費者的偏好提高，或消費者的所得增加，需求曲線移至 $D'D'$ 的位置，假定供給不變，則新的均衡點爲 F，新的均衡價格爲 P_1，新的均衡交易量爲 q_1。但此一新的均衡點能否由 E 點直接移動至 F 點？根據以上吾人的假設，不一定能直接達到，可能要經過一段波動的過程。由圖 19-2，需求增加後，由於原來的供給量爲 q_0，無法立即增加，故市場價格必上漲至 P_2，高於新的均衡價格 P_1。因爲市場價格爲 P_2，因而下一期的供給量必逐漸增加至 q_2，當下一期的供給量爲 q_2 時，則由市場需求關係，市價必跌至 P_3，又低於均衡價格 P_1。因爲價格降低，生產量逐漸減少，下一期的供給量減少至 q_3，低於均衡交易量 q_1。因爲供給量減少，市場價格又上漲至 P_4，又高於

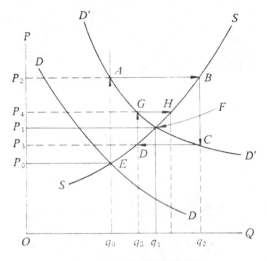

圖 19-2 收歛的蛛網現象

均衡價格 P_1。 如此，新的均衡點並非由 E 點直接向 F 點移動，而且循 $EABCDGH$……的路線向 F 點接近，此一路線在均衡點兩側波動，形成一蛛蛛網的形態，而所謂蛛網理論，即因此而得名。由蛛網現象中，價格及交易量均在均衡價格與均衡交易量兩側波動，而逐漸向新的均衡點收歛。

圖 19-2 中，此動態過程還是向新均衡點收歛的，其所以能收歛，是由於供給曲線之斜率比需求曲線之斜率，其絕對值為大。若此二曲線之斜率相同，則此波動現象將形成固定之幅度與周期，繼續循環而不向新均衡點收歛，如圖 19-3 所表示者。若需求曲線之斜率，其絕對值大於供給曲線斜率之絕對值，則此波動的幅度將愈來愈大，不但不能向新的均衡點收歛，而且愈來距離新的均衡點愈遠，如圖 19-4 所示者。動態分析由於考慮時間因素及經濟變量演變之過程，常須應用數學公式以資分析，因此而促成數理經濟學之發達，本書不擬深論。

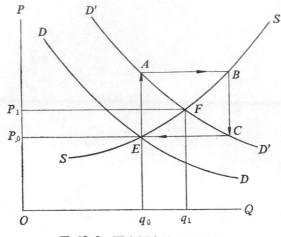

圖 19-3　固定幅度的蛛網現象

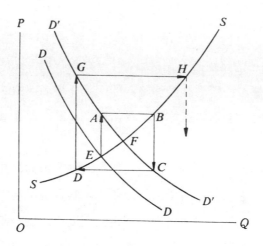

圖 19-4　發散的蛛網現象

三、存量與流量 (stock and flow)

　　吾人所已討論或準備討論之若干經濟變量，有些是具有存量之性質，而另一些則具有流量之性質。所謂存量，乃是須就某一時點觀察才具有意義之數量。而所謂流量，乃是指在一定時間距離中所產生之經濟數量。為說明存量與流量之意義，吾人可取一例以比喻之。譬如有一蓄水池，池中有水，並另有二水管，一放水入池，一則將池水放出。設水放入池之速度為每分鐘 100 加侖，而放水出池之速度每分鐘為 80 加侖，則此二數量即為流量，因其表示在每分鐘內水流進水池或流出水池之數量也。若池中原來無水，今兩水管齊開以後，則池中之水必逐漸增加，在第一分鐘之末，必存水二十加侖，第二分鐘之末，必存水四十加侖，而在第十分鐘之末，必已存水二百加侖矣。此在每一分鐘之末，池中之積水量，即為一存量，因為這必須就某一瞬間之時點觀察，始有其意義也。存量之數量，有時與流量有關，例如上述水池之例，池中積水之量即與流量有關，若流量發生變化，則池中積水量亦將變化。例如若進水量速度增加，或出水量速度減少，則在每一分鐘之末，池中之積水量必將較前一情形增多也。反之，若進水量速度減少或出水量速度增加，則池中積水量在每一分鐘之末必較原來情況為少。不過有時流量雖變，而存量並不變者。例如上例中，若進水量之速度每分鐘增加至一百二十加侖，而出水量之速度每一分鐘亦增加至一百加侖，則此二流量，皆已變化，而池中積水之量，在每一分鐘之末，則並無若何變化也。在經濟學中，存量與流量之意義，吾人可用人口及資本之內容說明之。就一社會之人口言，其人口數量，由於出生死亡等之原因，是不斷在變化的，吾人要說明人口數量，必須就某一固定時點說明之，才有意義，例如某年十二月三十一日午夜零時，該社會之人口數量，此一數量即為存量意義。然而另一方面，人口出生數、自然死亡數，卻必須就一定時間間隔說明之，才有意義，例如每年出生若干人、死亡若干人等等，這一出生數或死亡數即是流量觀念。又如就資本的內容言，某一社會的資本設備，也是不斷在變化的，吾人若須說明資本數量，必須擇定一固定時點以說明之，例如十二月三十一日，該社會的資本設備總額，因此這一數量便是存量觀念。但對於總投資數額，及機器損耗數額，却必須就一定時間間隔說明，才有意義，例如每年的總投資額或折舊損耗等，故此種數量則為流量觀念。經濟學上其他存量與流量的觀念，如財富或資產是存量，而所得則是流量；廠商存貨是存量，而生產量及消費量則是流量。研究經濟理論時必須把存量與流量的觀念，分別清楚，才不致會發生觀念上的混淆。

四、事前的(或預期的)與事後的(或實現的)概念 (ex ante and ex post)

在經濟學中吾人不僅要研究已經發生的經濟現象，或經濟變量間的相互關係，尤其要研究尚未發生的，或可能發生的經濟現象與經濟變量間的相互關係。例如在價格理論中，吾人不僅關心已經發生的價格與需求量之間的關係，更要關心可能的尚未發生的存在於價格與需求量間的關係，因此對於同一個經濟變量，便常有事前的或事後的兩種意義，有時亦稱為預期的或實現的兩種意義。這兩種不同的概念，在不同的問題中，常具有不同的作用。再就上述價格與需求量的關係而論，若生產者對於某種財貨，預期在未來半年內，價格可能為十元一件，而市場需求量可能為十萬件，因此依據此預期而從事生產，此十元即為預期的市場價格，或事前的市場價格，而十萬件即為預期的或事前的需求量。但在六個月後，當生產量出現於市場以後，透過市場供需關係，市場價格為九元，而市場的需求量及實際的銷售量則為九萬件，此九元即為事後的或實現的市場價格，而九萬件則為事後的或實現的市場需求量。因此事

前的數量與事後的數量不一定相等，而由於此一事前的與事後的數量不
一致，常促成經濟現象的變化與調整，而整個經濟理論的分析，亦常常
建立在這種事前的與事後的關係的分析上。在本書以後各章中，對這種
事前的與事後的關係，還須要常常應用，因此吾人對這種意義須要能分
別清楚。例如在以後的所得分析中，吾人常常說事後的儲蓄一定等於投
資，但事前的儲蓄不一定等於投資，這種不同的說法，卽構成所得理論
分析的中心。

五、摘　要

　　吾人在分析某一種財貨市場時，假定其他條件不變，而將該一市場
視作獨立存在，不受其他市場的影響，這種分析的方法稱爲部分均衡分
析法。如果認爲個別市場不能獨立存在，而是所有市場都互相關聯，一
切經濟變數都是共同而同時決定的，這種分析的方法則稱爲一般均衡分
析法。而一般均衡分析法因爲所考慮的變數甚多，常須使用數學的方
法。

　　在從事理論分析時，如果僅考慮均衡狀態，達成均衡所必須具備的
條件，而不考慮達成均衡的過程，亦卽不介入時間因素，這種分析的方
法稱爲靜態分析。如果就不同時點的均衡狀態作一比較分析，而仍不考
慮兩不同均衡狀態的演變過程，這種分析法則稱爲比較靜態分析。如果
進一步不僅考慮不同時點的不同均衡狀態，而尤其重視實際演變過程的
分析，亦卽重視時間因素的介入，這種分析法則稱爲動態分析法。在動
態分析中最簡單的例子，卽所謂蛛網理論。

　　經濟變量如果僅能就某一時點觀察，才有意義，這種數量，則稱爲
存量，如人口數量、資本數量皆是。經濟變量如果必須以某一時間間隔

來表示，或某一時間間隔內所產生者，則稱為流量，如人口增加數或人口增加率及投資等皆是。

　　經濟變量尚可分為事前的及事後的概念，凡預期會出現或計劃中會出現的變量，稱為事前的或預期的，凡實際已出現的經濟變量，則稱為事後的或實現的。

重 要 概 念 與 名 詞

部分均衡分析	蛛網理論
一般均衡分析	存量
靜態分析	流量
比較靜態分析	事前的
動態分析	事後的

附錄一　經濟學的成立及其發展

在各種科學之中，經濟學為一較年青的科學，自其成立以來，到現在約二百二十年。然而其成立的時間雖短，其發展却非常迅速。尤其最近三十年來，其成就則更是一日千里，新學說新方法紛紛出現。其所以如此的原因，一方面固然是由於若干卓越的經濟學者，在此一學術領域內特殊的貢獻；另一方面，也由於自產業革命以後，各國經濟，突飛猛進，不斷出現新的問題，亟待解決，因而促進學者殫思竭慮，作理論的鑽研。因此現實與學術相互影響，現實促進學術的發展，而學術又促進現實的進步，乃至今日，經濟學有此輝煌的成就。本章擬將經濟學的成立及其發展，作一簡單之分析，以供進一步研究之參考。

一、經濟學之成立

經濟學之正式成為一種科學，應由英國經濟學者亞丹斯密（Adam Smith 1723-1790），出版其名著原富（An Inquiry into The Nature and Causes of The Wealth of Nations）算起。斯氏此一著作之書名，雖不稱為經濟學，但究其內容，實為第一部有系統的經濟學著作。其研究的內容即為今日經濟學者所討論的生產、交換、流通、分配。同時斯氏所研究的問題亦為斯氏以後英國古典學派理論的基礎。故吾人以斯氏作為經濟學的創始人，殆不為過。

在斯氏以前，並非沒有學者討論經濟問題，但在斯氏以前僅有片斷的經濟思潮，而無系統的經濟學著作。例如在上古之希臘羅馬時期，若干哲人，如亞里斯多德、柏拉圖等，在其哲學著作中，均曾討論過經濟問題，但均是片斷的，而無完整的系統。在中古經院派哲學中，亦曾討論經濟問題，但所有見解，亦只是基督教義的附庸而已。十五世紀後在歐洲發生的重商主義，及接重商主義以後在法國出現的重農主義，對經濟問題，均有其全面的主張，但究其實，除揆內（Quesnay, Francois, 1694–1774）所著經濟表一書，具有分析的意義，予後世以深刻的影響外，其餘均偏重於經濟政策的闡揚，而缺少理論的建樹，均不得認爲是經濟學的起源。及斯氏出，始融合當時的各種學說，參以自已獨特的見解，而樹立一完整的經濟理論體系，此均見於其代表作原富一書。故吾人以斯氏爲經濟學的始祖。

自斯氏原富出版到今日爲止的兩百二十多年中，經濟學的發展，至爲迅速，到今日經濟學已成爲一嚴密的社會科學體系。此兩百二十多年中，學者輩出，而理論系統，復推陳出新，不斷有新學說出現。但吾人縱觀此兩百二十多年的發展，大體可分爲四個階段。當然，每一階段不是可以判然劃分的，所以以某一年爲開始或最後一年，不過取其方便而已。此四階段，卽由一七七六年到一八四八年爲第一階段；由一八四八年到一八九〇年爲第二階段；由一八九〇年到一九三六年爲第三階段；而由一九三六年到目前則爲第四階段。除第一階段約七十年外，其餘每一階段均約四十餘年。茲將每一階段經濟理論的特色，重要學者，重要著作，簡單介紹如下。

二、第一階段：一七七六年到一八四八年

此一階段開始的一年，吾人已知爲亞丹斯密出版原富的一年，而此

階段的最後一年， 亦爲另一重要學者， 英國的約翰密爾 (John Stuart Mill 1806-1873) 出版其名著政治經濟學原理 (Principles of Political Economy) 的一年。此一階段，可稱爲古典學派時期 (Classical School)。此一階段的重要學者，均集中於英國，如李加圖 (David Ricardo, 1772-1823)、馬爾薩斯 (Thomas R. Malthus, 1766-1834)、詹姆密爾 (James Mill, 1773-1836)，以及約翰密爾。在法國則有賽伊 (J. B. Say, 1767-1832) 等。此一階段，經濟學發展的特色，完全以亞丹斯密的理論體系爲主，加以闡述、補充、修正，而使其更完美，更充實。而此一發揚光大的工作， 到約翰密爾的手中， 可算登峯造極， 而不得不進入另一階段。此一階段經濟學的內容，吾人可由方法論、及作爲古典學派理論體系核心的價值論等兩方面，予以簡單的說明。

在方法論上，古典學派雖同時重視歸納法與演繹法，但實際上仍以演繹法爲主，尤其對古典學派貢獻最大的李加圖，足爲代表。所謂演繹法，卽依據幾項簡單的定義與公設，用演繹推理的方法，引申出一般性的結論。例如歐氏幾何，卽是一嚴整的用演繹法則所建立的數學體系。李加圖的經濟理論體系，亦復如此。吾人閱讀其政治經濟學與賦稅原理一書，卽可看出李氏依據其所設定的若干基本定義與公設，而應用演繹法，卽推演出其全部理論系統。而馬爾薩斯的人口論，亦可看作是利用演繹法的代表作。馬氏根據少數地區的特殊人口現象，而作出人口數量以幾何級數增加，糧食數量以算術級數增加的法則，從而層層演繹，得出其悲觀絕望的結論，使當時的經濟學蒙上了 "喪氣的科學" 之名。其他的古典派學者，雖不如李加圖氏特出，要之皆以演繹法則爲主要的研究方法，則毫無例外。

古典學派經濟學的中心問題，則以價值論爲主，研究財貨的價值如何形成，如何交換、流通及分配。古典學派的價值論，可分爲兩大體系，即勞動價值論與生產費價值論。此兩種學說，在亞丹斯密的原富中，均予提出，但將其建立爲完整的學說者，勞動價值論則爲李加圖氏，生產費價值論則爲詹姆密爾。所謂勞動價值論卽認爲財貨之所以具有價值，乃是由於財貨中體現了人類的勞動，而財貨價值的大小，則決定於財貨中所含人類勞動量的多少。所謂生產費價值論，則是認爲財貨之所以有價值，乃是因爲在生產該財貨的過程中支付了生產費用，價值的大小，決定於生產費的大小。而生產費價值論其後又演變爲再生產費價值論，認爲財貨價值之大小，非決定於過去生產時所支付的生產費的數量，而決定於目前若再生產同樣財貨時，所支付的生產費的數量。此一修正，乃鑒於生產費旣經支出，便不再變，而價值則隨時變動此一事實，而予以修正者。

以價值論爲中心，加上馬爾薩斯的人口理論，李加圖的地租論，及生產因素的報酬遞減法則，乃形成全部古典學派的理論體系。

於此，吾人尙欲一提者，古典學派經濟學的體系，乃建立於自由主義及個人主義的時代精神之上。亞丹斯密感染了產業革命時期，英國新企業階級擺脫傳統束縛的要求，並受了法國重農主義的影響，故亦主張自由放任，主張減少政府的干涉。認爲個人的利益，唯有個人自己了解得最淸楚，如聽任個人追求個人的私利，則冥冥中有一隻無形的手(invisible hand)，可使得各人爲私利的追求，却能達到公衆利益和諧的結果。故干涉最少的政府，是最好的政府。因爲主張自由放任，故重視自由競爭。亞丹斯密的這種精神，亦全部爲古典派諸學者所承受。這種自由主義及個人主義的精神，對促進英國十九世紀經濟的飛速發展，大有貢獻，因爲它使得英國的新的企業階級，能充分發揮其才能，不受傳統的束縛，而爲發展國家經濟而努力。在這一方面，古典學派之功，誠不可沒。

三、第二階段：一八四八年到一八九〇年

大凡一種學說，發展到最完美的時期，也是這種學說僵化而不得不衰退的時期，古典派經濟學亦難擺脫此命運。古典派經濟學到了約翰密爾手上，由於其高度的才華，及敏銳的洞察力，將古典學派的理論體系，發揮得至為完美，可說已登峯造極。一八四八年當其兩大本的政治經濟學原理出版以後，其他學者，可說難置一詞。而密爾本人，亦頗自負，認為自其政治經濟學原理出版以後，除了尚有少數幾個未解決的小問題，尚待解決外，經濟學已經完成，沒有任何再需要改進的地方。因此自一八四八年後，到馬夏爾 (Alfred Marshall, 1842-1924) 於一八九〇年出版其經濟學原理 (Principles of Economics) 為止的一段時間內，英國除奇逢士 (William Stanley Jevons, 1835-1882) 等少數幾人外，在古典學派中，再無能與李加圖等比美的第一流學者出現。

相反的，此時在歐洲大陸，由於對古典學派經濟學的不滿所產生的反動，而出現了若干新的學說，一時有取代古典學派的趨勢。此一百家爭鳴的現象，到馬夏爾的經濟學原理出版，似乎又有衆流歸海，定於一尊的趨勢，因此吾人可以稱這一階段為反古典學派時期。至於這一階段的特色，吾人亦可分別由時代精神，方法論，及價值論等諸方面，予以簡單說明。

由於古典派過分強調自由主義及個人主義，同時，因為西歐各國產業革命的結果，工廠制度興起，財富集中，自由競爭的結果，勞動階級的生活，日形困苦，因此引起了若干人道主義者對勞動階級的同情，十九世紀中葉以後，在歐洲社會主義的思潮，大為澎湃。社會主義的思想，原不自十九世紀始，烏托邦的社會主義思想，及基督教的社會主義

思想，早在十六七世紀，卽已出現。然而所謂科學的社會主義思潮，無疑到十九世紀中葉，始形成熟。其中影響最大的爲馬克思的共產主義思想。吾人知道，一八四八年，不但是馬克思共產主義者宣言發表的一年，也是巴黎公社進行暴動的一年。不過就理論發展的觀點言，社會主義的思潮，對經濟理論的貢獻並不大，因爲他們所重視的，是社會改革運動，因此吾人不擬多加說明。

在方法論上，十九世紀中葉，在德國出現了歷史學派，歷史學派的學者，對古典派過分重視演繹法的應用，多不同意，而認爲社會現象，不同於自然現象，研究社會現象應由大量事實的觀察分析，然後歸納出結論，建立理論體系。而歷史正是提供大量事實的來源，故經濟學正確的研究方法，應是歷史法；應先由經濟史的分析着手，不應採用空洞的抽象的演繹法。歷史學派的著名人物如羅希 (Wilhelm Roscher, 1817-1894)、須摩拉 (Gustav Von Schmoller, 1838-1917)，後期的有宋巴特 (Werner Sombart, 1863-1941) 及威伯 (Max Weber, 1864-1920) 等人。此派學者，爲能由充分的歷史資料的分析，建立其理論起見，對於經濟史的研究，非常深入。但是正因爲他們將太多的時間，貢獻於歷史的研究，對於經濟理論的貢獻，反而不足。歷史學派學者所寫的政治經濟學理論，或一般經濟學體系等書，與其說是經濟學教科書，不如說是經濟史教科書，往往十分之八九的篇幅用於歷史的敍述，而僅有十分之一二的篇幅用於理論的說明。而所謂理論，也不過是用來將歷史分期而已。故嚴格說來，歷史學派對經濟理論的貢獻實在有限，然而對經濟史學的貢獻，却極爲重要。差不多所有歷史學派的重要學者，均是經濟史學家，如前述諸人，實際均在經濟史學上，有輝煌的貢獻。然而由於歷史學派的重視歷史的方法，不但使經濟史學因此發展，亦使以後對經濟學的研究，對歷史、統計等方法，加以重視。

其次，吾人研究此一時期的價值論。古典派的勞動價值論及生產費價值論，雖經多數學者的闡述，仍不能解決鑽石與水之間的矛盾問題。鑽石價值高，而水的價值低，鑽石的價值高，顯然不能由勞動量，或生產費說明之。故十九世紀中葉以後，學者對勞動價值論及生產費價值論，漸致不滿，而思以其他學說代替之。在此一背景下，乃出現了效用學派的理論，以效用及邊際效用，解釋價值產生的原因，及價值高低的準則。根據效用學派的理論，財貨之所以有價值，乃是因爲它有效用，但財貨價值的大小，並非決定於總效用，而是決定於其邊際效用，亦即決定於財貨的稀少性。因此水的效用雖大，但因水的供給非常豐富，其邊際效用低，故水的價值小。鑽石的總效用雖小，但因爲鑽石稀少，其邊際效用高，故鑽石的價值大。

效用學派是由三個不同國籍的學者，共同建立的，以後由於此一學派的主要學者，都集中於奧國的維也納大學，故亦稱奧國學派，或維也納學派。此三個學者中的第一個，是德國的哥松 (Hermann Heinrich Gossen, 1810-1858)。哥氏於一八五四年出版 "交換律的發展及人類行爲法則" 一書，以效用原理建立價值理論。哥氏認爲此書在經濟學中的影響，將如哥白尼的學說在天文學中的影響一樣，爲其帶來聲譽。不幸，哥氏命運不濟，此書出版後未能賣出，因此未引起一般人的注意，哥氏失望之餘，乃於一八五八年逝世以前，全部收回並銷毀。二十年後，一位英國學者奇逢士，根據一德國書商的目錄，於一八七九年政治經濟學原理第二版的序言中，將其大爲揚譽，哥氏之名及其貢獻，始爲世人所知。一八八九年由於瓦拉斯 (Léon Walras, 1834-1910) 的協助，此書始得重印。

效用學派第二個主要人物爲奇逢士，奇逢士爲英國學者，然並不滿意於古典學派的理論，尤其古典學派的價值論。氏於一八七一年出版其政治經濟學原理（The Theory of Political Economy），認爲價值主要依賴於效用，而勞動僅間接決定價值。氏並應用最後效用（final degree of utility）一詞，與現代邊際效用一詞頗爲相似。

效用學派的第三個主要人物，則爲瓦拉斯，氏爲法國人，曾主持瑞士洛桑大學（Academy of Lausanne）經濟學講座，亦爲洛桑學派的創始人。瓦氏於一八七四年出版其主要著作純粹經濟學原理（Elements of Pure Economics），以效用原理，分析價值法則。瓦氏不僅爲效用學派的建立者，亦爲一般均衡分析法的創始者，同時亦爲數理經濟學的先驅。值得注意者，以上所述之三位學者，在以上所引述的三部著作中，均曾大量應用數學方法，而爲其另一共同特色。

效用學派由上述三學者建立後，逐漸集中於維也納大學，十九世紀後期效用派學者，則有奧國的孟哥（Carl Menger, 1840-1921）、威塞（Friedrich Von Wieser, 1851-1926）及奔巴瓦克（Eugen Von Böhm-Bawerk, 1851-1914）等人。

四、第三階段：一八九〇年到一九三六年

當效用學派在歐洲大陸發展以後，英國的古典學派無法忽視此一新的思想，但對於古典派本來的理論體系，亦不願予以放棄，於是若干學者試圖從事一種綜合工作，將效用理論納入古典派理論以內，而建立新的理論體系，此一工作，終於由馬夏爾完成。馬氏於一八九〇年出版其名著經濟學原理（Principles of Economics）。此書出版後，由於其理論之嚴謹，思想之深刻，文字之優美，方法之完備，立刻爲學術界奉爲經典之作，而成爲此後四十餘年影響經濟學發展之唯一著作。而古典派在學術界之領導地位，亦因此而恢復，故吾人可稱此一階段爲新古典學派

時期。 同時因馬氏執教於劍橋大學， 任經濟學講座， 此階段之學者，亦多由劍橋出身，故吾人亦可稱此一階段爲劍橋學派時期。此一階段直到一九三六年，另一劍橋出身的學者凱因斯 (John Maynard Keynes, 1883-1946)，出版其名著就業通論始告結束。

馬氏旣以其經濟學原理一書，影響經濟學之發展數十年，吾人要了解此一階段之特色，首須了解馬氏在經濟學方面的貢獻。簡略言之，馬氏之貢獻，在應用部分均衡分析的方法，建立其個體經濟理論的體系，同時馬氏更綜合了古典學派與效用學派的價值論，建立其有名的剪刀式的價值論，成爲現代價格理論的基礎。所謂部分均衡分析的方法，是相對於一般均衡分析法而言的。依據一般均衡分析法的觀點，認爲所有經濟變量都是互相關聯而互相決定的，而不是可以孤立的個別決定的。例如任何一件財貨，其需求與供給非僅決定於其本身的價格，亦且決定於其他財貨的價格。故任何一件財貨的需求或供給函數，是各種財貨價格的函數，因此僅根據個別財貨本身的供給或需求函數，不能決定該項財貨的價格，而是必須同時考慮各種財貨的供給函數與需求函數，當每一種財貨的供需關係均已到達均衡時，則各種財貨的價格同時決定。因此一般均衡分析法，必須借助於聯立方程式的應用，才能說明而求出各種解答。 此一分析法， 由瓦拉斯所建立， 並在其著作中， 予以廣泛的應用 。 而部份均衡分析法的觀點則不同， 認爲雖然各種經濟變量是互相關聯而共同決定的，但吾人在研究某兩個特定變量之間的關係時，爲取得近似的結論並簡化分析的手續，可假定除吾人所分析的變數外，其他因素皆不變化，因此可當作固定，吾人僅集中注意力於吾人所要分析的對象，研究其因果法則卽可。因而在應用部分均衡分析法時，有關的函數，僅含有一個自變數，一個因變數，此卽吾人所要研究的對象。當吾人對個別經濟變數皆已了解以後，則綜合觀察，對各經濟變量之間的相

互關係，亦能了解。馬氏經濟學原理一書，即充分採用此種分析法而有
輝煌成就者。由於馬氏的此一倡導，新古典學派的學者，亦均紛紛採用
部分均衡分析的方法，而一般均衡分析的方法，反而不受重視。

　　所謂個體理論，則是相對於總體理論而言。原來古典學派的研究對
象，皆是以一國財富的原因及其性質爲其研究對象的，本質上皆是總體
理論。但馬氏認爲，整個經濟體系，乃由若干經濟個體所構成，此經濟
個體，是家計單位，企業或廠商等，就如同廣大的森林是由個別的樹木
所構成是一樣。吾人要研究森林，首須研究個別樹木的性質，再進而研
究森林全體，因此研究經濟學亦然。吾人必須先研究個體的經濟行爲法
則，再研究經濟總體的現象。故馬氏經濟學原理一書，乃致力於個體理
論之分析，分別對家計單位的消費行爲，及廠商單位的生產行爲，交換
行爲等，予以深入的分析，而以供需法則，貫串其全部理論。馬氏並未
否定總體理論之存在，不過認爲個體理論完成後，將進一步分析總體理
論，惜終馬氏一身，未能提出其完整的總體理論，而馬氏的追隨者則更
是集中力量於個體理論的分析，而疏忽了總體理論。故在此一階段中，
個體理論有進一步的發展，而總體理論則無重要貢獻。

　　要充分了解馬氏的個體理論體系，不可不了解馬氏所建立的價值
論。馬氏的價值論如前所述，乃是剪刀式的價值論。馬氏並未放棄古典
派的生產費價值說，但又接受了效用價值論的觀點，而將此兩個觀點，
加以巧妙的綜合。依據馬氏的學說，價值既非決定於生產費，也不是決
定於效用，而是決定於財貨的市場供給與市場需求。但決定財貨的供給
的，則爲生產費用，而決定財貨需求的，則爲邊際效用。馬氏因此將古
典派的生產費理論說明供給的一面，而將效用學派的效用理論，解釋需
求的一面，而認爲僅由供給或僅由需求，均不能決定價值，價值乃是由
供給與需求共同決定的。就如同剪刀的任一双單獨皆不能剪物，必須兩

双同時合作， 才能剪物， 此卽馬氏的價值論被稱爲剪刀式價值論的理由。

馬氏的成就旣如此輝煌，以馬氏爲中心，同時及較後的經濟學者，重要的尚有庇古 (Cecil Arthur Pigon, 1877-1959)、艾奇渥斯 (Francis Ysidro Edgeworth, 1845-1926)、費休 (Irving Fisher, 1867-1947)、威克賽 (Johan Gustaf Knut Wicksell, 1851-1926)、克拉克 (John Bates Clark, 1847-1938)、張伯倫 (Edward Hastings Chamberlin, 1899-)、魯賓遜夫人 (Joan Robinson, 1903-)、席克斯 (John R. Hicks, 1904-) 等人。庇古爲馬氏之學生，並繼馬氏擔任劍橋大學經濟學講座者。庇古之貢獻在將馬氏之理論運用於福利經濟學方面，而出版其名著福利經濟學。艾奇渥斯爲英國人，自認受馬氏之影響頗深。費休及克拉克則爲美國學者，前者的主要貢獻在資本與利息理論方面，後者的主要貢獻在應用邊際生產力學說於分配理論。威克賽爲瑞典學者，其思想略接近於大陸學派， 其後對凱因斯之影響頗大。 張伯倫及魯賓遜夫人， 則分別建立不完全競爭及獨占競爭的理論，以補充馬氏僅建立於完全競爭假定之上體系的不足。而席克斯則爲以一般均衡的方法，重建馬氏的需求理論者。綜合言之，就分析的深度言，新古典派諸學者的成就，已超過古典派多多矣。

五、第四階段：一九三六年以後

一九二九年十月，由於紐約證券市場的崩潰，爆發了世界性的經濟大恐慌，這一次的恐慌，無論就延續的時間，及恐慌的程度而論，均屬前所未有。就時間論，自一九二九年底開始，到一九三三年陷於恐慌的最低潮，一九三七年略有恢復，一九三八年又形萎縮，若非第二次世界大戰爆發，更不知將延續到何時。就恐慌的程度論，美國失業水準曾達一千二百萬人左右，英國失業人口亦曾達五百萬人，國民生產降低至不足一半的程度。就其影響論，一九三一年日本進兵中國東北，一九三三年希特勒取得德國統治權，一九三七年日本出兵侵略中國，一九三六年西班牙內戰爆發，意大利則進兵阿比西尼亞，國際危機，不一而足。在這一經濟恐慌籠罩下的世界，作為經濟理論領導者的英國新古典學派，不能不提出對現實經濟問題的解釋及提供對策。故庇古於一九三三年出版了失業理論 (Theory of Unemployment)，由新古典學派的立場，對恐慌問題提出了解釋。認為失業現象之所以嚴重，乃是由於工會勢力雄厚，工資率喪失了伸縮性所造成。根據古典學派的理論，如果工資具有充分的伸縮性，勞動的供需自能維持均衡。因為如果勞動的供給量大於需求量時，若工資率下跌，則勞動的需求量將增加，供給量將減少，供需可以恢復均衡，非自願性的失業者不會存在。但如工資由工會經集體議價決定，則工資率即喪失了伸縮性，勞動的供給與需求，即無法達到均衡，失業現象乃必然的結果。至於補救之道，當然不能寄希望於工會的自動降低工資，但可透過貨幣政策，增加貨幣供給量，提高一般物價水準，並降低銀行利率降低成本，如此則實質工資率可下跌，失業現象可以減少。此一結論，一般新古典派學者，均皆同意。但却有少數人，持不同的看法，此少數人中尤以凱因斯最具代表性。凱氏為提出他自己的觀點，乃於一九三六年出版其名著就業通論 (The General Theory of Employment, Interest and Money)。此書一經出版，立刻產生重大影響，而新古典學派時期，告一結束，現代時期，由此開始。

嚴格言之，由一九三六年到現在，仍然可分為兩個階段，由一九三六年到一九四六年凱氏逝世為止，可稱為凱因斯時期，而一九四六年以後，則可稱為凱因斯後期 (Post-Keynesian Period)。要了解現代經濟理論的特色，必須先了解凱因斯理論的重點及其影響。

　　凱因斯認爲新古典派基於個體理論的觀點，而認爲充分就業可以自動維持的理論，是一個特殊理論，而不是一般理論。同時凱因斯認爲適用於個體現象的理論，未必能適用於總體現象。要了解現代複雜的總體經濟問題，必須建立一般性的總體理論，而凱氏此書即以建立一般性的總體理論爲目的。而總體經濟中最主要的問題，則爲就業問題，故凱氏要建立關於就業理論的一般理論。

　　凱氏的就業理論，乃是有名的有效需求原理，不同於古典學派將理論的重點放在供給的一面，凱氏將理論的重點放在需求的一面，認爲社會有效需求的高低決定就業水準。社會有效需求由多種因素決定，因此未必能促成充分就業的經常維持，就業不足均衡可能爲一常態現象。基於此一觀點，故凱氏稱其理論是一般的，而古典派的理論則是特殊的。

　　自凱氏就業理論出版以後，立刻獲得學術界熱烈的反應，贊同凱氏見解的，認爲凱氏這一理論體系，是經濟理論的一大革命，而不同意凱氏見解的，是認爲凱氏過分強調其立論與前賢的差異，故意抹煞其中前賢所接受的理論遺產，而認凱氏在理論上雖有其重要的貢獻，但並不如其擁護者所稱述的那樣偉大。甚至有些學者認爲，在凱氏理論中，凡是凱氏自認的卓見，皆不正確，而凱氏理論中，若有正確之處，皆不是凱氏的貢獻。但不論擁護者與反對者的立場如何，有兩種事實是不容抹煞的，第一是凱氏思想對學術界所發生的影響，爲亞丹斯密及李加圖以後之第一人。吾人統計自一九三六年以後，在有關經濟學著作及期刊中，被引證的著作及人名，次數最多者，當以凱氏爲第一。第二，自凱氏就業通論出版後，使學者由重視個體分析的傾向中，開始同時重視總體分析，而總體理論體系的建立，亦逐漸形成。因此在現代經濟學的範圍內，個體理論與總體理論，形成經濟理論的兩大支柱，而經濟學過去以生產、流通、分配，或加上消費論的三分法或四分法，一變而爲個體理論與總體理論的二分法。同時，由於凱氏學說的影響，亦使各國政府逐漸認識政府經濟功能的重要性，而使政府經濟政策的運用，更具影響力。

自凱氏就業通論出版後，古典學派，尤其新古典學派的理論，受到其激烈的抨擊，一時頗有黯然失色之態，但新古典學派亦因受此批判，若干學者乃重新檢討新古典學派的理論體系，是否如凱氏所批評者，前提錯誤，或理論體系有嚴重的缺點存在。經檢討的結果，乃逐漸產生一共同的看法，在個體分析上，新古典派的理論，仍然是無懈可擊的，凱因斯並無若何補充之處。而在總體理論方面，亦並未如凱氏所說，爲一特殊理論。新古典學派的總體理論，過去雖並無某一學者，曾將其具體的提出過，但經現代若干學者的整理後，新古典學派的總體理論體系，乃具體出現。根據此一重被整理並建立的體系，與凱氏的理論體系比較，除了凱氏在分析方法上確有一二處貢獻外，在理論體系上，凱氏理論模型與新古典學派的理論模型，在本質上並無若何差異，而凱氏之所以能與新古典學派獲得不同的結論，乃是由於凱氏與新古典學派採取了不同的前提與假定。可能凱氏的假定，較合於現實，但這無碍於古典學派理論的有效性。不但如此，由凱氏假定或前提所獲得的結論，也是一特殊情況，如果說新古典派的理論，是一特殊理論，則凱氏的理論，亦爲另一種形態的特殊理論。如果吾人將新古典學派的理論，與凱氏的理論體系，都作爲特殊理論，包含在內，則不難建立一更一般化的理論。這一趨勢，尤爲凱氏逝世以後學者所致力的方向。因此吾人說自一九四六年凱氏逝世以後，現代經濟理論，已在凱氏理論的基礎上，更向前推進了一大步。此一發展，吾人可稱爲凱氏理論的動態化與長期化。

凱氏理論，雖其自稱，因爲考慮了預期因素，所以是動態理論。實際上凱氏的理論，仍然是靜態的。並且凱氏在其就業理論中，假定資本數量不變，而並未考慮投資對生產能量的影響，因此其理論體系又是短期分析的。針對這種短期靜態理論，哈羅德（Roy Forbes Harrod 1900-）於一九三九年加以引申， 而提出了動態理論， 復於一九四七年再行提出。哈氏的此一貢獻，連同道瑪（Evsey D. Domar）的經濟成長模型，形成現代經濟成長理論的基礎，是為凱氏理論長期動態化的一大成就。其次瑞典學派諸學者， 利用期次分析（period analysis）或序列分析（sequence analysis）的數學分析法，將凱氏理論動態化，復經由薩穆爾遜（Paul A. Samuelson）、 席克斯等人的進一步應用，建立了凱氏理論的經濟循環（business cycle）模型。而經濟成長模型與經濟循環模型，目前更有一新的趨勢，即將此兩種模型，進一步納入一個體系之中，同時分析經濟成長現象與經濟循環現象，如第森柏利（Jame Duesenberry）所始終進行者。

由以上之分析，吾人可以看出，由於一九三六年凱氏就業理論之出現，已使經濟學展開了一個新的領域，凱氏是這一新領域的奠基者。而大部分的建設工作，則由凱氏以後的許多學者去進行並完成。但不論凱氏在這一新領域中實際的貢獻多大，就其作為一個奠基者而論，已屬功不可沒。經濟學目前已成為一嚴密的實證科學，今後的發展，則端賴吾人更進一步的努力。同時因為經濟學已成為一實證科學，故數量方法的應用，亦為經濟學發展的一大趨勢，這一點，吾人將在下一節中作一簡單的分析。

六、數學方法的應用

數學方法的應用，在經濟學中起源甚早。早在一八三八年法國學者

庫諾 (Antoine Augustin Cournot, 1801-1877) 在其出版的財富理論數學法則的研究 (Researches into the Mathematical Principles of the theory of Wealth) 一書中，即廣泛應用數學方法，研究寡占現象。 惜此書在當時並未受到任何重視。哥松於一八五四年出版的 "交換律的發展及人類行爲法則" (The Development of the Laws of Exchange Among Men and of the Consequent Rules of Human Action) 一書中， 亦曾廣泛的應用數學方法， 但其命運與庫氏相同， 該書受到長時期的埋沒。其後一八七一年奇逢士在其政治經濟學原理一書，及一八七四年瓦拉斯在其純粹經濟學原理一書中，亦採用數學方法研究經濟學，奠定了效用學派的基礎，而數學方法開始被公認爲經濟學研究的方法之一。馬夏爾氏本人，原爲一研究物理學的科學家，對數學的造詣頗深，但馬氏爲遵守傳統起見， 雖亦應用數學方法， 但在其經濟學原理一書中，則將應用幾何圖形的分析，全部列入註解之中，而將應用代數的分析， 全部納入附錄之中。然而馬氏所用的數學方法已被後人接受，而成爲經濟學中標準的分析工具，今日任何一本經濟學教科書中均已採用。二十世紀以後，數學方法的應用，更爲普遍，尤其自一九三〇年以後，由於數學方法的應用，經濟學中更出現所謂數理經濟學一科，完全採用數學方法，分析經濟法則。吾人打開任何一本具有國際地位的學術性刊物，不難發現一九三〇年以前與以後有一顯著的不同的趨勢。在一九三〇年以前，在此類期刊中，以數學方法所寫的論文較少，而主要仍偏重於文字的敍述。但一九三〇年以後，情形改變，在此類刊物中，以數學方法撰寫的論文，數量日見增加，成爲一種常態，而以文字敍述所寫的論文，反而日見其少，成爲例外。而一九三〇年以後所出版的經濟學重要著作中，以數學方法表現的比例，更日見增加。

數學方法之所以在經濟分析中廣泛被應用，乃源於數學的符號性與邏輯性。因為數學本身即是一種採用符號的科學，往往較為複雜的內容，以文字敘述至為不便，但以符號表示，則非常簡潔，由於這一原因，早期數學方法之應用，多是利用數學的符號性這一優點，將複雜的理論，用符號表示之，使讀者能一目瞭然，但如果將數學刪去，仍無礙於文字的說明。例如瓦拉斯為說明其一般均衡理論體系，多採用數學中的聯立方程式的形式表示之。此聯立方程式實際上並不能解出，所以如此應用，不過因為他簡單，容易了解而已。但是現代經濟學中數學方法之應用，則多是應用其邏輯性，用為推理的工具。因此某項經濟理論的獲得必須依附於數學工具，如不用此數學工具，理論的獲得雖不一定不可能，但却非常困難。例如，賴門 (John Von Neumann, 1903-1956) 的一般均衡理論體系，分析經濟成長或擴張的均衡條件，如不用數學方法推論，殆不可能獲得結論。

　　由於數學方法的應用，及經濟分析中日漸重要的經濟數量的統計分析，於一九三〇年以後，更引起了一項新的科學之出現，此即計量經濟學 (Econometrics) 之正式成為一門學問。所謂計量經濟學，即是應用數學方法與統計方法於經濟理論的檢定，可說是由數學、統計理論及經濟理論三者結合為一的一種科學。因為計量經濟學的出現，使經濟的數量分析，更具意義，使吾人對經濟現象的了解，更具確實性。

　　因為數學方法的應用，使得現代經濟研究工作者，須具備更多的條件，並使高等數學的研究，為研究經濟學者不可少的必要條件。

附錄二　經濟學方法論簡述

進行任何一項工作，必須應用適當的方法，才能事半功倍，研究學問亦不例外，而研究經濟原理更不例外。但什麼是研究經濟學的適當方法？對於這一問題，多數經濟學人，多感到困惑，教科書中，雖偶而有片斷的論列，然而多語焉不詳；專門性的論文雖多，然而意見亦復分歧因而使初讀經濟學的人，不得不暗中摸索；上焉者用力既久，亦能觸類旁通，得其訣竅，下焉者往往碌碌終日，猶無從得其門徑，因而有「經濟學家把大家皆了解的道理弄得大家皆不懂」的感歎！

本文不準備就經濟學的方法論作全面的闡述，這須要出版專書；僅打算就方法論上的若干基本概念，提供一概略的說明，作為對初學者的引導。第一節分析經濟學的本質與研究經濟學的態度；第二節說明經濟學的範圍；第三節討論經濟模型的意義及其結構；第四節討論經濟模型的有效性；第五節討論靜態動態，一般均衡與部分均衡等若干理論模型的差異；第六節討論有關數學、統計學、計量經濟學等分析工具問題；第七節則為總結。

一

經濟學的本質是什麼？簡單的說，經濟學是一套語言，一套分類系統，及一套分析工具。經濟學者獲得並熟悉這套語言，分類系統及分析工具以後，即能用以分析複雜的經濟現象，獲得對他有用的結論。

就經濟學是一套語言講，這是經濟學者所特別創造，以作爲共同了解，並相互溝通的工具，就像數學有數學的一套語言，物理學有物理學的一套語言，文學亦有文學的一套語言一樣。語言或用文字表示，或用符號表示，經濟學的語言，大部分是文字的，而這大部分的文字語言，雖然直接來自於日常用語，然而却被賦予特殊的意義，遠非日常的意義所能局限。例如最常用的所謂「需求」、「供給」、「消費傾向」等，均有其特殊意義。而另一部分經濟學的語言，則爲特予創造者，例如「投資的邊際效率」、「資本係數」是。作爲一經濟學者，必須熟悉這種語言的意義，並能加以運用。

就經濟學作爲一套分類系統言，經濟學將衆多須加以分析的經濟事項，先訂立一套分類的準則，每一有關的經濟事項，皆可以依照這一準則，分列到不同的類別中去，使其條理整齊，以備隨時取用。就如圖書分類法一樣，有了這套分類法，就可以將各式各樣的書籍，列入不同的類別而加以排列，一有需要，隨時可以取用。例如在經濟現象中影響一物價格的因素甚多，若個別的加以分析，必感凌亂而缺少重點，而經濟學中則將這一切因素，簡單的分爲兩大類，一類稱之爲需求，一類稱之爲供給，任何一個因素，不是影響需求，就是影響供給，而透過供需關係，決定物價的法則，可以順利的說明。而整個經濟學，即可說是這樣的一套分類系統。其本質實與一貼有標籤的卡片櫥無異，供吾人收藏並排列此資料而已。

如果經濟學僅是一套語言，一套分類系統，則經濟學尚不可能有今日的成就，因爲經濟學也是一套分析工具，一套經濟學者用以分析實際經濟現象的工具，並且還是一套不斷進步的工具。經濟學者對經濟現象能不能了解，全視其對這套工具能不能運用而定。就如木匠能不能製造家具，全視其能不能運用木匠所應用的那套工具一樣。例如，吾人要預測國際糖價在一年之內會不會上漲，決不能憑直覺判斷，必須依靠經濟學所提供的那套供需法則的分析工具，就影響國際糖價的有關需求與供給各方面，作一詳盡而客觀的分析，然後可以作成有待檢定的結論，國際糖價可能會漲，還是可能會跌。因此而有人稱經濟學為一「工具箱」為經濟學者的一不可少的工具箱。

經濟學既是一套語言，一套分類系統及一套分析工具，因此學習經濟學，就是學習了解並使用這套語言，分類系統與分析工具，就如木匠學習使用鋸、鉋、鑽刀一樣。學了經濟學並不能使學者對某些實際經濟問題，有所了解，或能建議某項經濟政策，要做到這些，還需要有現實所提供的資料，學者根據所能收集的資料，再運用經濟學所提供的分類系統與分析工具，整理分析這些資料，才能獲得結論，然後才能說對實際問題有所了解。如果想建議某項經濟政策，有了上述的了解還不夠，還需要提出所希望達成的目標，根據對事實的了解，再決定採取能達成此一目標的手段，此謂之政策。猶如木匠僅有工具，僅懂得運用工具的方法，猶不能製成家具，必須使用木料、油漆，才能製成家具，亦必須先有設計的藍圖，才能做成美好的家具。

由以上對經濟學本質的說明，則吾人學習經濟學的態度，應是學習一種特殊的語言、分類系統、及分析工具，而不是在記憶一件一件的事實，有了這套工具之後，才能對實際的事實加以分析，以解決各項經濟問題，或提供某種經濟政策。

二

經濟學的本質既明，進一步吾人當了解經濟學的範圍。老凱因斯 (J. N. Keynes) 在其經濟學的方法與範圍一書中曾將經濟學分為三類，即理論經濟學、應用經濟學及規範經濟學。理論經濟學研究純粹經濟理論，建立經濟理論體系，應用經濟學是將經濟理論用於實際問題的分析，而規範經濟學則研究如何達成一定的經濟目標。這項分類，確能說明經濟學不同的重點所在。但由上一節吾人對經濟學本質的了解，知道經濟學僅是一套語言，一套分類系統，及一套分析工具，因此謂應用經濟學不過是這一套分析工具的應用，而理論經濟學與規範經濟學，皆是一套分析的工具，而所不同者，在規範經濟學中研究者本人明白的提出其主觀的評價標準，認為何者是應當的，而理論經濟學中，研究者本人主觀的評價標準，並未明白的提出而已，事實上在任何理論經濟學中，皆有研究者主觀的判斷因素存在，因為沒有判斷，即無從認知。因此吾人不妨按是否有主觀的評價標準存在，而將經濟學劃分為兩個範圍，即實證經濟學 (Positive Economics) 與福利經濟學 (Welfare Economics)。實證經濟學即根據一般的判斷與認知能力，按照一定的程序，建立一套分析工具的結構；而福利經濟學，則除一般的判斷與認知因素以外，復懸一理想的標的，或條件，藉以建立一套分析工具的結構。而無論為實證經濟學或福利經濟學，其為分析的工具則一。

　　為了分析工具適用的對象不同，實證經濟學又可按對象的差異，建立不同的工具體系。最簡單的如用以分析經濟個體的個體經濟學 (Microeconomics)，及以經濟總體為對象的總體經濟學 (Macroeconomics)。猶如觀察微生物需用顯微鏡，而觀察星球需用望遠鏡一樣。分析經濟個體行為的方法有時不一定能適用於分析經濟總體，同樣分析經濟總體的方法有時亦不一定能適用分析經濟個體。任何個人提高其儲蓄傾向，往往皆能達到目的，其儲蓄量會因之增加，但社會全體若提高儲蓄傾向，其結果則往往與其希望者相反，而是儲蓄量的減少。影響經濟個體活動的因素主要為價格現象，而影響經濟總體活動的因素主要為所得現象或就業現象，因此個體經濟學以價格問題爲中心，而總體經濟學則以所得問題爲中心。

在福利經濟學方面，由於所取評價標準之差異，重點之不同，當亦影響其理論結構之分歧。因而有所謂古典的福利經濟學、新福利經濟學，及新新福利經濟學之體系。但其相互之間，並非牴觸，而是考慮的範圍或觀點的差異，這無礙其相互的補足。

三

無論是實證經濟或福利經濟學，其所提出的，皆是各種理論體系，或用現代的述語表示，卽理論模型 (Theoretical Model)。何謂理論模型？一個完整的理論模型的結構如何？此爲經濟學方法論上的根本問題。

簡言之，所謂理論模型，卽是將所考慮的有關經濟現象，或經濟變量中的相互關聯，以文字或符號系統的表出之，使研究者能由某一步驟，必然的能推演到另一步驟，而將隱藏於各變量間的關係，明顯的顯示出，完成一定的可予檢定的命題。換言之，所謂理論體系，或理論模型，不過是一組待檢定的命題而已。

構成一個完整的理論模型，必須具備下列各要件。

首先，構成一個理論模型，必須先有前提，或基本假設。這項前提或基本假設，或是由直覺或觀察而得到的概念，而無法予以進一步理論的證明者，或爲客觀的事實而無須證明者，或是其他理論模型經檢定的命題，在此一理論模型中加以接受而作爲前提者。例如在消費理論中，吾人假定消費者的動機是爲了追求最大的滿足，卽是由直感而獲得的概念。吾人假定某種財貨的價格不變，卽是一項可能的客觀事實。

　　構成理論模型的第二個要件是變數，亦即吾人所要分析的經濟變量。在任何一個理論模型中，有關的變量常很多，因此吾人大體上可以將其分爲兩類，一類可以稱爲內生變量，亦即這些變數的性質與變化，須要由此一理論模型加以解釋者，另一類變數可以稱爲外生變數，此類變數不需要由此模型加以解釋，其性質或數值就此一模型來講爲旣經存在，或爲已知數。當然此一外生變數，可能是另一理論模型的內生變數，已由另一模型予以解釋，不受本模型的影響，故在本模型中看作已知條件。或者此一變數，吾人可以主動的加以控制，而希望由吾人的控制，去分析模型中內生變數的變化。仍以消費理論爲例，在消費理論中吾人所要分析者，爲消費者對各種財貨可能的購買量，因此各種財貨的購買量，即是內生變數。爲了決定購買量，吾人假定其他有關的數量爲不變，例如各種財貨的市場價格，消費者個人的貨幣所得等，此即外生變數，而此種外生變數可能即是其他理論模型的內生變數，例如，每一財貨的市場價格，即是該財貨市場法則的理論模型內的內生變數。

　　構成理論模型的第三個要件，是表示變數之間相互關係的結構，變數本身不能表示任何意義，必須透過結構，始能表示其間的關聯。任何一個理論模型中，表示結構的數目，常須與內生變數的數量相等，否則無從引申出結論。此種結構所表示的，可能是經濟主體的行爲規範，例如消費理論中表示消費者滿足程度的效用函數是。結構所表示的，亦可能是某種技術性的函數關係，例如生產理論中的生產函數是。此種結構亦可能表示一種制度因素，例如租稅與所得間的關係。最後這種結構亦可能僅是一定義，或是一恒等式，或是一均衡條件。例如消費理論中的預算方程式，即是一恒等式，表示消費者的總支出必須等於其對各項財貨支出之和，又如市場法則中的供給量必須等於需求量，即是一均衡條件。

　　構成理論模型的第四個要件是推理過程。由結構所表示的僅是各變數間隱藏的關係，要將這些隱藏的關係明白的表示出來，必須有待於分析者的推理過程，將結構中隱而不顯的相互關聯，表示出具體的結論。推理過程是分析者的心智活動，是整個理論模型的靈魂，亦可以說沒有推理過程卽沒有理論模型。在推理過程中必須應用一定的邏輯法則，視結構的形態，或用演繹法，或用歸納法，或用數學推論法，或用統計推論法，或用心靈實驗法（Boulding 所創用的名詞），無論採用那種方法，其主要的關鍵，在將結構中原已存在但隱而不顯的關係，明白的表出之，作爲此一理論模型的結論。

　　構成理論模型的第五個要素，卽是結論，此爲理論模型的目的所在。此一結論，實際卽是一待檢定的命題，其是否能成立而被吾人接受，還是不能成立而須予以放棄，仍須吾人進一步加以檢定。凡是經檢定而被接受的命運，在沒有新的命題能將其取代以前，此命題可以成立，而此一命題復可進一步作爲其他理論模型的一部分。進一步建立其他理論模型。

四

　　由理論模型所獲得的結論旣是一項待檢定的命題，必須通過檢定以後，才能決定是否接受，或必須放棄。吾人又如何檢定一項命題？檢定所持的標準是什麼？一般所採用的檢定準則有三：

　　第一項準則是理論模型所依據的前提，是否與實際經濟事象相一致；如果前提能與實際經濟事象相一致，則該項命題卽能成立，如果前提不能與實際經濟事象相一致，則該項命題卽不能成立。例如在消費理論中，吾人對消費者消費動機所提的前提，是爲了求得最大滿足，如果多數消費者的動機，確是爲了求得最大滿足，則消費理論所獲得之命題，即能予以接受。反之，如果消費者消費之動機，不是求得最大滿足，則此一命題即不能成立。

　　檢定的第二個準則是推理過程是否正確；如果構成一理論模型的前提，與實際的經濟事象相一致，而推理過程亦正確，即合乎邏輯法則，則模型的結論可予接受，反之，雖然構成理論模型的前提與實際的經濟事象相一致，但推理的過程不正確，即不合乎邏輯法則，則所獲結論或命題即不能接受。因爲二加三決不能等於六也。關於這一準則的應用，可舉一例以說明之。十九世紀古典學派的理論中，認爲如果市場是完全競爭，而生產因素的所有者均按其邊際生產力支付報酬，則生產過程中所生產的全部產品，必在參與生產的生產因素的所有者之間分配罄盡，而不可能有剩餘作爲利潤，此一結論，初視之似乎十分正確，但此一命題，依據尤拉氏定理 (Euler's Theorem)，僅有當生產函數爲一次齊次函數時爲可能，若生產函數不是一次齊次函數，而爲他種形態時，則不能成立。顯然，原來此一命題之獲得，在推理過程中，邏輯法則即有錯誤，其命題除非加以修正，即不能接受。

　　檢定的第三項準則是所獲得的命題，能否對經濟事象作正確的預測；如果所獲命題能對未來經濟事象，作正確的預測，則該項命題，即可予以接受而成立；若所獲命題不能對未來經濟事象作正確預測，則該項命題即不能接受。關於這一項準則，弗理門 (M. Friedman) 持之尤力。弗氏以爲理論模型的前提是否與實際經濟事象相一致這一點，無關緊要，重要的是，依據理論模型是否能對未來作正確預測。實際上，大多數理論模型的前提，與實際的經濟事象多是不一致的。例如多數理論模型中均假定完全競爭的存在，但是在實際經濟社會中，完全競爭是不存在的，然而這並無礙於建立於完全競爭前提之下的理論模型，能對經濟現象作正確的預測。這種現象在自然科學中亦存在，牛頓的自由落體公式，是假定完全真空的條件，但實際世界上並沒有一完全真空存在，然而自由落體公式仍能對若干自然現象作正確的預測。

由以上三項準則，如果某一理論模型能完全通過此一種檢定，則此一模型可獲接受之可能性最大；如第一項準則未能完全滿足，而第二第三兩項準則能予滿足，則模型能被接受之可能性亦大，但如第二第三項準則不能滿足，則模型能被接受之可能性是很有限的，事實上此一命題卽應予以放棄。

五

對於同一經濟現象，由於形成理論模型的結構有差異，可以形成不同的理論模型。最顯著的如靜態模型或動態模型，一般均衡的理論模型與部分均衡的理論模型是。所謂靜態模型，乃是就某一固定時點，表示經濟各變量間的結構關係，而不考慮各經濟變量在不同時點之間的關係。反之，動態模型是重視時間因素，因此將不同時點間的各經濟變量，表示出其結構性的關聯。因而靜態模型所重視的是均衡關係，而動態模型所重視的則是變動過程。靜態模型猶如攝取快照，就變動的一瞬間，顯示各對象間的關係位置，而動態模型猶如電影，就現象變動的過程，攝取其全部過程。以市場的供需法則為例。靜態模型中，將需求量當作價格的函數，將供給量亦當作價格的函數，此兩函數均無時間因素存在，而當供給量等於需求量時，市場卽達均衡，此時市場有一均衡價格，亦有一市場均衡交易量，此一均衡價格及均衡交易量，均為市場均衡時一瞬間的狀態，至於如何達成此一均衡的過程，則不予考慮。動態模型則不然，不但要考慮均衡狀態，亦要考慮如何達成均衡狀態的過程，以及此一均衡是否是穩定的，還是不穩定的。例如，在市場供需法則中，若將任何一期的需求量，當作該期市場價格的函數，而將任何一期的供給量，由於生產需要一定的時間，而當作上一期價格的函數，以符號表示之，即可寫爲

$$D_t = D(P_t) \tag{1}$$

$$S_t = S(P_{t-1}) \tag{2}$$

第一式爲需求函數，第二式爲供給函數，雖然皆是價格的函數，但前者爲當期價格的函數，後者則爲上一期價格的函數，市場均衡的條件，仍是需求量等於供給量，即

$$D_t = S_t \tag{3}$$

或　　　$$D(P_t) = S(P_{t-1}) \tag{4}$$

第(4)式是由連續兩期的市場價格所形成的定差方程式，由此一方程式，吾人不但可以求出市場均衡時的均衡價格及均衡交易量，而且可求出市場價格變動的規律與過程，同時更可以進一步看出此一市場均衡是穩定均衡，還是不穩定均衡。所謂穩定均衡，即市場能逐漸向均衡點接近，而所謂不穩定均衡，即市場雖有理論的均衡點存在，而實際上卻是愈來愈遠離均衡點的。

動態模型在總體分析中尤爲重要，在總體分析中，吾人所關心的，主要不在各經濟變量間的均衡條件，而在各經濟變量間的變化過程，例如經濟的循環或周期變化，所得的長期成長等皆是。現代成爲經濟理論中主要部門的經濟成長及經濟發展理論，多建立於動態模型之上。

其次，部分均衡模型與一般均衡模型之間的差異，主要的在模型中所考慮的變數數目的多少，這雖然僅是程度上的差異，但在模型的結構上卻有不同的意義。所謂部分均衡模型，是在模型中所考慮的變數，僅限制於與某一特定問題有關的少數幾個，而假定其他的變數均不變，在

其他情況不變的前提下，分析此少數幾個變數之間的相互關係，甚至僅
分析某一個變數與另一個變數之間的關係。因爲所考慮的變數甚少，當
然模型的結構比較簡單。故此一模型的優點，在易於處理，尤其當其他
條件所發生的影響不大時，便於直接把握問題的關鍵，獲得相當近似的
結論。但其缺點亦在此，因爲經濟現象的各方面，常是互相關聯的，一
個經濟變量必然直接或間接的影響其他變量，而其他變量亦必反轉來影
響此一變量。各經濟變量之間的關係，猶如一張網，牽動任何一線，必
然牽動全體，今爲研究某一特定方面，而視其他方面爲不變，必不能
獲得其相互關聯之眞象。而一般均衡模型則不同，乃就有關問題的各方
面，就各變量間的相互關係，全面分析之。因爲所考慮的變數很多，當
然模型的結構，也就更爲複雜，其最大缺點，在於不易處理，而其優
點，則在於能獲得事物的眞象。試以實例說明之，在價格問題中，若吾
人研究某一財貨價格的決定法則，而爲了研究此一財貨價格的決定，而
將其他一切財貨的價格及供需關係，均假定其不變，卽不受吾人所分析
的此一財貨的影響，而假定此一財貨的需求決定於此一財貨的價格，卽
僅爲此一財貨價格的函數，同時亦假定此一財貨的供給亦爲此一財貨價
格的函數，於是依據供給量等於需求量的均衡條件，可以決定此一財貨
的價格及數量。此一模型中，所考慮的變量僅有兩個，卽此一財貨的價
格與數量，故爲部分均衡模型。但是事實上任一財貨的價格與數量，必
然亦與其他財貨的價格與數量有連帶關係。因爲一種財貨，必有其替換
性的財貨存在，亦必有合作性或輔助性的財貨存在，對此一財貨的需
求，決不僅受此一財貨本身價格的影響，亦必受其他有關財貨價格的影
響。同時就供給來看，此一財貨的供給，亦不僅是該財貨價格的函數，
而其他財貨的價格，尤其生產因素的價格，亦爲影響其供給的主要因
素，因此吾人假定其他條件不變是不合理。爲研究其價格如何決定，必

須考慮其他有關的各項變數。事實上各種財貨的價格是共同而互相決定的，因此吾人不能單獨分析一件財貨價格決定的法則，而必須分析各種財貨的價格是如何共同決定的，爲進行這種分析，模型中必須包含全部有關的變數，因此亦必須包含每件財貨的供給函數、需求函數，以及同時達到均衡的各項條件在內，這種模型，便是所謂一般均衡模型。

因爲一般均衡模型中，所考慮的變數甚多，結構甚爲複雜，因此在建立此種模型時，便產生了下列各問題；第一、各項結構之間，是不是能一致？是否某一結構與另一結構在意義上有矛盾？或某一項結構能由其他結構引申出，因而爲不獨立而成爲不必要？其次，如果各項結構之間是一致的，由這些結構能不能引申出明確的結論？即結構是不是充足？如果結構一致，而且充足，即理論上能獲得結論，則此一結構能个能予以數量化？以上這些問題，均是不容易解決的。由於要解決這些問題，並且爲一般均衡模型找到一項合用的工具，很自然的，數學方法的應用，便受到普遍的重視，而一般均衡模型的發展便很自然的與數理方法的普遍應用同時出現，而最初提出一般均衡模型的華拉士(L. Walras)也正是大量採取數理方法的一位經濟學者。

一般均衡模型中所用數學方法的基本觀念，是聯立方程式，因爲聯立方程式，是同時就若干變數求解，而一般均衡模型亦是同時考慮若干個變數之間的相互關聯，亦即若干變數同時求解的問題。但是一般均衡模型應用聯立方程式求解的，未必眞能有解。因爲首先未必每一結構皆能以一個特定形態的方程式表出之，可能對於某一個結構，吾人僅能一般的說明某一變數是某幾個其他的變數的函數，但是這一函數究竟是什麼形態，是一次代數函數？還是二次代數函數？三角函數？即使進一步吾人能推定這是某種形式的函數，而此一函數中有關係數的數值，吾人亦未必能知道。或更進一步，吾人不但能知道每一函數的形態，並且也

知道每一函數中所有係數的數值，吾人亦未必能解，因爲這一方面要看
各項結構之間是不是一致而並無矛盾，是不是有多餘的函數存在，或函
數的數目不足，並且事實上由於模型中所包含的方程式的個數必然非常
多，而無法求解。因此在若干一般均衡模型中，至今仍僅能就其符號的
意義，了解模型的一般性質，尚無法進一步求出每一變數的數值。當然
現代計量經濟學的發展，已爲模型中各函數的有關係數，提供了佔測的
理論與計算的技巧，同時高速電子計算機的應用，也爲實際的計算提供
了有力的工具。但是有關統計資料的不足，仍然限制了一般均衡模型由
質的分析向量的分析的進展的。

六

由一般均衡模型的意義，吾人提出了數學方法的應用，並且提及計
量經濟學的發展，其實除一般均衡模型須應用數學方法外，動態模型中
亦大量應用數學方法。因動態模型中，所表示的是不同時點或時期間，
不同變量間的相互關聯，因此在動態模型中，常將各經濟變量當作時間
的函數，卽隨時間而變動，而各經濟變量在不同時點間的相互關聯，在
結構上不是表現爲定差方程式的形態，便是表現爲微分方程式的形態，
若進一步要顯示經濟變量隨時間而變化的過程，便須進一步解此定差方
程式或微分方程式了。因此動態模型的普遍應用，遂也促進了數學方法
的應用。

由歷史觀察，數學方法在經濟分析中的應用，早經出現，不過最近
三四十年來，這一趨勢格外顯著，並且格外普遍而已。一八三八年法國
經濟學者庫諾（Cournot）在其「財富法則的數學分析」中，已大量應用
數學方法，分析市場法則，一八五四年德國學者高森（Gossen），亦曾用

數學方法，研究效用理論，其後一八七〇年，一八七四年及以後，法國的華拉士，英國的奇逢士（Jevons）、馬夏爾（Marshall），亦多大量採用數學方法於其各自的著作之中，到二十世紀以後，數學方法的應用，更見普遍，目前吾人打開任何一本較深入的理論性著作，或任何一本有學術地位的刊物，很少不是大量應用數學方法的。

數學方法在經濟分析中的應用，雖已爲時甚久，但其應用的方式，亦經過三個階段的演變。最初應用數學方法，僅是作爲數字例證的說明，幫助讀者對所分析的理論的了解，因此所用的數學非常簡單，僅是普通的算術或代數而已。例如李嘉圖在政治經濟學及賦稅原理一書中，爲了說明差別地租的原理，便曾借助於數字的說明。只要讀者懂得簡單的四則運算法則便可了解。第二個應用數學的階段，是應用數學的符號性與簡潔性，以簡化理論的說明。如果某項理論以文字說明，非常複雜與繁冗，若以數學符號表示，可能非常簡潔，則此時必然以數學符號表示爲有利。例如華拉士的一般均衡模型，用文字表示多有不便，若以聯立方程式表示，則簡單明瞭，故華拉士於其書中乃大量採用聯立方程式的形式，加以說明。如果吾人將全部數學符號刪去，了解雖然較爲困難，但仍不妨礙理論模型的存在。至於數學方法應用的第三個階段，則是應用數學的邏輯體系，作爲推理的工具，此時數學已成爲必不可少的工具，如果沒有數學幫助推理，若干理論也就無法出現。例如奈門（Neumann）及摩根斯坦（Morgenstern）應用競局理論（Theory of Game）分析經濟行爲（Theory of Games and Economic Behavior），如果沒有數學中的競局理論，連帶的其有關經濟行爲的理論也就無從產生了。現代若干動態模型及一般均衡模型，其理論基礎可說完全建立在數學推理方法之上。

自數學方法被普遍應用以後，由於少數經濟學者所用之數學方法，

過於艱深，僅能為少數人所了解，而不能為多數人所接受，因而於一九
五六年前後，學者間曾發生了一場爭論，其爭論的問題是，在經濟分析
中需不需要應用數學方法？其次以數學方法所建立的理論模型若不為多
數人所了解，模型的建立者應不應將其翻譯為文字的敘述，以便數學造
詣不高的經濟學人也能接受？爭論的結果，對於第一個問題，似乎是肯
定的，即經濟分析中需要數學方法，因為數學方法是一種語言，也是
一種邏輯系統，不僅可以使學者簡化其敘述，亦可使學者增加推理的效
率，增加思想的深度，明白其重點所在，並且避免錯誤。但是對於第二
個問題，仍有兩種相反的意見；一派意見，認為經濟分析已經進入高度
科學化的階段，其理論模型的建立，已日趨於專精化，需要專門學者集
中思考力去建立各種模型，因此不應增加模型建立者的負擔，把自己由
數學方法所建立的模型，翻譯成文字，供其他學者了解，這種工作應責
成另一部分人去完成。同時作為一專精的經濟學者，應懂得必要的數學
工具，言外之意，凡不能領悟數學工具者，似不夠格作為經濟學家。另
一派的意見則相反，認為現代數學的發展，已日趨精密，即純粹數學
家，亦難於對數學部門，各方面皆能精通，因此要求經濟學者皆具備
必要的數學智識亦不可能。同時若干數理經濟學者所應用之數學工具，
日趨複雜，因而可能產生一項流弊，即往往忽視數學僅為一項分析的工
具，而將數學的運用作為一項目的，因而形成一種數學遊戲。同時，若
一部分理論模型僅能為少數人所了解，而不能為多數人接受，終將成為
象牙之塔，為少數人的裝飾品，而不能發生作用。因此為防止這種流
弊，經濟學者有義務將其研究所得之理論模型，翻譯成文字，供多數人
研究。這兩種觀點均各有其理由，但由此却可顯示一項問題，即由於數
學方法的普遍應用，一項溝通問題，在學者之間，乃日形重要。

　　與數學方法之應用同時發展者，尚有統計方法之普遍應用。近三、

四十年來，統計理論及方法，由於事實之需要，進步甚速，這種趨勢，亦影響經濟學之研究。加以統計資料之收集，日趨完備，遂使統計方法之運用，更爲便利。一九三〇年以後，更由於經濟理論，數學方法，及統計理論三者之結合，而出現了計量經濟學（Econometrics），使經濟理論之分析，能由純粹質的說明，確實做到量的分析。並且能進一步，依據統計資料，對理論模型作經驗的檢定，並從而估測理論模型中有關係數的數值。當然，由於計量經濟學成立之時間尙短，若干理論上的問題，仍沒有適當解決方法，故其實用性，至少到目前爲止，尙屬相當有限。

七

以上吾人對經濟學方法論的有關各方面，作了概略的說明，於此，吾人可將其總結爲幾點，以作爲本文的結論。（　）經濟學是一種語言，一項分析工具，研究經濟學卽研究此種語言及分析工具的意義與應用。（二）此項分析工具，卽是建立理論模型。（三）理論模型的建立，包含幾個要件，卽前提、變數、結構、推理過程、及結論，整個理論模型，卽是一項待檢定的假設或命題。（四）理論模型的能否成立，須由其前提是否能成立，推理過程是否正確，及能否作正確的預測，予以檢定。（五）由於理論模型結構之差異，及所包含變數之多少，可有各種不同的理論模型。（六）爲進行推理過程，除一般演繹法、歸納法等方法外，數學法及統計法亦逐漸被普遍應用，並促成計量經濟學之發展。（七）爲從事經濟學的研究，必須先了解方法論。

索　引

◎ 經濟學　賴錦璋／著

　　本書作者用輕鬆幽默的筆調、平易近人的語言講解經濟學，並利用大量生活狀況實例，帶出經濟學的觀念，將經濟融入生活，讓讀者從生活體悟經濟。內容涵蓋個體及總體經濟學的重要議題，並將較困難章節標示，讀者可視自身需求選擇閱讀。此外，本書介紹臺灣各階段經濟發展的狀況，更透過歷年實際的統計數據輔助說明，提昇讀者運用數據資料分析經濟情勢與判斷趨勢的能力。

◎ 總體經濟學　楊雅惠／編著

　　總體經濟學是用來分析總體經濟的知識與工具，而如何利用其基本架構，來剖析經濟脈動、研判經濟本質，乃是一大課題。本書除了使用完整的邏輯架構鋪陳外，特別在每章內文中導入臺灣之經濟實務資訊，使讀者在閱讀理論部分後，可以馬上利用實際數據與實務接軌，這部分將成為讀者在日後進行經濟分析之學習基石。

◎ 個體經濟學——理論與應用　黃金樹／著

　　本書用語平易近人，閱讀輕鬆，只要是對經濟學有基本的認識，又想更進一步瞭解個體經濟學者，本書提供一個完善的學習平臺，將個體經濟學之重要概念及要點清楚敘述，從基本的消費者選擇理論、廠商行為相關理論，一直到近代經濟學發展應用最廣泛的賽局理論、不對稱資訊等理論皆有詳盡分析說明。

◎ 國貿業務丙級檢定學術科試題解析

康蕙芬／編著

　　本書依據勞委會公告之「國貿業務丙級技術士技能檢定」學科題庫與術科範例題目撰寫，學科方面依據貿易流程先後順序將題庫作有系統的分類整理，再就較難理解的題目進行解析；術科方面共分為五個章節，首先提示重點與說明解題技巧，接著附上範例與解析，最後並有自我評量單元供讀者練習。讀者只要依照本書按部就班的研讀與練習，必能輕鬆考取。

◎ 國際貿易實務　張錦源、劉玲／編著

　　本書以簡明淺顯的筆法闡明國際貿易的進行程序，並附有周全的貿易單據，如報價單、輸出入許可證申請書、郵遞信用狀、電傳信用狀、商品輸出檢驗申請書、海運提單、空運提單、領事發票及保結書等，同時有填寫方式與注意事項等說明，再輔以實例連結，更能增加讀者實務運用的能力。

　　最後，本書於每章之後，均附有豐富的習題，以供讀者評量閱讀本書的效果。

◎ 國際貿易實務詳論　張錦源／著

　　本書詳細介紹買賣的原理及原則、貿易條件的解釋、交易條件的內涵、契約成立的過程、契約條款的訂定要領等，期使讀者實際從事貿易時能駕輕就熟。

　　同時，本書按交易過程先後作有條理的說明，期使讀者對全部交易過程能獲得一完整的概念。除了進出口貿易外，對於託收、三角貿易、轉口貿易、相對貿易、整廠輸出、OEM貿易、經銷、代理、寄售等特殊貿易，本書亦有深入淺出的介紹，以彌補坊間同類書籍之不足。

◎ 國際貿易原理與政策　黃仁德／著

　　本書主要作為大專商科的教學與參考用書，為使讀者收快速學習之效，全書儘量以淺顯易懂的文字，配合圖形解說，以深入淺出的方式介紹當今重要的國際貿易理論，並以所述之理論為基礎，對國際貿易之採行及其利弊得失進行探討，以期對讀者的研習有所裨益。

◎ 國際貿易理論與政策　歐陽勛、黃仁德／著

　　本書乃為因應研習複雜、抽象之國際貿易理論與政策而編寫。對於各種貿易理論的源流與演變，均予以有系統的介紹、導引與比較。讀者若詳加研讀，不僅對國際貿易理論與政策能有深入的瞭解，並可對國際經濟問題的分析收綜合察辨的功效。

◎ 國際貿易原理與政策　康信鴻／著

　　GATT、APEC、WTO、特別301……這些新聞中常常出現的用語，想必大家早已耳熟能詳。然而，您真的認識它們嗎？本書不但能幫助您理解這些國貿詞彙背後的經濟學意義與原理，更能讓您明瞭：面對此全球化巨變，臺灣應有怎樣的具體因應之道。換句話說，本書不但深入淺出地介紹重要的國際貿易理論，更具體而微地探討臺灣的國際貿易政策。

◎ 貿易條件詳論——FOB, CIF, FCA, CIP, etc. 張錦源／著

　　有鑒於貿易條件的種類繁多，一般人對其涵義未必瞭解，本書乃將多達六十餘種貿易條件下，買賣雙方各應負擔的責任、費用及風險等詳加分析，並舉例說明，以利讀者在實際從事貿易時，可採取主動，選用適當的貿易條件，精確估算其交易成本，從而達成交易目的，避免無謂的貿易糾紛。

◎ 英文貿易契約撰寫實務 張錦源／著

　　本書在理論方面，作者參考中外名著及教學心得，從法律觀點，闡明貿易契約之意義及重要性、貿易契約條款之結構及各種契約用語，以及各種貿易慣例。在實務方面，則說明如何撰寫貿易契約書、經銷契約書、國外合資契約書等。如能仔細閱讀，可訂立各種完善之貿易契約書，防範無謂之貿易糾紛，開展貿易業務。

◎ 國際金融理論與實際 康信鴻／著

　　本書主要介紹國際金融的理論、制度與實際情形。內容強調理論與實際並重，在資料取材及舉例方面，力求本土化。全書共分十六章，每章最後均附有內容摘要及習題，以利讀者複習與自我測試。此外，書末的附錄，則提供臺灣當前外匯管理制度、國際金融與匯兌之相關法規。本書敘述詳實，適合修習過經濟學原理而初學國際金融之課程者，也適合欲瞭解國際金融之企業界人士，深入研讀或隨時查閱之用。

◎ 貨幣與金融體系　賈昭南／著

　　本書總覽貨幣與金融體系的特徵並引述其發展歷史，使讀者能夠全方位掌握當前貨幣與金融體系的現況與未來發展趨勢。

　　文中以資訊經濟學理論介紹金融機構的特徵，使讀者更深入瞭解貨幣與金融體系的重要性。並引用我國相關統計數據，使讀者瞭解國內的貨幣與金融體系現況。最後，介紹歐美日等先進國家的貨幣與金融體系發展現況，供讀者相互比較並加深印象。

◎ 貨幣銀行學　楊雅惠／編著

　　本書介紹貨幣銀行學，用完整的架構、精簡而有條理的說明，闡釋貨幣銀行學的要義。

　　每章均採用架構圖與有層次的標題來引導讀者建立整體的概念。此外，並配合各章節理論之介紹，引用臺灣最新近的金融資訊來佐證，期能讓理論與實際之間互相結合，因此相當適合初學者入門，再學者複習，實務者活用。

◎ 財務報表分析　李祖培／著

　　本書包含：(1)比率分析，可以瞭解企業的財務狀況和營業情形，並運用比較分析以彌補比率分析的缺失。(2)現金流動分析，對現金的規劃、管理與控制作有效的應用。(3)損益變動分析與損益兩平點分析，對產品產銷和損益變動的瞭解，有很大的助益。(4)物價水準變動分析，雖然部分學者對其持否定態度，但實務上仍在默默採用，故本書將其納入研討。

◎ 財務管理——理論與實務　張瑞芳／著

　　財務管理是企業的重心所在，關係經營的成敗，不可不用心體察、盡力學習其控制管理方法；然而財務衍生的金融、資金、股票、選擇權、倫理等課題繁多，因而構成一複雜而艱澀的困難學科。且由於部分原文書及坊間教科書篇幅甚多，內容艱深難以理解，因此本書著重在概念的養成，希望以言簡意賅、重點式的提要，能對莘莘學子及工商企業界人士有所助益。

◎ 財務管理　伍忠賢／著

　　細從公司現金管理，廣至集團財務掌控，不論是小公司出納或是大型集團的財務主管，本書都能滿足您的需求。以理論架構、實務血肉、創意靈魂，將理論、公式作圖表整理，深入淺出，易讀易記，足供碩士班入學考試之用。是本可讀性高、實用性更高的絕佳工具書。

◎ 會計學（上）（下）　辛世間／著　洪文湘／修訂

　　近年我國財務會計準則委員會陸續發布公報，期與國際會計準則接軌。本書即以最新公報內容及我國現行法令為依據編寫，以應廣大讀者之需求。並於每章末附習題，包括近年普考、特考及初考考古試題，使學子於演練中得以釐清觀念。

　　本書可供大學、專科及技術學院教學使用，亦可供社會一般人士自修會計之所需。

◎ 成本與管理會計　王怡心／著

　　本書整合成本與管理會計的重要觀念，討論從傳統產品成本的計算方法到一些創新的主題，包括作業基礎成本法(ABC)、平衡計分卡(BSC)等。

　　本書亦搭配淺顯易懂的實務應用，讓讀者更瞭解理論的應用。每章有配合章節主題的習題演練，並於書末提供作業簡答，期望讀者能認識正確的成本與管理會計觀念，更有助於實務應用。

◎ 成本會計（上）（下）
　成本會計習題與解答（上）（下）
　　費鴻泰、王怡心／著

　　本書依序介紹各種成本會計的相關知識，並以實務焦點的方式，將各企業成本實務運用的情況，安排於適當的章節之中，朝向會計、資訊、管理三方面整合應用。不僅可適用於一般大專院校相關課程，亦可作為企業界財務主管及會計人員在職訓練之教材。

◎ 管理會計
　管理會計習題與解答　　王怡心／著

　　由於資訊知識和通訊科技的進步，企業e化的程度提高，造成經濟環境產生很大的變革。本書詳細探討各種管理會計方法的理論基礎和實務應用，並且討論管理會計學傳統方法的適用性與新方法的可行性，適用於一般大專院校商管學院管理會計課程使用，也適用於企業界的財務主管、會計人員和一般主管，作為決策分析的參考工具。

◎ 管理學　榮泰生／著

　　近年來企業環境急遽變化，企業唯有透過有效的管理，發揮規劃、組織、領導與控制功能，才能夠生存及成長。本書即以這些功能為主軸，並融合了美國著名教科書的精華，及作者多年擔任管理顧問的經驗。在撰寫上力求平易近人，使讀者能快速掌握重要觀念，並兼具理論與實務，使讀者能夠活學活用。除可作為大專院校「企業管理學」、「管理學」的教科書外，本書對實務工作者，也是充實管理理論基礎、知識及技術的最佳工具。

◎ 管理學　伍忠賢／著

　　抱持「為用而寫」的精神，以解決問題為導向，釐清大家似懂非懂的概念，並輔以實用的要領、圖表或個案解說，將其應用到日常生活和職場領域中。標準化的圖表方式，雜誌報導的寫作風格，使您對抽象觀念或時事個案，都能融會貫通，輕鬆準備研究所等入學考試。